WESTEND

Markus Bickel

DIE PROFITEURE DES TERRORS

Wie Deutschland an Kriegen verdient und arabische Diktaturen stärkt

WESTEND

Mehr über unsere Autoren und Bücher:
www.westendverlag.de

Die Deutsche Nationalbibliothek verzeichnet diese Publikation in der Deutschen Nationalbibliografie; detaillierte bibliografische Daten sind im Internet über http://dnb.d-nb.de abrufbar.

Das Werk einschließlich aller seiner Teile ist urheberrechtlich geschützt. Jede Verwertung ist ohne Zustimmung des Verlags unzulässig. Das gilt insbesondere für Vervielfältigungen, Übersetzungen, Mikroverfilmungen und die Einspeicherung und Verarbeitung in elektronischen Systemen.

ISBN 978-3-86489-152-6
© Westend Verlag GmbH, Frankfurt/Main 2017
Umschlaggestaltung: Buchgut Berlin
Satz: Publikations Atelier, Dreieich
Druck und Bindung: CPI – Clausen & Bosse, Leck
Printed in Germany

Inhalt

Einleitung: Tödlicher Handel   9

1 Ausverkauf: Deutsche Waffen für Arabiens Autokraten   21

2 Jemen: Krieg gegen die Kinder   41

3 Saudi-Arabien: Säbel und Sturmgewehre   65

4 Syrien: Assad statt al-Qaida   93

5 Irak: Milizen an der Macht   121

6 Ägypten: Kumpanei mit der Junta   145

7 Libyen: Auf der Flucht   171

Ausblick: Arabiens dritter Weg   189

Danksagung   199

Literaturauswahl   201

Anmerkungen   205

Personenverzeichnis   219

*Für meine
Eltern und Schwiegereltern,
Hildegard und Manfredo,
Sigrid und Fritz*

Einleitung: Tödlicher Handel

Der letzte Plan Barack Obamas ist nicht aufgegangen. Eigentlich sollte die irakische Millionenmetropole Mossul von den Kämpfern des Islamischen Staats (IS) befreit sein, als der amerikanische Präsident die Amtsgeschäfte im Januar 2017 an Donald Trump übergab. Über Monate hatten Kampfflugzeuge der Anti-IS-Allianz Stellungen der Terrormiliz im Nordirak bombardiert und Zehntausende Regierungssoldaten und Milizionäre die Stadt am Tigris eingekreist – der größte Truppenaufmarsch seit der Irak-Invasion George W. Bushs. Im Sommer 2014 hatte IS-Anführer Abu Bakr al-Baghdadi in Mossul ein Kalifat ausgerufen. Gebiete von Bagdad über Jerusalem bis nach Kairo wollte er eines Tages kontrollieren, ein Weltreich wie vor tausend Jahren von den Abbasiden-Kalifen beherrscht – und bis vor hundert von den Osmanen. Dieser Albtraum ist vorbei, und der Anfang vom Ende der IS-Schreckensherrschaft ein Segen für Millionen Menschen, die unter Baghdadis Terrorregime überleben mussten. In Mossul und anderswo.

Seit jenem Schreckenssommer 2014, als der IS im Irak und in Syrien Gebiete halb so groß wie Deutschland eroberte, galt die Rückeroberung der zweitgrößten irakischen Stadt als Schlüssel zur Niederschlagung der Terrorkrieger. Mehr als sechzig Staaten schlossen sich der von den USA geführten Koalition an, allen voran NATO-Partner wie Deutschland, Frankreich und Großbritannien sowie die sunnitischen Golfmonarchien Saudi-Arabien, Katar, Kuwait und die Vereinigten Arabischen Emirate. Ein langer Krieg – mit ungewissem Ausgang. Denn ein gemeinsames politisches Ziel für die Zeit nach der Befreiung Mossuls von der Terrororganisation gibt es nicht: Was die Anti-IS-Allianz eint, ist allein die militärische Gegnerschaft zu den bewaffneten Islamisten, die ihr Ziel eines totalitären Staats unbeirrt weiterverfolgen.

Das Problem dabei ist: So wie der Krieg gegen al-Qaida nach den Angriffen auf die Twin Towers in New York und das Pentagon in Washington im September 2001 zu einer globalen Aufrüstungswelle führte, so ist auch im neuen »Krieg gegen den Terror« kein Ende in Sicht. Weder zeitlich noch örtlich: Nicht nur in seinem Kerngebiet Syrien und Irak, sondern auch im Jemen, in Ägypten und in Libyen hat der IS als Provinzen deklarierte Minikalifate errichtet. Waren es während des ersten Antiterrorkriegs die Interventionen in Afghanistan und im Irak, die der Rüstungsindustrie weltweit Milliardenaufträge bescherten, so ist der zweite getrieben von den Staatsauflösungsgefechten der arabischen Welt. Ein Prozess, der Jahrzehnte anhalten könnte.

Die Profiteure aber bleiben die gleichen – allen voran in den USA, deren Rüstungsgiganten mehr als die Hälfte der jährlichen Umsätze im internationalen Waffenhandel von zuletzt 370 Milliarden Dollar erwirtschaften.[1] Die Verteidigungsetats weltweit für Rüstungsinvestitionen und die Finanzierung von Armeen beliefen sich 2015 sogar auf mehr als anderthalb Billionen Dollar.[2] Allein das Pentagon hat bis Anfang 2017 mehr als 10 Milliarden Dollar in die Operation »Inherent Resolve« gesteckt; 12 Millionen Dollar am Tag gibt die amerikanische Regierung für den Antiterrorkrieg im Irak und Syrien aus.[3] Direkt hinter dem unangefochtenen Weltmarktführer liegen China und Russland, das durch sein Eingreifen in den Syrien-Konflikt künftig Waffensysteme anbieten kann, die unter realen Kriegsbedingungen getestet wurden. In wechselnder Reihenfolge landen Frankreich, Großbritannien und Deutschland auf der Liste der größten Waffenexporteure der Welt seit Jahren auf den folgenden Plätzen – ein Bombengeschäft: Laut dem renommierten Branchenfachdienst *Jane's* verkauften deutsche Firmen 2015 Rüstungsgüter im Wert von 4,8 Milliarden Euro ins Ausland. Ein Drittel davon ging nach Nahost und Nordafrika.[4]

Länder mit den größten Militärhaushalten	
Land	2015, in Mrd. US $
USA	596,0
China	215,0
Saudi-Arabien	87,2
Russland	66,4
Großbritannien	55,5
Indien	51,3
Frankreich	50,9
Japan	40,9
Deutschland	39,4
Südkorea	36,4
Land	2003, in Mrd. US $
USA	415,2
Großbritannien	46,9
Frankreich	45,9
Japan	42,7
Deutschland	35,1
China	34,8
Italien	30,2
Saudi-Arabien	18,7
Russland	17,0
Südkorea	15,8

Schätzungen zu Militärausgaben der Top-Länder.[5]

Unsummen stecken die arabischen Regime Jahr für Jahr in ihre Armeen, ein Auftragsbeschaffungsprogramm für die Rüstungsbetriebe in den Vereinigten Staaten, Russland und Europa. Die Militärausgaben im Nahen und Mittleren Osten beliefen sich allein 2014 auf 190 Milliarden Dollar.[6] In wessen Hände die Waffen eines Tages fallen, interessiert die Machthaber in Riad, Abu Dhabi

Entwicklung des Werts der Einzelgenehmigungen von 2005 bis 2016 (in Millionen Euro).[10]

und Kairo nur am Rande, solange der durch den Antiterrorkrieg angeheizte Rüstungswettlauf mit dem schiitischen Iran um die Hegemonie in der Region in vollem Gange ist. Mit schlimmen Folgen für Frieden, Freiheit und Wohlstand in den arabischen Krisen- und Umbruchstaaten: Dem Weltfriedensindex zufolge, der zeigt, wie hohe Militärausgaben für sinkende Investitionen im Gesundheits-, Bildungs- und Sozialbereich sorgen, landen der Irak und Syrien auf den letzten Plätzen von 163 untersuchten Staaten. Saudi-Arabien, Ägypten, Libyen und Jemen liegen auf den Positionen 129, 142, 154 und 158.[7] Gleiches gilt für politische Rechte und bürgerliche Freiheiten: Als »nicht frei« werden diese sechs Staaten auf dem Freiheitsindex des amerikanischen Thinktanks Freedom House eingestuft.[8]

An der unheilvollen Militarisierung der Region hat auch die Bundesregierung ihren Anteil. Rüstungsexporte in Rekordhöhe von 2,7 Milliarden Euro genehmigte Deutschland zuletzt an die Staaten des arabischen Krisengürtels, der von Nordafrika über die Levante bis in die Ölmonarchien des Golf-Kooperationsrats (GCC) reicht.[9] Besonders beunruhigend: Die Ausfuhr von Kriegswaffen in Drittstaaten außerhalb von EU und NATO oder deren Mitgliedern gleichgestellten Staaten wie Australien hat sich 2015 mehr als verdoppelt. Nicht nur die arabischen Potentaten, sondern Autokraten weltweit profitieren davon.

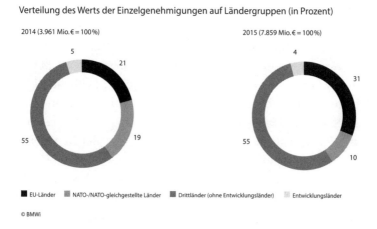

Verteilung des Werts der Einzelgenehmigungen auf Ländergruppen.[11]

Das Kalkül für die gelockerte Haltung ist klar: Die profitabelsten Märkte für die deutsche Rüstungsindustrie liegen in Konfliktregionen und Schwellenländern, wo die Freiheitsrechte am geringsten sind und die Gewalt am größten. Dabei sehen die deutschen Rüstungsexportrichtlinien eindeutig vor, die Ausfuhr in Spannungsgebiete nur im Einzelfall zu genehmigen. Auch der »Gemeinsame Standpunkt« der EU für die Kontrolle der Ausfuhr von Militärtechnologie und Militärgütern bekräftigt eine zurückhaltende Exportpolitik in Krisengebiete. Doch Begründungen liefern für ihre gelockerte Genehmigungspraxis muss die Bundesregierung nicht. Die Beschlüsse fällt der Bundessicherheitsrat, ein geheim tagender Unterausschuss des Kabinetts, dem neben dem Chef des Bundeskanzleramts sieben Minister angehören – und Bundeskanzlerin Angela Merkel als Vorsitzende.

Profite vor Menschenrechten

Das schrittweise Aufweichen der restriktiven Rüstungsexportpolitik geht einher mit der Übernahme von mehr außenpolitischer Verantwortung oder anders formuliert: mit einer weiteren Militarisierung deutscher Außenpolitik. Eine breite gesellschaftliche Debatte darüber aber, weshalb ausgerechnet die Diktaturen am Golf die wichtigsten regionalen Partner im Kampf gegen islamistische Milizen sein sollen, bleibt aus. Dabei geht der Riss in der Frage, welches Land wann und mit welcher Begründung mit welchen Waffen ausgestattet werden sollte, mitten durch Merkels Kabinett: Während Vizekanzler Sigmar Gabriel auf eine stärker an Menschenrechten orientierte Rüstungsexportpolitik drängt, betonte Außenminister Frank-Walter Steinmeier bis zu seinem Wechsel ins Bundespräsidialamt, dass man im Kampf gegen die Terrorgruppe den »Stabilitätsanker« Saudi-Arabien nicht einfach fallen lassen dürfe. Dabei bombt die auch mit deutscher Technik ausgestattete saudische Luftwaffe Krankenhäuser und Schulen im Jemen seit März 2015 in Schutt und Asche.

Bundeskanzlerin Merkel ist die treibende Kraft hinter diesem Kurs. Unter dem Stichwort »Ertüchtigung« mahnte sie 2012 die Ausrüstung regionaler Partner in Regionen an, in denen die Bundesrepublik nicht selbst mit Truppen präsent sein wollte. Als »Merkel-Doktrin« brandmarkten das Kritiker.[12] 2010 schon hatte der damalige Bundespräsident Horst Köhler verlangt, »dass ein Land unserer Größe mit dieser Außenhandelsorientierung und damit auch Außenhandelsabhängigkeit« wissen müsse, »dass im Zweifel, im Notfall auch militärischer Einsatz notwendig ist, um unsere Interessen zu wahren, zum Beispiel freie Handelswege«, oder um »regionale Instabilitäten zu verhindern«.[13] Im Weißbuch zur Zukunft der Bundeswehr von 2016 wird die Beteiligung an »Ad-hoc-Kooperationen« wie der internationalen Allianz zur Bekämpfung des IS ausdrücklich als Vorbild genannt.[14]

Die Bundeswehrmission im Irak bedeutet deshalb eine Zäsur. Zum ersten Mal nach dem Zweiten Weltkrieg stehen deutsche Truppen an der Schwelle zu einem Kampfeinsatz im Nahen Osten, zum ersten Mal haben sie sich mit eigenen Soldaten klar auf eine Seite gestellt: auf die der irakischen Kurden. Tausende Tonnen militärisches Material hat die Luftwaffe seit 2014 in den Nordirak geflogen, darunter G36-Sturmgewehre, Milan-Panzerabwehrraketen und Millionen Schuss an Munition. Im Zwei-Wochen-Takt landen die Antonow-Transportmaschinen der Bundeswehr inzwischen auf dem Flughafen der Kurdenhauptstadt Erbil. Ziel der Luftbrücke ist laut Bundesregierung die »Ertüchtigung« der irakisch-kurdischen Peschmerga-Streitkräfte in ihrem Kampf gegen den IS. Dazu dient auch die Ausbildung der Peschmerga, die seit Herbst 2016 unweit der Front stattfindet.

Waffenbrüderschaft mit Autokraten

Davon jedoch war nicht die Rede, als Bundeskanzlerin Merkel die Entsendung deutscher Kriegsgüter mitten in ein Spannungsgebiet als politisch notwendige Nothilfe rechtfertigte: Die biblischen Bilder verzweifelter jesidischer Familien auf den Hängen des Sindschar-Gebirges hatten die Weltgemeinschaft im August 2014 zum Eingreifen bewegt. Den Angehörigen der religiösen Minderheit drohte ein Völkermord, Tausende jesidische Frauen waren von den Terrormilizionären bereits verschleppt, vergewaltigt und sexuell versklavt worden. Ein Genozid wäre ohne die Bombardements amerikanischer Kampfflieger wohl wirklich nicht zu verhindern gewesen. Auch deshalb war die schnelle Unterstützung durch die Bundesregierung richtig: Wo Militäreinsätze helfen, Massaker zu verhindern, sind sie sinnvoll und keine Kriegstreiberei. Das gilt für Sindschar, das gilt für Kobane: Ohne Luftangriffe stünde die Kurdenenklave in Nordsyrien noch heute unter Kontrolle des IS.

Als IS-Kämpfer im November 2015 in Paris bei Attentaten hundertdreißig Menschen töteten, weiteten die NATO-Verbündeten ihre Operationen aus – und die Mission »Inherent Resolve« bekam einen neuen Charakter. Aufklärungstornados der Bundeswehr beschaffen den Bündnispartnern seitdem Informationen über immer neue Angriffsziele, die Bundesmarine ist zum Schutz des französischen Flugzeugträgers »Charles de Gaulle« ins Mittelmeer entsandt. Und mit Genehmigung des Bundessicherheitsrats liefern deutsche Rüstungskonzerne immer neue Waffen an die arabischen Verbündeten.

Zwar erscheint der deutsche Beitrag an der Anti-IS-Operation »Inherent Resolve« im Irak und über Syrien gering gegenüber dem amerikanischen, britischen oder französischen Engagement. Doch bilden die Milan-Panzerabwehrraketen und G36-Sturmgewehre das Eintrittsticket in den von Korruption, Intransparenz und Mafiaseilschaften geprägten Milizenstaat Irak, der in seinen alten Grenzen heute nur noch auf dem Papier existiert. Längst hat die kurdische Autonomieregierung Masud Barzanis mithilfe des NATO-Verbündeten Türkei begonnen, an Bagdad vorbei Öl auf den Weltmärkten zu verkaufen – ein erster Schritt Richtung Unabhängigkeit. Um hier Fuß zu fassen und von der internationalen Konkurrenz nicht an den Rand gedrängt zu werden, lohnt sich aus Sicht der Bundesregierung die Waffenbrüderschaft mit dem in Feudalmanier durchgreifenden Kurdenpräsidenten mitten in der konfliktreichsten Region der Welt.

Eine wertegeleitete Außenpolitik jedoch muss über die Eigeninteressen der deutschen Exportwirtschaft hinausgehen. Diese Debatte ist angesichts zerfallender Staaten in der Region dringend geboten. Dazu will dieses Buch einen Beitrag leisten. Denn bislang erklärt sich die Rüstungsexportpolitik der Bundesregierung ebenso wie die Bundeswehrbeteiligung an den Antiterroreinsätzen über Syrien und im Irak neben der Angst vor Anschlägen in Deutschland vor allem aus der Sorge um Energiesicherheit – und aus der Handelsfixierung der deutschen Diplomatie. Hinzu kommt, dass die wichtigsten arabischen Bündnispartner inzwischen erheblichen wirtschaftlichen Einfluss in Deutschland selbst ausüben. Katars Exregierungschef ist Großaktionär bei der Deutschen Bank. Die Vereinigten Arabischen Emirate haben sich mit dem größten Staatsfonds der Welt in deutsche Reedereien und Fluglinien eingekauft. Air Berlin, Volkswagen und Hochtief sind nur noch dem Namen nach deutsche Konzerne.

Das schafft Abhängigkeiten, die Politiker der Bevölkerung gegenüber eigentlich offenlegen müssten. In der Regel aber wählen sie einen anderen Weg: Das Schweigen Steinmeiers zum Vorgehen der vom Königshaus in Riad geführten Militärallianz im Jemen ist ein Skandal. Etlicher Kriegsverbrechen sollen sich die Luftwaffen der Hauptempfänger deutscher Rüstungsgüter in der Region dort schuldig gemacht haben. Doch Forderungen etwa des Europäischen Parlaments, angesichts der humanitären Katastrophe im Armenhaus der arabischen Welt die Militärlieferungen an Saudi-Arabien auszusetzen, versperrt sich die Bundesregierung. Knapp vier Millionen Barrel Erdöl passieren täglich die Meerenge von Bab al-Mandab an der Küste vor Jemen – eine Lebensader der Weltwirtschaft, die zu verteidigen der deutschen Diplomatie wichtiger ist als der Einsatz für ein sofortiges Ende der verheerenden Luftangriffe und der Seeblockade des Landes.

Blankoschecks zum Machterhalt

Auch bei den Vorständen der großen deutschen Rüstungskonzerne lassen Forderungen nach Waffenembargos die Alarmglocken läuten. Mit Verweis auf die Gefährdung Zehntausender Arbeitsplätze stempeln sie Kritiker als weltfremde Pazifisten ab, die die Bedrohung durch den internationalen Terrorismus nicht begriffen hätten. Aus dem Blick gerät dabei, dass die globalen Kriegsfolgekosten die Profite durch Waffenexporte in den Industriestaaten bei Weitem übersteigen. Gestützt in ihrer Haltung wird die Rüstungsindustrie dabei von den arabischen Regimes, die mit lukrativen Aufträgen winken – solange Deutschland bei der Missachtung von Menschenrechten und demokratischer Standards die Augen zudrückt. Die Drohung, Verträge andernfalls mit Firmen anderer Staaten abzuschließen, schwingt dabei immer mit. Auch deshalb wagt seitens der Politik kaum jemand, ein Handelssystem anzutasten, das vom permanenten Krieg gegen den Terror lebt – und nicht von mehr Partizipation benachteiligter Bevölkerungsgruppen.

Weil die Lage für die Menschen Nordafrikas und auf der arabischen Halbinsel durch den neuen »Krieg gegen den Terror« nicht besser geworden ist, ist ein Umdenken dringend geboten. Denn eines ist klar: Geld, das in Waffengeschäfte fließt, fehlt für Gesundheit und Bildung. Schon das Aufbegehren gegen die autoritären Herrscher in Tripoli, Tunis, Kairo, Damaskus, Manama und Sanaa 2011 hatte gezeigt: Nur umfassende Reformen der dysfunktionalen Institutionen versprechen langfristig Besserung der miserablen Lebensbedingungen, nicht neue Antiterroreinsätze. Und die Lehre, die aus dem Antiterrorkampf nach 9/11 gezogen werden muss, lautet: Militärisch allein lassen sich die Gotteskrieger nicht besiegen. Zwar konnte die Führung al-Qaidas im Irak vor einem Jahrzehnt zerschlagen werden. Doch in den Foltergefängnissen der amerikanischen Besatzer in Abu Ghraib und Camp Bukka organisierten sich die Kämpfer neu – es entstand der Vorgänger des Islamischen Staats, der sich im Zuge der Proteste gegen Baschar al-Assad rasch nach Syrien ausbreitete. Auch in Ägyptens Gefängnissen wächst unter Militärmachthaber Abd al-Fattah al-Sisi eine neue Generation gewaltbereiter Islamisten heran.

Der neue Außenminister Gabriel hofiert die Militärjunta in Kairo trotz Zehntausender politischer Gefangener dennoch – Milliardengeschäfte für deutsche Energiekonzerne wollte er sich auch als Wirtschaftsminister nicht entgehen lassen. Man könne das Neunzigmillionenland am Nil nicht im Chaos versinken lassen, lautet die Logik hinter der augenzwinkernden Kumpanei mit dem einstigen Armeechef Sisi, »too big to fail« die Formel einer Realpolitik, die Menschenrechte hintanstellt – und den Antiterrorkampf an erste Stelle setzt. Seit dem Militärputsch 2013 gegen den ersten frei gewählten Präsidenten des Landes, den Muslimbruder Mohammed Mursi, konnte die Europäische Union unter anderem dank der deutschen Politik zum größten Rüstungslieferanten Ägyptens aufsteigen: Nicht nur Siemens, auch der U-Boot-Hersteller ThyssenKrupp Marine Systems profitiert von der Leisetreterei der Bundesregierung gegenüber Kairo.

Wie der »Krieg gegen den Terror«, der gegen al-Qaida geführt wurde, dient auch der gegen den IS den arabischen Herrschern als Blankoscheck für den Ausbau ihrer Repressionsapparate zum eigenen Machterhalt. Deutschlands wichtigsten Bündnispartnern waren die Demonstrationen in Libyen, Tunesien, Ägypten, Syrien, Bahrain und Jemen von Anfang an ein Dorn im Auge, weil sie dadurch ihre eigene Herrschaft bedroht sahen. Allen voran Saudi-Arabien hat es sich seit 2011 zur Aufgabe gemacht, die Revolutionen in der Region einzudämmen und Proteste im eigenen Land im Keim zu ersticken. Denn nichts fürchtet die Herrschaftsclique um König Salman bin Abd al-Aziz Al Saud mehr als Proteste der stetig wachsenden jungen Bevölkerung. Rhetorisch auf einer Linie liegt das wahhabitische Königshaus dabei mit Syriens Diktator Assad, selbst wenn Salman islamistische Kräfte unterstützt, die den alawitischen Machthaber in Damaskus stürzen wollen. Doch Assads Lesart, dass terroristischen Bewegungen mit harter Hand begegnet werden müsse, teilt man in Riad – und zunehmend auch in den westlichen Hauptstädten.

Die Sichtweise, dass die einzige Alternative zu Assad al-Qaida oder eben der Islamische Staat sei, erklärt die Hinwendung der westlichen Staaten zu den repressiven Regimes der Region. Dass Menschenrechte dort flächendeckend missachtet werden, fällt gut ein halbes Jahrzehnt nach der Revolution auf dem Tahrir-Platz nicht mehr groß ins Gewicht – obwohl die von Berlin erhoffte Stabilität in Ägypten nicht eingekehrt ist. Auch dass die trügerische Ruhe in den repressiven Golfmonarchien ewig hält, glaubt angesichts des demografischen Drucks niemand. Dennoch konzentriert sich Deutschland mit seinen europäischen Partnern wieder auf die militärische Bekämpfung des Terrors – nicht auf jene, die sich Krieg *und* Staatsterror entgegenstellen. Welche Folgen diese kurzsichtige Politik für die Einwohner des arabischen Krisengürtels hat, wird dieses Buch zeigen. Gut sind sie nicht.

1 Ausverkauf: Deutsche Waffen für Arabiens Autokraten

Mit energischen Handbewegungen hakt die Ministerin nach. Ab und an streut Ursula von der Leyen ein gewinnendes Lächeln ein, nur um nachdenklich mit der Stirn zu runzeln, wenn einer der Herren in dunklem Anzug etwas nachfragt. Und immer wieder zeigt sie mit der Hand auf die vier Hightech-Geschosse, die publikumswirksam am Stand von Diehl Defence aufgestellt sind: Iris-T, LaGS und GILA heißen die akkurat auf Metallpfeilern montierten Lenkraketen, auch ein Exemplar des Flugprofilrekorders FPR für Manöver der Luftwaffe wird in der großen Ausstellerhalle präsentiert. Verständnisvoll nicken die Vertreter der Führungsriege des süddeutschen Traditionsunternehmens mit den Köpfen, als sich die Bundesverteidigungsministerin zu ihnen hinüberbeugt. Im Schein der Deckenbeleuchtung glänzen helle Farbkleckse auf den modernen Tötungsmaschinen.

Es ist ein heißer Nachmittag, an dem die kurze Begegnung der Ministerin mit den Vertretern des Diehl-Konzerns stattfindet, Deutschlands fünftgrößtem Rüstungsproduzenten.[1] Ein Pulk aus Fotografen und Reportern folgt von der Leyen auf ihrem Rundgang über die Internationale Luft- und Raumfahrtausstellung (ILA), die Berlin Air Show. Kein Schritt der nach Bundeskanzlerin Angela Merkel mächtigsten CDU-Politikerin bleibt unbeobachtet. Lächelnd lobt von der Leyen die beharrliche Arbeit der Bundeswehr in schwierigen Zeiten. Gut gelaunt gibt sie sich im Gespräch mit Soldaten und Ausstellern. Mit »Life-Cycle-Lösungen aus einer Hand« und Werbesprüchen wie »Wenn es darauf ankommt« buhlen die Anbieter hier um Kunden, wie etwa am Stand von RUAG, dem Rüstungsproduzenten aus Wedel. »Auf unsere Munition ist Verlass«, heißt es da und neben einer Vitrine mit Patronen: »The Sniper's Choice«.

Nur alle zwei Jahre findet die zivil-militärische Messe in Schönefeld statt, und das ausgerechnet neben dem Gelände des Berliner Pannenflughafens BER. Die Vertreter der Sicherheits- und Wehrtechnikbranche aber können über ausbleibende Abschlüsse nicht klagen. Einzelgenehmigungen im Wert von 6,88 Milliarden Euro erteilte die Bundesregierung 2016 deutschen Rüstungsunternehmen – fast 3 Milliarden mehr als zwei Jahre zuvor.[2] Die Zahl der Sammelausfuhren war 2015 mit 4,9 Milliarden Euro um fast 100 Prozent gestiegen: Insgesamt wurden damit Rüstungsexporte in Höhe von fast 13 Milliarden Euro genehmigt.[3] Nicht nur zur Freude der Big Five der deutschen Rüstungsindustrie – Airbus Defence and Space, Rheinmetall, ThyssenKrupp Marine Systems, Krauss-Maffei Wegmann und Diehl Defence.[4] Auch mittelständische Betriebe wie Chemring Defence in Bremerhaven, die Carl Walter GmbH in Wuppertal oder Dynmaik Nobel Defence im Siegerland profitieren von den neuen Rekordexporten.

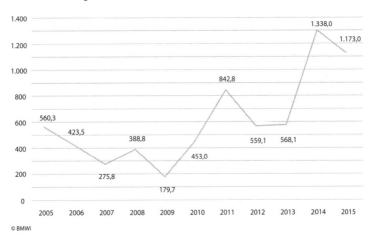

Kommerzielle Kriegswaffenausfuhren in Drittländer von 2005 bis 2015.[5]

	Bestimmungsländer	Wert
1	Algerien	1 421
2	USA	1 156
3	Saudi-Arabien	529
4	Ägypten	400
5	Vereinigtes Königreich	334
6	Republik Korea	280
7	Australien	202
8	Kanada	156
9	Vereinigte Arabische Emirate	154
10	Schweiz	149

Wichtigste Bestimmungsländer für Rüstungsgüter im ersten Halbjahr 2016 (in Millionen Euro).[6]

	Bestimmungsland	Wert
1	Katar	1 662
2	Vereinigtes Königreich	1 635
3	Südkorea	516
4	Israel	507
5	USA	420
6	Algerien	411
7	Saudi-Arabien	270
8	Frankreich	157
9	Indien	154
10	Schweden	145
11	Kuwait	125

	Bestimmungsland	Wert
12	Russland	119
13	Vereinigte Arabische Emirate	107
14	Oman	96
15	Singapur	96

Wichtigste Bestimmungsländer für Rüstungsgüter 2015 (in Millionen Euro).[7]

Dass 2015 fast zwei Drittel und 2016 immer noch mehr als die Hälfte der Ausfuhren in sogenannte Drittstaaten gingen, die weder EU noch NATO angehören oder deren Mitgliedern gleichgestellt sind, zeigt, wie sehr das Geschäft mit dem Krieg boomt. Mit mehr als vierzig Konflikten ist die Welt so gewaltsam wie seit Ende des Kalten Kriegs nicht mehr, ganz besonders in Nahost. Schlimmer noch: Unter den Top Ten der Empfängerländer deutscher Kriegs- und Rüstungsgüter fanden sich in den vergangenen Jahren drei Staaten, die in der neben Afrika konfliktreichsten Region der Welt direkt in Kampfhandlungen verwickelt sind. Katar lag 2015 auf Platz 1, Saudi-Arabien 2016 auf Platz 3, gefolgt von den Vereinigten Arabischen Staaten (VAE) auf Rang 9.[8] Die drei deutschen Verbündeten stehen seit 2015 an der Spitze einer Militärallianz, die das Armenhaus der arabischen Welt, den Jemen, zurück in die Steinzeit bombt – Frontstaaten im religiös aufgeheizten Regionalkampf um die Hegemonie am Persischen Golf. Tausende Angriffe sind saudische Piloten im Rückgrat der deutschen Luftwaffe, dem Eurofighter, dort geflogen. 45 Prozent beträgt der deutsche Ausrüstungsanteil am Eurofighter-Gesamtsystem, das außerdem von britischen, spanischen und italienischen Firmen an vier Endmontagestätten hergestellt wird. Ein Milliardenprojekt.

Unternehmen	Branche	Rüstungs-produktion	Anteil Rüstungs-umsatz	Beschäftigung Deutschland	Beschäftigung Rüstung
Airbus Defence and Space	Luft- und Raumfahrt	Militärische Flugzeuge u. a.	75 %	15 000	11 000
Rheinmetall AG	Automobil und Verteidigung	Fahrzeuge, Munition, Elektronik	50 %	20 000	9 200
ThyssenKrupp Marine Systems GmbH	Schiffbau	U-Boote, Fregatten, Minenräumschiffe	100 %	3 070	3 070
Airbus Helicopter	Luftfahrt	Militärische Hubschrauber	50 %	7 000	3 000
Diehl Defence Holding GmbH	Lenkflugkörper- und Panzerbau	Lenkflugkörper, militärische Flugzeuge	100 %	2 980	2 980
Krauss-Maffei Wegmann GmbH & Co. KG	Panzerbau	Panzerfahrzeuge	100 %	2 600	2 600
Summe					31 850

Die sechs größten deutschen Rüstungsunternehmen.[9]

Die vier Herren, die sich am Stand von Diehl um von der Leyen gruppiert haben, verdienen ebenfalls kräftig mit an den Kriegen und Krisen in der arabischen Welt. Auf 405 Millionen Euro belief sich zuletzt der Umsatz von Diehl Defence, der die Bereiche Sicherheit und Verteidigung umfasst.[10] In Abu Dhabi unterhält der Konzern ein Außenbüro, um »die Akquisitionsbemühungen in den Vereinigten Arabischen Emiraten und in den anderen Golf-Staaten zu unterstützen«, wie es auf der Homepage der Diehl-Gruppe heißt.[11] Denn trotz sinkender Gas- und Öleinnahmen halten Auf- und Umrüstung in den rohstoffreichen Staaten am Persischen Golf an, mit immer stärkerem Fokus auf Späh- und Überwachungstechnik sowie auf Präzisionslenkwaffen.

Steigende Profite macht das Familienunternehmen auch deshalb, weil es sich nicht scheut, an verfeindete Konfliktparteien zu verkaufen: Sowohl Saudi-Arabien wie Israel werden mit Wehrtechnik aus dem Hause Diehl versorgt. Die regionale Aufrüstungsspirale treibt das weiter an: In Nordafrika haben sich die Militärausgaben in den vergangenen zehn Jahren mehr als verdoppelt, im Nahen und Mittleren Osten um zwei Drittel zugenommen. Auf rund 190 Milliarden Dollar summieren sich die Rüstungsetats von Ägypten im Westen, über Israel, die Staaten des Golf-Kooperationsrats (GCC) bis Iran.[12]

Ein Markt, der mit kräftigen Gewinnen lockt, zumal Korruption und Waffenhandel eng zusammengehören. Schmiergeldzahlungen lassen sich zwar oft nicht nachweisen, doch die zahlreichen Gerichtsverfahren auch gegen deutsche Rüstungsproduzenten sprechen eine deutliche Sprache. Bestechung zum Erwerb politischer Gefälligkeiten gehört gerade in Schwellenländern oft dazu; Saudi-Arabien avancierte hier in den 1980er Jahren zum Vorreiter, als Milliardendeals mit dem britischen Rüstungsgiganten BAE Systems den internationalen Waffenhandel in neue Sphären hoben – jenseits jeglicher demokratischer Kontrolle. Das Credo der Branche könnte deshalb auch lauten: Zu viel Öffentlichkeit schadet dem Geschäft.

Eine verschwiegene Branche

Anders als die machtbewusste Ministerin von der Leyen, die auf ihrem anvisierten Weg ins Kanzleramt keinem Mikrofon und keiner Kamera aus dem Weg geht, scheuen die Manager des Traditionsunternehmens deshalb Blitzlicht und kritische Nachfragen. Misstrauisch schaut der Sprecher des Vorstands des Teilkonzerns Defence Claus Günther hinüber zu den Fotografen und Korrespondenten der Hauptstadtpresse. Am liebsten agiert der agile Wehrtechnikchef mit Businessanzug und smarter Brille im Hintergrund – Kontakte zu den Entscheidungsträgern des Verteidigungsministeriums und des für Rüstungs- und Kriegswaffenexporte verantwortlichen Bundesamts für Wirtschaft und Ausfuhrkontrolle (BAFA) in Eschborn am Taunus zählen selbstredend dazu. Kein Unbekannter also für die Verteidigungsministerin. Als dann aber ein älterer Herr mit grauem Haar und roter Krawatte zu der Runde auf dem Diehl-Messestand stößt, ist selbst die ansonsten auf alles vorbereitete Inhaberin der Befehls- und Kommandogewalt überrascht. »Jetzt lerne ich also den echten Herrn Diehl kennen«, sagt von der Leyen. Thomas Diehl, der Patriarch des 1902 in Nürnberg gegründeten Unternehmens, hat sich eigens für den Ministerinnenbesuch in die Hauptstadt begeben.

Zu bereden gibt es genug. Denn die Branche ist zwei Jahre nach Beginn des Luftkriegs gegen den Islamischen Staat im Irak und in Syrien in Aufruhr – wieder einmal. Zwar hat von der Leyen neue Investitionen in die Bundeswehr angekündigt, die Zeit des Sparens sei vorbei: Bis 2020 soll der Verteidigungsetat so schrittweise um 10 Milliarden Euro erhöht werden, die größte Steigerung im letzten Vierteljahrhundert.[13] Doch die größten Geschäfte winken im Ausland, wo neben den Vereinigten Staaten, China und Russland zuletzt Frankreich groß auftrumpfte: Der Verkauf des von Dassault Aviation hergestellten Mehrzweckkampfflugzeugs Rafale an Ägypten und Katar bescherte der Rüstungsindustrie der Grande Nation Aufträge im Wert von 16 Milliarden Dollar.[14] Auch zwei Hubschrauberträger der Mistral-Klasse lieferte Paris an die Militärmachthaber in Kairo. Abgehängt zu werden von der Konkurrenz fürchtet die deutsche Rüstungslobby, zumal sich die europäischen Produzenten teilweise selbst im Wege stehen: Statt ihre Ressourcen zu bündeln, machen sie sich auf dem profitträchtigen globalen Kampffliegermarkt gegenseitig Konkurrenz. Nicht nur das Eurofighter-Konsortium mit Sitz in Hallbergmoos bei München buhlt international um Aufträge, Dassault Aviation aus Frankreich sowie der schwedische Hersteller Saab treten mit eigenen Modellen ebenfalls gegen die mächtigen amerikanischen Wettbewerber Lockheed Martin, Boeing und Northrop Grumman an.

Außerdem versuchte Sigmar Gabriel, eine neue Linie durchzusetzen: Weniger Waffen sollten künftig aus Deutschland verkauft werden, forderte der Vizekanzler gleich zu Beginn seiner Amtszeit. Nur durch Ab-, nicht durch Aufrüstung ließen sich die Krisenherde der Welt mittelfristig eindämmen. Das sei auch deshalb bitter nötig, weil ein entscheidender Grund für die Flüchtlingskrise in Europa die anhaltenden Kriege in Syrien und im Irak seien. Die Rüstungsmanager hingegen irritiert es wenig, dass der Export von deutschem Kriegsgerät ein halbes Jahrzehnt nach den friedlichen Protesten in Kairo, Tunis und Damaskus wieder vermehrt in die Spannungs- und Konfliktzonen des arabischen Krisengürtels erfolgt. Dabei hatte das EU-Parlament bereits im März 2016 wegen des verheerenden Kriegs im Jemen ein Waffenembargo gegen Saudi-Arabien gefordert. Die Luftwaffe des Königreichs ist nicht nur mit Kampfflugzeugen der Typen Tornado und Eurofighter Typhoon ausgerüstet, die einen hohen deutschen Entwicklungs- und Produktionsanteil haben, sondern bezieht auch Iris-T-Raketen aus dem Hause Diehl.

Die spiegelglatten Lenkflugkörper, die am Stand an der Berlin Air Show ILA in blaues Licht getaucht sind, gelten dank der hoch entwickelten Infrarotsuchköpfe als Wunderwerk der Technik. Schon heute sind Eurofighter- und Tornadokampfjets serienmäßig mit den Geschossen aus dem Diehl-Werk in Überlingen am Bodensee bestückt. Der Bedarf der saudischen Luftwaffe an den modernsten Kurzstreckenraketen der Welt liegt Militärfachleuten zufolge bei weit über tausend Stück, Tendenz steigend: Da kein Ende der Krisen auf der arabischen Halbinsel in Sicht ist, muss für Nachschub gesorgt sein – schließlich gilt es, sich für alle Eventualitäten vorzubereiten. Dazu zählt auch die Bedrohung durch den Iran, der Israel als zentrale Bedrohung der Hüterin der heiligen Stätten des Islams in Mekka und Medina längst abgelöst hat.

Üben für den Ernstfall

Über den Start- und Landebahnen des Schönefelder Flugfelds donnern an diesem sonnigen Nachmittag die Vorzeigeprodukte der deutschen und europäischen Luftfahrtindustrie hinweg – sehr zur Freude der zahlreichen Planespotter, die ihre Köpfe in den Nacken gelegt haben. Strahlend blau ist der Himmel, als ein Airbus 310 zwei Tornados in der Luft betankt. Abgeschirmt wird die Formation von zwei Eurofightern. Über dem Norden Syriens gehört das Manöver zum Kriegsalltag der Piloten und Navigatoren der Luftwaffe: Um Angriffsziele für die Partner der internationalen Anti-IS-Allianz auszukundschaften, hat die Bundesregierung Aufklärungsflieger in das Kampfgebiet entsandt. Im Luftraum über Raqqa, Kobane und Qamischli sind die im oberbayerischen Manching gebauten Tornados vom Typ Recce seitdem unterwegs. Das Kürzel ist dem Militärjargon entlehnt, es steht für »Reconnaissance«, also Aufklärung. Feindliche Stellungen, Brücken und Straßen werden von den Piloten fotografiert. Ausgestattet sind die Flieger mit zwei Iris-T-Raketen, und für hochauflösende Aufklärungsfotos bei Tag und Nacht sorgt das digitale Optiksystem RecceLite, hergestellt im schwäbischen Oberkochen.

Auf der ILA wenige Minuten später ein sogenannter Alarmstart: Blitzschnell steigen zwei Kampfflieger der Bundeswehr auf, um ein feindliches Flugzeug aus dem Luftraum zu drängen. Von einer kleinen Rampe am Informationsstand der Bundeswehr auf der Landepiste beobachtet von der Leyen die Vorführung. Feldjäger mit Spürhunden an der Leine sichern das Terrain. Neben der Ministerin auf dem Flugstand stehen Luftwaffenoffiziere und Bernhard Gerwert, der Präsident des Bundesverbands der Deutschen Luft- und Raumfahrtindustrie (BDLI), der die ILA alle zwei Jahre ausrichtet. Der mächtige Lobbyist, bis Frühjahr 2016 Chef der Rüstungssparte von Airbus, weicht den ganzen Rundgang über nicht von ihrer Seite. Erst als von der Leyen zum Abschlussstatement in der Bundeswehrhalle vors Mikrofon tritt, rückt er gemeinsam mit den Managern der großen deutschen Luft- und Raumfahrtkonzerne in die zweite Reihe. »Einsatzbereitschaft sichern. Gemeinsam. Weltweit. Heute und zukünftig«, steht in großen Buchstaben auf der Tafel mit den vielen bunten Firmenlogos, vor der sich die Vertreter von MTU, Liebherr, Thales und Rheinmetall aufstellen. Eine »beeindruckende Visitenkarte für Deutschland« hätten diese auf der Messe abgeliefert, lobt die Ministerin. Vor allem der Mittelstand mit seiner Innovationskraft und Ingenieursleistung habe unter Beweis gestellt, dass er »das Rückgrat der deutschen Wirtschaft« sei.

Auch Diehl Defence gehört dem Bundesverband der deutschen Luft- und Raumfahrtindustrie an, der sich auf der Messe als »Stützpfeiler für die Wahrung deutscher Interessen« präsentiert, als »international gefragter, anerkannter und wettbewerbsfähiger Partner« sowie als »unentbehrliches Instrument der Außen- und Sicherheitspolitik unseres Landes«. Diehl-Defence-Chef Günther vertritt die Firma außerdem im Vorstand des Bundesverbands der Deutschen Sicherheits- und Verteidigungsindustrie (BDSV). Mehr als achtzig Rüstungsfirmen sind Mitglied in dem einflussreichen Lobbyverband, der dem Selbstverständnis nach als »Scharnier zwischen Unternehmen, Politik, Gesellschaft, Institutionen und Medien« fungiert.

BDLI und BDSV sind vielleicht die mächtigsten Zusammenschlüsse, welche die Interessen der Sicherheits- und Verteidigungsbranche im politischen Berlin durchzusetzen versuchen – und angesichts sinkender nationaler Verteidigungsetats für Rüstungsexporte auch in Drittstaaten außerhalb von NATO und Europäischer Union werben. Diehl-Defence-Vorstand Günther sitzt darüber hinaus im Präsidium der Deutschen Gesellschaft für Wehrtechnik, gegründet 1959, kurz nach Wiederbewaffnung der Bundesrepublik. Und er repräsentiert die Firma im Förderkreis Deutsches Heer, der für »eine leistungsfähige nationale Industriebasis« zur Ausstattung »der deutschen Landstreitkräfte« eintritt. Auf parlamentarischen Abenden und Informationsveranstaltungen in Bonn sowie am Standort des Bundesbeschaffungsamts der Bundeswehr in Koblenz stimmen sie Politik und Militär auf gemeinsame Ziele ein.

Fliegende Wechsel

Die Interessenverbände sind Teil eines Systems offener Drehtüren, in dem Wechsel zwischen Regierung und Wirtschaft kein Zufall sind – und die Kontrollmechanismen lasch: Der Sozialdemokrat und BDSV-Hauptgeschäftsführer Georg Wilhelm Adamowitsch etwa war vor seiner Tätigkeit bei dem Rüstungslobbyisten lange Jahre beamteter Staatssekretär im Bundeswirtschaftsministerium, das über die Ausfuhr von Kriegsgerät entscheidet. Ein idealer Vertreter, um die Politik auf die Wünsche der Rüstungsindustrie einzustimmen. Und einer, der den BDSV-Vorstandsvorsitzenden Armin Papperger vom Rüstungsriesen Rheinmetall und dessen Stellvertreter von ThyssenKrupp Marine Systems, Krauss-Maffei Wegmann und Diehl Defence bestens über Verfahrens- und Denkweisen in den Ministerien briefen kann. Hinweise auf die Sicherung des Standorts Deutschland dürfen dabei nie fehlen: Von »22 000 direkt beschäftigten, hoch qualifizierten«

Mitarbeitern in rund hundert Unternehmen ist seitens des BDLI auf der Berlin Air Show die Rede.

Um Arbeitsplatzerhalt geht es der Branche angeblich auch beim Kampf gegen die Terrorgruppe Islamischer Staat, die trotz Gebietsverlusten weiterhin große Territorien im Irak und in Syrien kontrolliert. Und die ihre Strategie angesichts anhaltender Luftschläge durch die Anti-IS-Allianz verändert hat: Wie einst al-Qaida gilt inzwischen auch der »ferne Feind« in den Metropolen des Westens als Ziel, nicht mehr nur die arabischen Sicherheitskräfte in den selbst erklärten Provinzen des IS-Kalifats, die im Jemen und Ägypten, Libyen und Mali ausgerufen wurden. Die Anschläge von Paris im Januar und November 2015, von Ankara, Brüssel, Istanbul, Nizza und Berlin 2016 zeugen davon. Auch im Pressezentrum hinter der Bundeswehrhalle auf der Berlin Air Show läuft eine Eilmeldung über die Monitore: »IS plante Selbstmordattentat in Düsseldorf.« Drei verdächtige Syrer seien in Brandenburg gefasst worden, einer davon in einem Asylbewerberheim in Bliesdorf. Nur eine Stunde braucht man von dort über die A 10 bis zum ILA-Gelände.

Weniger als fünf Flugstunden von Schönefeld entfernt liegt das türkische Incirlik. Vom südlichsten Stützpunkt der NATO aus steigen Kampfflugzeuge der internationalen Allianz gegen den IS zu ihren Angriffen auf Stellungen der Dschihadisten auf, greifen direkt in die Gefechte rund um das syrische Raqqa und das irakische Mossul ein. Auch AWACS-Überwachungsflugzeuge der Bundeswehr unterstützen die von den Vereinigten Staaten geführte Koalition. Die mit moderner Radar- und Kommunikationstechnik ausgestatteten Spezialmaschinen sollen den Luftraum über Syrien überwachen – und als fliegende Kommandozentralen eingesetzt werden.

Anderthalb Jahrzehnte nach dem von George W. Bush ausgerufenen »Krieg gegen den Terror« ist Deutschland damit wieder in einen Konflikt verstrickt, der, weil er gegen einen extrem mobilen Feind geführt wird, mit militärischen Mitteln allein kaum zu gewinnen ist. Auch die Prämissen, von denen Bundeskanzlerin Merkel, Verteidigungsministerin von der Leyen und der damalige Außenminister Frank-Walter Steinmeier zu Beginn des Einsatzes ausgingen, sind längst überholt: Die Operation »Inherent Resolve« hat die Dschihadisten eben nicht daran gehindert, in Deutschland Anschläge zu verüben. Im Gegenteil: Im Sommer 2016 schlugen Anhänger der Terrorgruppe in Ansbach und Würzburg zu, und kurz vor Weihnachten steuerte der tunesische Attentäter Anis Amri in Berlin einen Lastwagen in den Weihnachtsmarkt am Breitscheidplatz. Elf Menschen wurden bei dem Anschlag in der Nähe der Gedächtniskirche getötet, Amri selbst wenige Tage später in Italien auf der Flucht von einem Polizisten erschossen.

Doch nicht nur in Deutschland ist die Terrorgefahr gewachsen. Die uneingeschränkte Solidarität, welche die Bundesregierung ihren arabischen Partnern in der Anti-IS-Allianz zukommen lässt, gefährdet zunehmend die Stabilität der gesamten Region von Libyen im Westen bis in die ölreichen Ostprovinzen Saudi-Arabiens. Die drei gescheiterten Staaten Syrien, Jemen und Irak zu befrieden, könnte Jahrzehnte dauern – wenn das überhaupt gelingt. Der Flächenbrand in Nahost, vor dem zu Zeiten Saddam Husseins, Husni Mubaraks und Muammar al-Gaddafis mit Blick auf den Palästinakonflikt gewarnt wurde, ist längst Realität – unter eifriger Beteiligung westlicher Rüstungsfirmen und Regierungen, die durch ihre Politik weiter Öl ins Feuer gießen.

Politische Landschaftspflege

Das Hotel Adlon am Pariser Platz in Berlin. In der holzvertäfelten Bibliothek in der ersten Etage der Luxusunterkunft hat einer der wichtigsten Außenpolitiker der Vereinigten Arabischen Emirate ausgewählte Journalisten zu einem sogenannten Hintergrundgespräch geladen.[15] Direkten Blick aufs Brandenburger Tor hat man von hier, vom Gebäude der amerikanischen Botschaft wehen die Stars and Stripes. Genau gegenüber unterhält die Diehl-Stiftung eine Niederlassung, die es den Unternehmensvertretern erlaubt, bei wichtigen Vergabeentscheidungen nahe an den Entscheidungsträgern zu sein – im selben Gebäude wie Krauss-Maffei Wegmann, dem Hersteller des bei den arabischen Golfstaaten so begehrten Leopard-2-Kampfpanzers. Wenige hundert Meter den Boulevard Unter den Linden hinab, in der Friedrichstraße, sitzt der Förderkreis Deutsches Heer – im gleichen Haus wie der Düsseldorfer Konzern Rheinmetall, der für den Leopard 2 unter anderem das Geschützrohr herstellt und exportiert, zuletzt an Katar. Präsenz zu zeigen am Regierungssitz ist wichtiger Bestandteil der politischen Landschaftspflege der Rüstungskonzerne. Auch die Lobbyverbände BDSV und BDLI sind hier mit Büros vertreten. Schließlich liegen Kanzleramt und Auswärtiges Amt sowie die Abgeordnetenbüros der Außen- und Sicherheitspolitiker des Bundestags nur ein paar Schritte entfernt.

Smalltalk am Fenster, entspannte Atmosphäre. Die Adlon-Angestellten reichen Kaffee, auf silbern glänzenden Etageren liegen Schwarzwälder Schinken und frisches Obst zum Verzehr bereit. Alles, was in solchen Runden gesagt wird, darf geschrieben werden, allerdings ohne den Gesprächspartner zu nennen oder gar namentlich zu zitieren. Es ist eines der ungeschriebenen Gesetze des Berliner Politikbetriebs. Nähe zwischen Machthabern und Medien wird so hergestellt, andererseits genug Vertraulichkeit gewahrt, um etwa diplomatische Initiativen nicht zu gefährden. Auch der Referent für Public Diplomacy aus der Berliner Botschaft der Emirate und Berater des hohen Gesandten aus Abu Dhabi sind beim vertraulichen Frühstück dabei. Von Seiten der Hauptstadtpresse sind die außenpolitischen Korrespondenten von *F.A.Z.*, *Spiegel*, *Handelsblatt* und *Welt* gekommen.

Im Schnelldurchlauf geht es durch die Krisen, die die Region erschüttern: Libyen, Jemen, Irak und natürlich Syrien. Mit »einer Büchse der Pandora voller Widersprüche« sei man konfrontiert, klagt der Strippenzieher aus dem kleinen, reichen Golfstaat. Zerbrochen sei die alte Ordnung – und eine neue nicht in Sicht. Im Gegenteil: »Konsens durch Gewalt« laute die Losung der Stunde, da eine friedliche Koexistenz derzeit nicht zu sichern sei. Keine Hinweise darauf gebe es, dass die Feuer, die die arabische Welt entflammt hätten, in nächster Zeit gelöscht werden könnten. Nicht in Syrien, nicht im Kampf gegen den Islamischen Staat. Um eine Generationenfrage handele es sich, schließlich hätten die terroristischen Islamistengruppen ihre Macht über Jahrzehnte aufgebaut. Das lasse sich in drei, vier Jahren nicht einfach erledigen.

Konsens durch Gewalt

Der Mann weiß, wovon er spricht. Gerade erst ist er von einer Zusammenkunft mit europäischen Regierungschefs in Dschidda zurückgekommen, als nächstes steht in Kairo ein Gipfeltreffen der Außenminister der Arabischen Liga an. Thema dort: die Krise in Libyen. Gemeinsam mit der ägyptischen Regierung vertreten die Emirate eine harte Linie: Nur mit Gewalt könne der Vormarsch des Islamischen Staats entlang der Mittelmeerküste gestoppt werden. Angriffe auf Stellungen der Terrormiliz nahe der Hafenstadt Sirte flog die VAE-Luftwaffe deshalb bereits 2014. Zwischenstopps legten die Kampfflieger auf Landebahnen im Westen Ägyptens ein.

Zwei Jahre später sind die mit strenger Hand von Premierminister Mohammed bin Raschid Al Maktum regierten Emirate am Ostrand der arabischen Welt mit ihrem Vorgehen nicht mehr allein. Wie während des Aufstands gegen Gaddafi tummeln sich längst wieder Spezialeinheiten der Vereinigten Staaten, Großbritanniens, Frankreichs und Italiens in dem Wüstenstaat. Die NATO hat ihre Mittelmeeroperation »Active Endeavour« bis an die libysche Küste ausgeweitet. Doch Misstrauen der arabischen Staaten gegenüber dem westlichen Verteidigungsbündnis bleibt: Dass Europa und Amerika nicht bereit sind, General Chalifa al-Haftar zu unterstützen, kann der Außenpolitiker aus den Emiraten beim Pressefrühstück im Adlon nicht verstehen.

Die Ernüchterung des Gesandten vom Golf hat mit dem außenpolitischen Erbe zu tun, das Barack Obama hinterlässt: Ihre Krisen sollen die arabischen Staaten künftig selbst lösen, hatte der amerikanische Präsident Saudi-Arabiens König Salman und den Kronprinzen der Emirate, Scheich Mohammed bin Zayed, bei seinem letzten Besuch in Riad wissen lassen. Die Zeiten, zu denen die Vereinigten Staaten militärisch in Nahost einspringen, seien vorbei. Amerikas schleichender Rückzug aus der Region erklärt zudem, weshalb die Herrscher in Abu Dhabi unabhängiger von Rüstungsexporten werden wollen. Wie der große Nachbar Saudi-Arabien planen die Emirate bis 2030 einen massiven Ausbau der heimischen Rüstungsindustrie.

Finanziell gut ausgestattet dafür sind sie. Schon lange bereiten sich die Herrscher auf ein Ende des Ölzeitalters vor. Die Expansion des militärisch-industriellen Komplexes ist Teil der Strategie, sich selbstständig zu machen – mit Erfolg: Die International Defence Exhibition (IDEX), die alle zwei Jahre auf dem Messegelände Abu Dhabis stattfindet, hat sich zur wichtigsten Waffenschau des Nahen Ostens entwickelt. Auch die großen Fünf der deutschen Rüstungsindustrie, Airbus Defence and Space, Rheinmetall, ThyssenKrupp Marine Systems, Krauss-Maffei Wegmann und Diehl Defence zählen dort zu den Stammgästen. Und auf Technologietransfer aus dem Westen können die reichen Golfstaaten allen Unabhängigkeitsbestrebungen zum Trotz bis auf Weiteres nicht verzichten, räumt der kundige Gesprächspartner im Adlon ein.

Auf Einkaufstour in Deutschland

Know-how stellen deutsche Firmen bereitwillig zur Verfügung, zumal der wirtschaftliche Einfluss gerade der Staaten des Golf-Kooperationsrats (GCC) – Saudi-Arabien, Vereinigte Arabische Emirate (VAE), Katar, Kuwait, Bahrain und Oman – in den vergangenen Jahren stetig zugenommen hat. Und damit auch der politische. Waren im Wert von 11 Milliarden Euro lieferten deutsche Firmen 2015 in die VAE, die Exporte nach Saudi-Arabien beliefen sich auf knapp 9 Milliarden, die nach Katar und Kuwait zusammen immerhin auf 3,5 Milliarden Euro. Entscheidender für das Wohlwollen, das die deutsche Politik den arabischen Autokraten gegenüber aufbringt, dürfte jedoch ein anderer Trend sein: Da sich die Ära fossiler Brennstoffe dem Ende zuneigt und die Herrscher für die Zeit danach vorsorgen, investieren sie massiv in ausländische Unternehmen und Projekte – vermehrt auch in Deutschland.

So besitzt der Golfstaat Katar Anteile an Volkswagen in Höhe von 15 Prozent und am Baukonzern Hochtief in Höhe von 10 Prozent. Für erhebliche Diskussionen sorgte der Einstieg von Exregierungschef Hamad bin Jassim bin Jabor Al Thani bei der Deutschen Bank, der mit 1,75 Milliarden Euro zum größten Einzelaktionär wurde. Dem mächtigen Staatsfonds Qatar Investment Authority (QIA) gehören nun 6 Prozent der Aktien an dem umstrittenen Dax-Unternehmen. Dass die Deutsche Bank bei acht der zehn größten Rüstungsfirmen der Welt Anteile hält, dürfte den Großaktionär vom Golf alles andere als stören. Auch Krauss-Maffei Wegmann und Rheinmetall werden von der Deutschen Bank finanziert.[16] Angesichts des anhaltenden Bedarfs an Waffen und Munition in der Krisenregion Nahost sind hohe Renditen gesichert.

Die Zustimmung der Bundesregierung zu einem der am heftigsten kritisierten Waffendeals der vergangenen Jahre dürfte durch die engen wirtschaftlichen Verflechtungen mit Katar sicherlich gefördert worden sein: Zweiundsechzig Kampfpanzer vom Typ Leopard 2 A7+ und zwei Dutzend Panzerhaubitzen liefern Krauss-Maffei Wegmann und Rheinmetall in den Wüstenstaat, der wegen Bewaffnung islamistischer Milizen von Syrien bis Libyen immer wieder in die Kritik gerät. Geschätzter Wert des Mammutgeschäfts: 1,9 Milliarden Euro. Bereits 2015 stand das sunnitische Herrscherhaus auf Platz 1 der Empfängerländer deutscher Kriegs- und Rüstungsgüter.

Ein traditionell guter Kunde deutscher Rüstungsfirmen sind auch die Vereinigten Arabischen Emirate, die 2016 militärisches Ausstattungsgerät in Höhe von mehr als 150 Millionen Euro aus Deutschland bezogen. Ende 2016 erteilte der Bundessicherheitsrat Rheinmetall Defence Electronics die Genehmigung, Teile und Komponenten für ein mobiles Gefechtsübungszentrum im Wert von mehr als 8 Millionen Euro an die Emirate zu liefern.[17] Die guten Waffengeschäfte gehen einher mit wachsendem Einfluss des mächtigen Staatsfonds aus Abu Dhabi. Um die Profite aus dem Ölverkauf gewinnbringend anzulegen, kaufte Etihad Airways sich schon vor Jahren bei Air Berlin ein. Und im Sommer 2016 sorgte der Einstieg der United Arab Shipping Company (UASC) bei Hapag-Lloyd für Aufsehen: Die von mehreren arabischen Staatsfonds finanzierte Fusion der beiden Konzerne sorgt dafür, dass nun die neuen Gesellschafter aus dem Irak, Saudi-Arabien, Kuwait, Katar, Bahrain und den VAE 28 Prozent der Anteile an dem zur viertgrößten Reederei der Welt aufgestiegenen Hamburger Traditionsunternehmen halten.[18]

Aus einer Position der Stärke heraus reisen arabische Außenpolitiker und Staatschefs deshalb nach Europa, freudig begrüßt von Kanzlerin Merkel oder Steinmeier, der seine Amtskollegen aus den autoritären Golfmonarchien als Außenminister regelmäßig als »gute Freunde« willkommen hieß – Stillschweigen über die Missachtung demokratischer Grundwerte und mutmaßliche Kriegsverbrechen im Jemen inklusive. Mit einem Lachen quittiert denn auch der Außenpolitiker aus den Vereinigten Arabischen Emiraten am Ende des Frühstücks im Hotel Adlon die Frage nach der Präsenz seines Landes auf der Berlin Air Show, wo Verteidigungsministerin von der Leyen an diesem heißen Sommertag der deutschen Rüstungsbranche ihre Wertschätzung erweist. Die Diplomaten in der Botschaft der Emirate in Berlin hätten ihn zwar darauf vorbereitet, dass deutsche Journalisten wissen wollten, welche Rolle diese auf der Messe spielten. Doch leider könne er weder zum Einsatz des G36-Gewehrs von Heckler & Koch noch zu den Iris-T-Raketen, mit denen Diehl Defence die Kampfflieger der United Arab Emirates Air Force (UAEAF) ausstattet, etwas sagen. Eine verschwiegene Branche eben, in der eine Hand die andere wäscht. Und wo menschenrechtliche Bedenken im Zweifel hintanstehen müssen.

2 Jemen: Krieg gegen die Kinder

Die Stimmung auf der Regierungsbank im Berliner Reichstag ist gelöst. In der ersten Reihe hat sich Angela Merkel hinüber zu Sigmar Gabriel gebeugt. Die beiden lachen, irgendetwas scheint die Bundeskanzlerin und ihren Vizekanzler zu amüsieren. Auf den Plätzen hinter den beiden tippen Staatssekretäre aus den Ministerien auf ihren Mobiltelefonen herum. Gerade hat Norbert Lammert die letzte Sitzung vor der Sommerpause eröffnet, Abgeordnete und Minister freuen sich auf die Ferien – auch wenn niemand weiß, ob angesichts aktueller Krisen nicht Sondersitzungen anstehen wie schon in den Vorjahren. Am Abend zuvor war die deutsche Nationalmannschaft bei der Fußballeuropameisterschaft gegen Gastgeber Frankreich ausgeschieden, Anlass für eine launige Bemerkung des Bundestagspräsidenten. »Im Sommer 1916, vor hundert Jahren, sind sich Franzosen und Deutsche nicht auf Fußballfeldern, sondern auf Schlachtfeldern begegnet«, sagt Lammert. »Gewonnen hat damals niemand, aber es gab Millionen Tote. Das vermittelt uns die doppelt tröstliche Gewissheit, dass es doch einen Fortschritt in Europa gibt.«[1] Beifall dafür bekommt der CDU-Politiker aus allen Fraktionen.

Als er gut anderthalb Stunden später zur Beratung eines Antrags der zweitkleinsten Bundestagsfraktion aufruft, kann von Konsens im deutschen Parlament keine Rede mehr sein. Dabei geht es wieder um Krieg und Frieden – und um den zwei Tage zuvor vom Bundeskabinett verabschiedeten Rüstungsexportbericht.

Der wartete mit so hohen Zahlen auf wie nie zuvor, seitdem die rot-grüne Bundesregierung beschloss, die Zahlen zu veröffentlichen: Mit 7,8 Milliarden Euro lag der Wert der Einzelausfuhrgenehmigungen 2015 fast doppelt so hoch wie im Vorjahr.[2]

Zu verantworten hat den Bericht Wirtschaftsminister Gabriel persönlich. Sein Haus, nicht das Verteidigungsministerium, ist es, das über die Ausfuhr von Kriegswaffen und Rüstungsgütern entscheidet. So sehen es Kriegswaffen- und Außenwirtschaftsgesetz vor. Seit Verabschiedung der »Politischen Grundsätze der Bundesregierung für den Export von Kriegswaffen und sonstigen Rüstungsgütern« ist er außerdem gehalten, diese »restriktiv zu gestalten«. So könne Deutschland »einen Beitrag zur Sicherung des Friedens, der Gewaltprävention, der Menschenrechte und einer nachhaltigen Entwicklung in der Welt« leisten, formulierte die damalige rot-grüne Bundesregierung im Januar 2000.[3] Ein halbes Jahr nach Ende des Kosovo-Kriegs zogen SPD und Grüne damit die Konsequenzen aus dem ersten deutschen Kampfeinsatz seit Ende des Zweiten Weltkriegs.

Doch als die Debatte beginnt, haben Gabriel und Merkel den Plenarsaal unter der Reichstagskuppel bereits verlassen. Wenige Minuten zuvor hatte sich der SPD-Vorsitzende noch die Zeit genommen, die Reform des Erneuerbare-Energien-Gesetzes gegen Kritik der Opposition zu verteidigen. Anders sieht es bei der Debatte um Rüstungsexporte aus: Öffentlich vorführen lassen will er sich nach Bekanntwerden des neuen Negativrekords nicht. Insbesondere deshalb, weil ausgerechnet mehrere Mitglieder des Golf-Kooperationsrats (GCC) – darunter Saudi-Arabien, die Vereinigten Arabischen Emirate und Katar – ganz weit oben auf der Liste der Empfängerländer stehen.

Liste der Schande

Die drei Staaten stehen an der Spitze der Militärkoalition, die mit verheerenden Luftangriffen im Jemen für eine humanitäre Katastrophe gesorgt hat. Unzählige Einsätze sind ihre Piloten seit Beginn des Kriegs im März 2015 bereits geflogen. Regelmäßige Verletzungen des humanitären Völkerrechts durch die arabische Allianz sind an der Tagesordnung, die Bombardierung von Krankenhäusern, Schulen und anderen zivilen Einrichtungen reißt nicht ab. Es gebe überwältigende Beweise dafür, dass die von Saudi-Arabien geführte Koalition Hunderte von Kindern getötet oder verstümmelt habe, berichtet die Menschenrechtsorganisation Human Rights Watch.[4] Und das UN-Kinderhilfswerk UNICEF beklagt: »Kinder zahlen den höchsten Preis für den Konflikt im Jemen.« 1 121 seien in den ersten 17 Monaten des Kriegs getötet, 1 650 verletzt worden.[5]

Als UN-Generalsekretär Ban Ki-moon im Frühjahr 2016 eine »Liste der Schande« vorlegte, welche die von Saudi-Arabien geführte Allianz beschuldigte, für 60 Prozent der während des Konflikts getöteten Kinder verantwortlich zu sein, drohte Riads UN-Botschafter in New York Abdullah al-Muallimi mit der Einstellung der Zahlungen an die Weltorganisation. Daraufhin ruderte Ban zurück, der das saudische Vorgehen zuvor als »inakzeptabel für einen UN-Mitgliedsstaat« bezeichnet und beanstandet hatte, dass er von Vertretern des Königreichs »in unerhörter Weise« unter Druck gesetzt worden sei. Ein einmaliger Vorgang in der Geschichte der Vereinten Nationen, der seitens der Bundesregierung jedoch keine Reaktionen nach sich zog.[6]

Dabei sehen deren eigene politischen Grundsätze beim Export von Waffen in Drittstaaten ausdrücklich vor, der »Beachtung der Menschenrechte im Bestimmungs- und Endverbleibsland« bei ihren Entscheidungen »besonderes Gewicht« beizumessen. Ganz explizit gegen eine Genehmigung sprechen sich die Richtlinien zudem in Staaten aus, die nicht der NATO oder der EU angehören oder diesen gleichgestellt sind: »Die Lieferung von Kriegswaffen und kriegswaffennahen sonstigen Rüstungsgütern wird nicht genehmigt in Länder«, heißt es da, »die in bewaffnete Auseinandersetzungen verwickelt sind oder wo eine solche droht«, sowie in Gegenden, in denen »bestehende Spannungen und Konflikte durch den Export ausgelöst, aufrechterhalten oder verschärft würden«.[7]

Was sich wie die Blaupause für eine an Menschenrechten orientierte Rüstungsexportpolitik liest, bedeutet für Gabriel ein Dilemma. Denn immer wieder seit dem Amtsantritt der Großen Koalition hatte der SPD-Minister gegen Waffenlieferungen in Spannungsgebiete argumentiert und auch gegenüber bereits genehmigten Exporten Vorbehalte angemeldet. Kriegswaffenexporte dürften »kein Mittel der Wirtschaftspolitik« sein, hatte er etwa kurz nach der Regierungsübernahme 2013 gesagt.[8] Doch als Bundestagspräsident Lammert zur Beratung des Antrags aufruft, der genau das zum Thema hat, ist der Sitz des Vizekanzlers in der ersten Reihe der Regierungsbank leer. So hört Gabriel nicht, wie ausgerechnet die Opposition sich seine Forderungen zu eigen macht: Waffenexporte in die Golfregion sollten durch die Bundesregierung verboten und bereits erteilte Genehmigungen für Rüstungsausfuhren widerrufen werden, verlangt der verteidigungspolitische Sprecher der Linksfraktion Jan van Aken wortstark.

Vehement kritisiert van Aken, der einst als Biowaffenkontrolleur für die Vereinten Nationen im Irak gearbeitet hat, Gabriel für dessen gescheiterte Abrüstungsbemühungen. Sämtliche Versuche, die Exporte einzudämmen, seien missglückt. Statt weniger hätten deutsche Rüstungsunternehmen auch 2015 wieder mehr Waffen in alle Welt verkauft – allen voran in Drittstaaten, auf die 86 Prozent der Ausfuhrgenehmigungen für Kriegswaffen entfielen, in Höhe von 2,48 Milliarden Euro. Dass ausgerechnet Katar als Spitzenreiter unter den Empfängern deutscher Kriegstechnik dastehe, mache die Sache besonders schlimm: Genehmigungen für den Export von Kampfpanzern und Panzerhaubitzen samt

Munition sowie Begleitfahrzeugen im Wert von 1,6 Milliarden Euro erteilte die Bundesregierung. Und das, obwohl der kleine, aber mächtige Gasexporteur am Persischen Golf den Verdacht nie ausräumen konnte, in Syrien Terrorgruppen wie den Islamischen Staat und den lokalen Al-Qaida-Ableger, die im Sommer 2016 in Jabhat Fatah al-Sham umbenannte Nusra-Front, zu unterstützen.

Zudem ist die Luftwaffe des jungen Emirs Tamim bin Hamad Al Thani seit März 2015 gemeinsam mit Katars GCC-Partnern Saudi-Arabien, Bahrain, Kuwait und den VAE aktiv daran beteiligt, Ziele im Jemen zu bombardieren. Auch Jordanien, Ägypten, Marokko und der Sudan gehören der Allianz an, die versucht, den abgesetzten, aber international anerkannten Präsidenten Abed Rabbo Mansur Hadi zurück ins Amt zu hieven. Außerdem will sie die 2014 in die Hände der Huthi-Rebellen gefallene Hauptstadt Sanaa zurückerobern. Ahmed al-Asiri, saudischer Brigadegeneral und Sprecher der Militärallianz, sagt: »Wir konnten nicht zulassen, dass eine Miliz den Jemen destabilisiert und die Macht an sich reißt. Wir mussten verhindern, dass der Jemen ein zweites Libyen wird.«[9] Die Ziele des Einsatzes fasst er so zusammen: »Die Huthis haben Kampfjets, Raketen, Artillerie erbeutet. Wenn wir so etwas im Nahen Osten zulassen, kann dasselbe morgen in Europa passieren. Uns geht es darum, der legitimen jemenitischen Regierung und der Armee zu helfen.«

Partnertausch der Saudis

Noch 2012 hatte Saudi-Arabien den damaligen Präsidenten Ali Abdullah Salih zum Amtsverzicht gedrängt – als Repräsentant eines Regimes, das früher selbst mehrere Kriege gegen die Huthis geführt hatte. Doch im Zuge der politischen Verschiebungen wechselte Salih die Seiten und unterstützt gemeinsam mit ihm loyalen Verbänden nun die schiitisch-zaiditischen Rebellen. Dabei zählten deren Imame bis zu ihrem Sturz 1962 als treue Verbündete Saudi-Arabiens. Das galt über Jahrzehnte auch für Salih. Doch die von den Umbrüchen in ihrer unmittelbaren Nachbarschaft in Panik versetzten saudischen Herrscher warfen im Zuge der Massenproteste in Sanaa die Grundsätze ihrer Regionalpolitik über Bord – mit dem Ergebnis, einen zunächst nur lokalen Konflikt weiter anzuheizen, zu konfessionalisieren und ihn angesichts der Rivalität zum Iran auf eine geopolitische Ebene zu heben.[10]

Mit schrecklichen Folgen für die Zivilbevölkerung: Bereits Anfang 2016 hatte eine Untersuchungskommission der Vereinten Nationen der Koalition vorgeworfen, »weit verbreitet und systematisch« Luftschläge durchzuführen, um Zivilisten zu treffen.[11] Auch der Einsatz der durch eine UN-Konvention geächteten Streumunition sei in mehreren Fällen belegt. Wenige Monate später bezichtigte UN-Generalsekretär Ban die Anti-Huthi-Allianz der Tötung Hunderter Kinder. Für mehr als die Hälfte der zerstörten Schulen soll ebenfalls die arabische Militärallianz verantwortlich sein.[12]

Grund genug eigentlich für die Bundesregierung, ihre Rüstungsexportpolitik gegenüber den Staaten des Golfkooperationsrats zu überdenken. Zumal im Februar 2016 bereits das Europaparlament die EU-Außenbeauftragte Federica Mogherini aufgefordert hatte, eine Initiative in die Wege zu leiten, um Saudi-Arabien mit einem Waffenembargo zu belegen, solange das Königreich den Krieg im Jemen nicht beende.[13] Das sei »angesichts der schweren Vorwürfe, die sich auf den Verstoß gegen internationales Völkerrecht durch Saudi-Arabien im Jemen beziehen«, dringend notwendig.

Kein Verzicht auf Rüstungsgeschäfte

Doch anders als Schwedens Regierung, die im März 2015 ihre militärische Kooperation mit Riad ausgesetzt hat, hält Berlin an seiner Rüstungskooperation mit dem Herrscherhaus fest. Eine unverantwortliche Politik, findet van Aken, der für die Linken-Fraktion im Auswärtigen Ausschuss sitzt und als Stellvertreter im Unterausschuss Abrüstung, Rüstungskontrolle und Nichtverbreitung: Statt wie angekündigt Ausfuhrgenehmigungen im Zweifelsfall abzulehnen, habe sich der SPD-Wirtschaftsminister dem Druck der Waffenindustrie gebeugt, kritisiert er Gabriel in seiner Rede im Bundestag. »Er hätte sich weigern können. Er hätte Nein sagen können«, auch zu dem heftig umstrittenen Panzerdeal mit Katar, den der Bundessicherheitsrat wenige Wochen zuvor durchgewinkt hatte. »Alles andere ist eine faule Ausrede.« In dem geheim tagenden Gremium sitzen neben der Bundeskanzlerin und dem Chef des Bundeskanzleramts der Innen-, der Verteidigungs- und der Außenminister sowie die Ressortchefs für Finanzen, Wirtschaft, Entwicklungshilfe und Justiz.

Auch Gabriels Verweis auf drohende Schadensersatzforderungen durch die Rüstungsunternehmen führe in die Leere. »Sie können sagen: Katar führt Krieg im Jemen, und Sie wollen keine Panzer an eine kriegsführende Partei liefern. Diesen Prozess sollen die erst einmal gewinnen«, hält er dem bereits in die Sommerpause abgetauchten Gabriel vor. »Selbst wenn die Bundesregierung diesen Prozess am Ende verliert, ist das uns das Geld nicht wert, wenn wir an die Toten im Jemen denken?«, fragt van Aken mit Blick auf die nur spärlich besetzten Sitze der SPD-Fraktion.

Zustimmung bekommt van Aken dafür nicht nur aus den Reihen der eigenen Partei. Auch die einstige Grünen-Chefin und stellvertretende Bundestagspräsidentin Claudia Roth klatscht in die Hände. Als Menschenrechtsbeauftragte der Bundesregierung unter der rot-grünen Regierung Gerhard Schröders und Joschka Fischers hatte Roth selbst miterlebt, wie wenig Missstände in autoritären Regimes wie Saudi-Arabien eine Rolle spielen, wenn es um die Profite der Rüstungsindustrie geht. Ihr Beifall zeigt, dass es durchaus Schnittstellen für eine linke Regierungskoalition nach der Bundestagswahl im Herbst 2017 gibt. Doch Störfaktor für eine rot-rot-grüne Verständigung über eine restriktivere Rüstungsexportpolitik bleibt in diesem Fall die SPD-Führung: »Ich habe von einem Vorsitzenden der Sozialdemokratischen Partei Deutschlands sehr viel mehr Rückgrat bei der Frage von Leben und Tod erwartet«, sagt van Aken über Gabriel.

Aber nicht den Missmut der SPD-Abgeordneten zieht der Linksparteipolitiker mit seiner Kritik auf sich, sondern den eines Christdemokraten. In der Frage der Waffenexporte steht die Große Koalition dicht zusammen, allen Differenzen zwischen Gabriel, Außenminister Frank-Walter Steinmeier und Verteidigungsministerin Ursula von der Leyen zum Trotz. Mehrmals fällt Joachim Pfeiffer, wirtschaftspolitischer Sprecher der CDU-Fraktion, van Aken während dessen Rede ins Wort. Dem Konservativen gehen die Forderungen nach strengerer Kontrolle gehörig gegen den Strich. Der Hauptmann der Reserve fühlt sich dem Militär eng verbunden. Als er schließlich selbst am Rednerpult steht, fordert Pfeiffer: »Wir müssen die in der Tat viel zu restriktive Handhabung hier in Deutschland überdenken, und zwar aus politischen Gründen.«

In scharfem Ton verteidigt er die deutschen Rüstungs- und Kriegswaffenexporte in den Nahen Osten als »Teil unserer Außen- und Sicherheitspolitik«. In der arabischen Welt sorgten »viele verlässliche Partner« dafür, »dass die Stabilität erhalten wird, dass die Sicherheit erhalten wird, dass Wachstum entsteht und dass auch dort die Menschenrechte eingehalten« würden. »Ich persönlich bin froh – ich sage das in aller Offenheit und Deutlichkeit –, dass Saudi-Arabien dafür sorgt, dass auf der arabischen Halbinsel, also auch im Jemen, das Töten von Menschen und der Bürgerkrieg beendet werden. Ich halte das für richtig.« Diesmal ist es van Aken, der dazwischenruft: »Pfui! Bomben auf Zivilisten, und Sie finden das richtig! Pfui, Herr Pfeiffer!«

Zwar gehört Pfeiffer nicht dem verteidigungspolitischen Ausschuss des Bundestags an, in dem zentrale Exportvorhaben und

Beschaffungsgeschäfte der Bundeswehr beraten werden. Als Mitglied des Ausschusses für Wirtschaft und Energie aber kommt ihm fast noch mehr Bedeutung zu. Da das dem Wirtschaftsministerium unterstellte Bundesamt für Wirtschaft und Ausfuhrkontrolle (BAFA) in Eschborn die Kriegswaffenexportgenehmigungen verwaltungsrechtlich umsetzt, ist der Ausschuss nicht nur erster Ansprechpartner Gabriels, sondern auch der zahlreichen Lobbyisten der Rüstungsindustrie. Dutzende von ihnen sind offiziell beim Bundestag akkreditiert und nehmen an Anhörungen zur Vorbereitung neuer Gesetze in Fachausschüssen und Hearings teil.

Es ist eine mächtige Allianz, die die wehrtechnische Industrie, wie sie ihre Repräsentanten gerne nennen, mit den gewählten Volksvertretern geschmiedet hat. Und eine verschwiegene. Immer wieder sind in den vergangenen Jahren Abgeordnete in Verruf geraten, weil sie ihre Posten bei Lobbyverbänden wie dem Bundesverband der Deutschen Luft- und Raumfahrtindustrie (BDLI), der Deutschen Gesellschaft für Wehrtechnik (DWT), dem Förderkreis Deutsches Heer (FKH) oder dem Bundesverband der Deutschen Sicherheits- und Verteidigungsindustrie (BDSV) nicht angegeben hatten[14] – trotz klarer Vorgaben in der Geschäftsordnung des Bundestags, wonach solche Funktionen veröffentlicht werden müssen. Die Große Koalition herrscht auch im Parlament: Sowohl der Vorsitzende des Verteidigungsausschusses Rainer Arnold (SPD), dessen Parteifreunde Wolfgang Hellmich und Johannes Kahrs sowie etliche Unionsabgeordnete bekennen sich durch ihre Nebentätigkeiten in Präsidien und Förderkreisen der Lobbyverbände für ihr Engagement zum Rüstungsstandort Deutschland. Eine bessere Verständigung zwischen Politik, Bundeswehr und Rüstungsindustrie gilt als Ziel.

Legitime und illegitime Sicherheitsinteressen

Auch der außenpolitische Sprecher der Grünen-Bundestagsfraktion, Omid Nouripour, ist auf hundertachtzig, als er ans Rednerpult tritt. Seit Beginn der Bombardements durch die von Saudi-Arabien geführten Anti-Huthi-Allianz im Jemen im Frühjahr 2015 zählt der Bundestagsabgeordnete zu den schärfsten Kritikern des Kriegs. Und von Steinmeier, der bis heute öffentlich kein böses Wort über das Vorgehen der Führung in Riad gegen seinen südlichen Nachbarn verloren hat. Nur wenige Wochen zuvor hatte der SPD-Politiker den Verkauf von deutschen Patrouillenbooten an das streng konservative Königreich verteidigt. Zur Begründung des Exports der in der Peene-Werft in Wolgast an der Ostseeküste vom Marineschiffbauer Lürssen produzierten Boote führte Steinmeier die »legitimen Sicherheitsinteressen« Saudi-Arabiens an.[15] »Jedes Land der Welt hat legitime Sicherheitsinteressen«, hält Nouripour dem nun in Bundestag entgegen. »Die Frage ist nur: Reichen sie dafür aus, dass wir ihnen Waffen liefern? Haben sie irgendetwas mit dem Weltfrieden und mit dem Völkerrecht zu tun?«

Die emotional vorgetragene, sachlich nüchterne Bilanz, die Nouripour in seiner kurzen Rede von der Lage im Jemen zieht, lässt nur ein Nein als Antwort zu. Seine Analyse deckt sich mit Berichten der Vereinten Nationen und von Menschenrechtsorganisationen wie Amnesty International und Human Rights Watch. »Schauen wir uns doch einmal an, was Saudi-Arabien macht«, sagt Nouripour in hastig vorgetragenen Stakkatosätzen über die Herrscher in Riad. »Sie bomben Jemen zurzeit in die Steinzeit zurück: 6 500 zivile Tote durch die Bombardements, die größte humanitäre Katastrophe der Zeit, 13 Millionen Menschen brauchen im Jemen zurzeit humanitäre Hilfe – doppelt so viele Menschen wie in Syrien –, 2,8 Millionen Binnenvertriebene, eine komplett zerstörte zivile Infrastruktur. Weltkulturerbe wird gebombt, Krankenhäuser werden gebombt, Flüchtlingslager werden gebombt. Das sind die Sicherheitsinteressen, die Saudi-Arabien formuliert.«

Auch Steinmeiers Behauptung, die vom geheim tagenden Bundessicherheitsrat genehmigte Lieferung von Patrouillenbooten an Saudi-Arabien diene der Grenzsicherung, verwirft Nouripour. Diese sollten vielmehr dazu genutzt werden, die Blockade der jemenitischen Küste auszuweiten. Begonnen worden war die Abriegelung zu Beginn des Kriegs eigentlich mit der Begründung, Waffenlieferungen an die Huthi-Rebellen durch den Iran zu stoppen. Doch bis heute trifft das Embargo in erster Linie internationale Hilfsorganisationen: »Die Seeblockade hat dazu geführt, dass keine Pharmazeutika mehr ins Land kommen«, ruft er den Abgeordneten vor ihm zu. Und, direkt an den wirtschaftspolitischen Sprecher der CDU/CSU-Fraktion gewandt: »Herr Kollege Pfeiffer, wenn Sie sich jetzt hierhinstellen und sagen, Sie seien froh darüber, dass die das tun, dann ist das für mich nicht nur jenseits meiner Magenstärke; das ist vielmehr einfach menschenverachtender Zynismus.«

Die Schärfe, mit der Nouripour den bekennenden baden-württembergischen Rüstungsbefürworter angreift, spricht Bände. Denn anders als etwa Claudia Roth zählt der hessische Grüne, der im Alter von dreizehn Jahren mit seiner Familie aus Teheran nach Frankfurt am Main kam, zum Realoflügel der einstigen Pazifistenpartei. Eine Koalition mit der Union nach der Bundestagswahl im Herbst 2017 kann sich Nouripour durchaus vorstellen, eher jedenfalls als ein rot-rot-grünes Bündnis unter Einschluss der Linken. 2006 war der Deutsch-Iraner für Joschka Fischer in den Bundestag nachgerückt. Der heimliche Parteichef hatte die Grünen seit dem Völkermord im bosnischen Srebrenica im Sommer 1995 Schritt für Schritt zur Zustimmung von Kriegseinsätzen gebracht. Den letzten großen Widerstand gegen deutsche Militäreinsätze gab es während des Kosovo-Kriegs 1999, als Fischer auf dem Sonderparteitag der Grünen in Bielefeld von einem Farbbeutel am Kopf getroffen wurde. Den Angriff nutzte der Außenminister als Steilvorlage für eine Rede, die viele Zweifler unter den Delegierten auf seine Seite zog. Seitdem hat die Bundestagsfraktion der Grünen den meisten Blauhelmeinsätzen zugestimmt, über die das Parlament zu entscheiden hatte.

Anders als die Linkspartei, die Rüstungsexporte pauschal ablehnt, steht Nouripour Waffenlieferungen, zum Beispiel an die irakisch-kurdischen Peschmerga, im Einzelfall aufgeschlossen gegenüber. Doch dass im Jemen deutsche Militärtechnik von einer Koalition eingesetzt wird, die nach Ansicht von Menschenrechtsorganisationen Kriegsverbrechen begeht, ist ihm zuwider. »Was ist denn mit den Sicherheitsinteressen der zivilen Opfer?«, ruft Nouripour vom Rednerpult. »Was ist denn mit den Sicherheitsinteressen der Bundesrepublik Deutschland in diesem wahnsinnigen Krieg, in dem nur al-Qaida gewinnt?« Der Verweis Gabriels darauf, dass bereits die schwarz-gelbe Vorgängerregierung die Exporte an die GCC-Staaten genehmigt habe, tauge angesichts der humanitären Katastrophe in Städten wie Sanaa, Aden und Taizz nicht als Ausrede. »Spätestens seit Beginn des Jemen-Kriegs ist klar: Auch alte Genehmigungen können und müssen widerrufen werden.« Unter dem Beifall der Grünen-Abgeordneten geht Nouripour zurück an seinen Platz in der ersten Reihe. Den CDU-Mann Pfeiffer würdigt er keines Blicks, obwohl dieser nur durch den schmalen Gang zwischen den Fraktionsblöcken von ihm getrennt sitzt.

Kein Endverbleib in Saudi-Arabien

Hinweise darauf, dass die arabische Anti-Huthi-Allianz Munition und Gewehre aus deutscher Produktion einsetzt, gab es bereits unmittelbar nach Beginn der Luftschläge im März 2015. Fernsehaufnahmen arabischer Sender zeigten: Ganze Kisten voller Waffen warfen saudische Militärflugzeuge damals über dem Flughafen von Aden ab, um den Gegnern der von Iran unterstützten Huthi-Milizen zu helfen. Militärexperten stellten fest, dass es sich bei dem Inhalt um Sturmgewehre G3 des deutschen Herstellers Heckler & Koch handelte.[16] Der württembergische Kleinwaffenproduzent produziert in einer Fabrik südlich von Riad das einstige Standardgewehr der Bundeswehr ebenso wie dessen Nachfolger, das G36. Die Genehmigung für die Lizenzproduktion in Al-Kharj, betrieben von der staatlichen saudischen Military Industries Corporation (MIC), erteilte die erste Regierung Merkels 2008 – so weit rechtlich einwandfrei.

Damals verpflichtete sich das Königshaus in einer sogenannten Endverbleibsklausel aber auch, dass die Sturmgewehre nicht aus Saudi-Arabien weitergegeben, sondern nur für den Bedarf der eigenen Armee genutzt werden dürfen. Garantien dafür holte die Bundesregierung freilich nie ein, obwohl bekannt ist, dass gerade Kleinwaffen rasch die Besitzer wechseln, wenn neue Konflikte ausbrechen. Insbesondere die arabischen Aufstände haben gezeigt, wie schnell sich die politischen Verhältnisse wandeln können. Im Fall Saudi-Arabiens bedeutete das nicht nur die Gefahr, aus Deutschland importiertes Kriegsgerät zur Repression im Inneren einzusetzen, sondern auch im benachbarten Jemen. Im Sommer 2015 musste Gabriels Wirtschaftsministerium schließlich einräumen, dass es nicht halten konnte, was es Kritikern der deutschen Rüstungsexportkontrolle immer versichert hatte: »Eine physische Endverbleibskontrolle der in Saudi-Arabien gefertigten G3 und G36 ist auf Basis der zugrundeliegenden Genehmigungen nicht möglich«, antwortete das Bundeswirtschaftsministerium auf eine entsprechende Anfrage Nouripours. »Eine solche Vor-Ort-Kontrolle würde die vorherige Zustimmung des Empfängerlandes voraussetzen.«[17]

Gabriels Ziele

Das Eingeständnis zeigt, wie weit Gabriel davon entfernt ist, seine eigenen Ansprüche umzusetzen, gerade mit Blick auf die Staaten des arabischen Krisengürtels. In einer Grundsatzrede bei der angesehenen Deutschen Gesellschaft für Auswärtige Politik (DGAP) verwies er noch im Oktober 2014 darauf, dass es nach dem Umbruchjahr 2011 »unausweichlich geworden« sei, »Rüstungsgüter nur nach sehr strengen Kriterien und nach dem Grundsatz größter Zurückhaltung in diese Region auszuführen«.[18] Schließlich sprächen sowohl der gewaltsam ausgetragene sunnitisch-schiitische Konflikt, der Krieg in Syrien und scheiternde Staaten wie Libyen und Jemen dagegen, Exporte aktiv zu befördern. Dazu gesellten sich der Aufstieg des Islamischen Staats und das Agieren der Terrorgruppe al-Qaida auf der arabischen Halbinsel (AQAP).

Als Gabriel vor früheren Botschaftern, aktiven Diplomaten sowie Bundestagsmitarbeitern sprach, hatten die Huthi-Rebellen Jemens Hauptstadt Sanaa gerade erst eingenommen – und damit ihre seit 2011 stetig gewachsene Macht territorial konsolidiert. Mit dreißigtausend Mann rückten die Kämpfer im September 2014 von Norden kommend in die Millionenstadt im Herzen des Landes ein, angeführt von Abdelmalik al-Huthi. Der Kopf der Bewegung hatte die Offensive von Saada aus vorbereitet, wo das Stammgebiet der Glaubensgruppe der zaiditischen Schiiten liegt, die heute gut ein Drittel von Jemens Bevölkerung stellen. Kurz danach begannen die GCC-Staaten mit den Vorbereitungen zum Gegenschlag.

Züge eines Desasters trug das militärische Eingreifen Saudi-Arabiens aber noch aus einem anderen Grund: Die Intervention König Salmans im März 2015 folgte vor allem regionalpolitischen Interessen. Nachdem es der Führung in Teheran bereits gelungen war, die Regierungen in Beirut, Bagdad und Damaskus auf ihre Seite zu ziehen, wollte der senile Herrscher eine iranische Einflussnahme in Sanaa mit aller Macht verhindern. Entscheidend für die Intervention Riads war zudem, dass die Einkreisungsängste, die das sunnitische Königshaus seit Jahren plagen, durch den Abschluss des Atomabkommens mit dem Iran 2015 weiter geschürt wurden. An dieser Wahrnehmung ändert auch die Tatsache nichts, dass bis heute unklar ist, in welchem Ausmaß die Regierung in Teheran die Huthi-Rebellen tatsächlich mit Waffen unterstützt.

Vor diesem Hintergrund musste der Aufstieg der Huthis, der mit den Massenprotesten gegen Präsident Ali Abdullah Salih im arabischen Aufstandsjahr 2011 begonnen hatte, wie eine Bedrohung für die saudische Führungsclique wirken – zumal sich die Huthis 2014 mit ihrem einstigen Todfeind Salih gegen den Übergangspräsidenten Hadi verbündeten. Salih war über Jahrzehnte von Saudi-Arabien gefördert, im Zuge der Demonstrationen jedoch fallen gelassen worden. Seit seiner Flucht ins Exil im Frühjahr 2015 wartet dessen Widersacher, der international anerkannte Präsident Hadi, in Riad auf die Rückkehr in den von seinen Rivalen eingenommenen Regierungssitz in Sanaa. Womöglich für immer. Denn auch wenn es wiederholt Versuche gab, die Konfliktparteien in Kuwait unter UN-Vermittlung zu einer Verhandlungslösung zu bewegen, sieht es zu Beginn des dritten Kriegsjahrs nicht danach aus, dass Hadi als Kompromisskandidat aus den Gesprächen hervorgehen könnte.

Im Gegenteil: Die Fronten bleiben verhärtet, und die Verluste nehmen zu. Im Sommer 2016 genehmigte die amerikanische Regierung deshalb die Lieferung von mehr als vierzehntausend Lenkraketen vom Typ Paveway sowie Kits von Joint Direct Attack Munition (JDAM) an die Vereinigten Arabischen Emirate. Gesamtwert: rund 785 Millionen Dollar.[19] Angesichts der schweren Verluste, welche die saudischen Streitkräfte durch Angriffe der Huthi-Milizen hinnehmen mussten, folgte nur wenige Wochen später die Genehmigung eines weiteren Deals durch das Pentagon: 153 Abrams-Kampfpanzer darf die Armeeführung in Riad anschaffen, zwanzig davon, um im Jemen zerstörte zu ersetzen. 1,2 Milliarden Dollar bringt das General Dynamics Land Systems in den kommenden Jahren ein.[20]

MK-83 im Wohngebiet

Umso wichtiger erscheinen angesichts der Eskalation des Konflikts die Fragen, die Gabriel in seinem von außen- und sicherheitspolitischen Motiven getriebenen Plädoyer für Exportbeschränkungen stellte. »Drohen deutsche Waffen zum Angriff auf andere Staaten eingesetzt zu werden?«, wollte er bei seiner Grundsatzrede im Botschaftsviertel am Rande des Berliner Tiergartens im Herbst 2014 wissen. »Zu analysieren ist, ob das betreffende Land eine stabilisierende oder aggressive, eine polarisierende oder ausgleichende Haltung einnimmt.« Nimmt man die Berichte der Menschenrechtsorganisationen Human Rights Watch und Amnesty International sowie der Vereinten Nationen zum Maßstab, um das Vorgehen der arabischen Zehn-Staaten-Allianz im Jemen zu bewerten, müsste ein Exportstopp, wie ihn das Europaparlament verlangt, längst erfolgt sein.

Doch weit gefehlt. Statt die Hersteller stärker in die Pflicht zu nehmen und sich nicht länger auf freiwillig auferlegte Exportbeschränkungen zu verlassen, folgt die Bundesregierung der Argumentation der Waffenproduzenten. So im Fall Heckler & Kochs, indem es die Verantwortung für den Abwurf der mit saudischer Lizenz produzierten G3-Sturmgewehre über Aden auf die saudischen Behörden abwälzte. Schließlich seien diese für den Verbleib der in der Lizenzfabrik in Al-Kharj gefertigten Gewehre verantwortlich. Dass die Sicherheitsstandards in der saudischen Wüste niedriger und die Ausfuhrkontrollen laxer sind, kommt den deutschen Herstellern nur zupass.

Das trifft auch auf den deutschen Rüstungskonzern Rheinmetall zu. Mitarbeiter von Human Rights Watch hatten im Mai 2015 eine Bombe vom Typ MK-83 in Saada nördlich von Sanaa sichergestellt. Kein von seinen Herstellern gerne als »Wirksystem« mit »intelligenter Submunition« bezeichnetes Geschoss also, wie die gemeinsam mit Diehl Defence entwickelte Smart 155, sondern eine konventionelle, eine »dumme« Bombe also – und nicht minder tödlich. Mitten in einem Wohngebiet fanden die Rechercheure der Menschenrechtsorganisation den Sprengkörper, in einer Gegend, die von den Huthi-Rebellen kontrolliert wird. Die Herstellerangaben auf der aus den Trümmern geborgenen Metallhülle zeigen, dass RWM Italia, eine Rheinmetall-Tochter, die 500 Kilogramm schwere Bombe in einer Fabrik im Hinterland Sardiniens produziert hat. Untersuchungen eines italienischen Parlamentsabgeordneten belegen, wie die tödliche Ladung über den See- und Luftweg schließlich bis nach Saudi-Arabien gelangte, wo sie auf einer Militärbasis in Taif auf einen Kampfflieger verfrachtet wurde.[21] Nur um später aus hoher Höhe abgeworfen zu werden über Saada, wo die Researcher von Human Rights Watch sie fanden.

»German free« als Gütesiegel

Anders als für den Abgeordneten van Aken, der die Bundesregierung in einer parlamentarischen Anfrage mit dem Vorfall konfrontierte, ist die Bewertung für Gabriels Mitarbeiter klar: »Die Genehmigung der Ausfuhr aus Italien von Bomben, die das italienische Unternehmen RWM Italia herstellt oder hergestellt haben soll, fiele in den Verantwortungsbereich der italienischen Regierung«, ließ die Parlamentarische Staatssekretärin Iris Gleicke den Parlamentarier der Linkspartei abblitzen. »Die Bundesregierung hat keine Re-Exportgenehmigungen für eventuell von RWM Italia hergestellte Bomben nach Saudi-Arabien erteilt.«[22] Unumwunden gibt Gabriels Ministerium damit abermals zu, dass eine Endverbleibskontrolle gar nicht gewährleistet werden kann – eine der größten Schwachstellen, die der Umsetzung einer wirklich restriktiven Ausfuhrpolitik entgegenstehen.

Hinzu kommt, dass Firmen wie Rheinmetall Defence, welche die Rüstungssparte des börsenorientierten Unternehmens bildet, längst Schlupflöcher gefunden haben, die bestehenden Ausfuhrbeschränkungen auf legalem Wege zu umgehen. Mehr als 70 Prozent seiner Umsätze macht der Düsseldorfer Hersteller von Rad- und Kettenfahrzeugen, Abwehrsystemen für Schiffe, Landvehikeln und Flugzeugen sowie Ausrüstungsgegenständen für Soldaten inzwischen im Ausland. Allein im ersten Halbjahr 2016 gelang es Deutschlands zweitgrößtem Rüstungsunternehmen, seinen Gewinn um mehr als 30 Prozent auf 53 Millionen Euro zu steigern. Auf einer Pressekonferenz im Juli 2016 erklärte Rheinmetall-Chef Armin Papperger, der Konzern profitiere »vom weltweit wachsenden Bedarf an Produkten zur Gefahrenabwehr«.[23] Der Auftragsbestand der Rüstungssparte habe Ende Juni mit 6,9 Milliarden Euro einen neuen Rekordwert erreicht.

Papperger hofft, die Umsätze bald auf 3 Milliarden Euro im Jahr steigern zu können.[24] Dass restriktive Vorgaben dabei nur hinderlich sind, gibt er unumwunden zu: »Die Politik muss sich klar darüber sein, dass zu starke Vorschriften uns das Geschäft kaputt machen und Technologie aus Deutschland abwandert.« Profitieren davon würde die Konkurrenz in Frankreich, Großbritannien und anderen Staaten. »Im Rüstungsbereich ist statt ›Made in Germany‹ inzwischen ›German free‹ ein Gütesiegel. Das muss sich ändern«, so der Rheinmetall-Chef.

Mit dieser Position liegt Papperger auf einer Linie mit CDU-Politikern wie dem wirtschaftspolitischen Sprecher der Unionsfraktion Pfeiffer, ungeachtet der ohnehin steigenden Exportzahlen und vollen Auftragsbücher. Denn auch wenn die deutsche Rüstungsindustrie seit dem Amtsantritt der Großen Koalition 2013 ihren Platz unter den weltweit größten Waffenexporteuren erfolgreich verteidigt hat, geht das den Herstellern nicht weit genug. Groß bleibt die Sehnsucht nach dem Vorgängerbündnis der ungeliebten schwarz-roten Koalition in Berlin: Schließlich hatte die unternehmerfreundliche Regierung aus CDU/CSU und FDP deren Interessen noch stärker im Blick. Ein und aus gingen führende Vertreter von EADS (heute Airbus Group), Rheinmetall und Krauss-Maffei Wegmann nicht nur im damals von Thomas de Maizière (CDU) geführten Verteidigungsministerium, sondern auch im Wirtschaftsministerium, das seinerzeit noch von dem Liberalen Philipp Rösler geleitet wurde.[25] Wohl kein Zufall: Der einstige FDP-Vorsitzende ist Stabsarzt der Reserve.

Sehnsucht nach Schwarz-Gelb

Ebenso offen für die Interessen der Rüstungsindustrie wie sein früherer Parteichef zeigte sich Dirk Niebel, der Exminister für Entwicklung und wirtschaftliche Zusammenarbeit. Gut ein Jahr nach dem Ausscheiden der FDP aus dem Bundestag wechselte er zu Rheinmetall, wo er seit Anfang 2015 den Bereich internationale Strategieentwicklung und Regierungsbeziehungen des Konzernvorstands leitet – und das, obwohl er vier Jahre lang dem Bundessicherheitsrat angehörte, der über strittige Exportgenehmigungen zu entscheiden hat. »Der Wandel des ehemaligen Ministers vom Entwicklungshelfer zum Rüstungsexporteur ist beschämend für die Bundesregierung, die nun schnellstmöglich tätig werden muss«, kritisierte die Transparenzinitiative LobbyControl.[26]

Um sich unabhängig zu machen von den Beschlüssen des geheim tagenden Gremiums, gehen die großen deutschen Rüstungskonzerne allerdings längst neue Wege: Nicht zuletzt die Produktionsanlagen im Ausland bieten Möglichkeiten, die Exportbeschränkungen zu umgehen, die das dem Wirtschaftsministerium unterstellte Bundesamt für Ausfuhrkontrolle (BAFA) deutschen Firmen auferlegt. Rheinmetall ist dabei Vorreiter, nicht nur mit der Bombenfabrik seiner Tochter RWM Italia auf Sardinien. Denn Wachstumspotenzial wittert Papperger vor allem dort, wo autoritäre Staatschefs viel Geld in Rüstung investieren und Menschenrechte kaum eine Rolle spielen, so wie in Saudi-Arabien, den Vereinigten Arabischen Emiraten oder Kuwait. Das kleine

Emirat am Persischen Golf erhält 2017 ein Dutzend ABC-Spürpanzer vom Typ Fuchs. »Dieser wichtige Auftrag ist ein überaus hoher Vertrauensbeweis eines arabischen Landes gegenüber Rheinmetall als führendem Heerestechnik-Unternehmen in Europa«, feierte Pietro Borgo, Mitglied des Vorstands von Rheinmetall Defence, den Deal.[27]

Auch das Joint Venture der Unternehmenssparte Rheinmetall Waffe Munition mit der südafrikanischen Rüstungsschmiede Denel folgt dem Muster, wichtige Produktionsanlagen außerhalb Deutschlands anzusiedeln. Rheinmetall Denel Munition lautet der Betreiber einer von der staatlichen saudischen Military Industries Corporation (MIC) gebauten Fertigungsanlage für Artilleriemunition in Al-Kharj südlich von Riad. Und der sei »durch sein einzigartiges Technologie-Know-how in der Artillerie, bei Mörser- und Infanteriesystemen« einer der weltweit führenden Hersteller bei der Entwicklung und Produktion von Munition im Groß- und Mittelkaliber, wie es auf der Unternehmensseite heißt.[28] Zwar hält Rheinmetall einen Mehrheitsanteil von 51 Prozent an dem Betrieb, doch durch die Auslagerung greifen die deutschen Ausfuhrkontrollbestimmungen nicht.

Dass Munition aus dieser Produktion im Jemen-Krieg zum Einsatz kommt, ist Teil des Geschäftsmodells – und für van Aken ein Vorgehen, das er als »absoluten Wahnsinn« bezeichnet. Die Bundesregierung müsse genau prüfen, ob der mögliche Technologietransfer des Konzerns nicht doch einer Genehmigung durch den Bundessicherheitsrat bedurft hätte. »Rheinmetall bereichert sich gerade an den Toten im Jemen«, stellte er unmissverständlich klar, nachdem im Frühjahr 2016 bekannt geworden war, dass der saudische Verteidigungsminister und stellvertretende Kronprinz, Mohammed bin Salman Al Saud, die Fertigungsanlage in Al-Kharj gemeinsam mit dem südafrikanischen Präsidenten Jacob Zuma besucht hatte.[29]

Hohe Kriegsfolgekosten

Der mächtige Sohn König Salmans war es, der den Jemen-Krieg im März 2015 ohne Not vom Zaun brach. Auf diese Weise wollte sich der nach dem Tod König Abdullah bin Abd al-Aziz Al Sauds zum stellvertretenden Kronprinzen und Verteidigungsminister aufgestiegene Emporkömmling seinen Platz sichern bei der Neuordnung der Hierarchie der Herrscherfamilie. Die Bilanz des saudischen Waffengangs freilich ist vernichtend. Weil der von Riad fallen gelassene Expräsident Jemens, Salih, weiter Loyalität in wichtigen Armeeeinheiten genießt, ist es den Milizen des relativ einflusslos in Riad residierenden Exilmachthabers Hadi bis heute nicht gelungen, eine schlagkräftige Gegenmacht aufzubauen. Auch deshalb setzt die von Saudi-Arabien geführte Militärallianz auf ihre verheerenden Luftschläge aus großer Höhe, die zu Tausenden zivilen Opfern geführt haben.

Unermesslich hoch sind zudem die Kriegsfolgekosten wie Hunger, Obdachlosigkeit und Kindersterblichkeit, beklagt die Gemeinsame Konferenz Kirche und Entwicklung (GKKE).[30] Wie van Aken und Nouripour fordert der Zusammenschluss von Brot für die Welt, dem Evangelischen Entwicklungsdienst und der Deutschen Kommission Justitia et Pax deshalb, einmal getroffene Rüstungsexportgenehmigungen wieder rückgängig machen zu können. Nur so könne politischen Entwicklungen wie im Jemen bei den Ausfuhrentscheidungen Rechnung getragen und diese gegebenenfalls revidiert werden.

Fachleute sind sich einig, dass nach fast zwei Jahren Krieg vor allem ein Akteur von den Kämpfen profitiert hat, den anfangs niemand wirklich auf dem Schirm hatte: al-Qaida auf der arabischen Halbinsel (AQAP).[31] Die Gruppe also, die sich zu dem Anschlag auf die Redaktion der Zeitschrift *Charlie Hebdo* in Paris im Januar 2015 bekannte. Unmittelbar nach Beginn der Luftschläge gelang es AQAP, mit Mukalla die Hauptstadt der größten Provinz des Landes Hadramaut am Golf von Aden unter ihre Kontrolle zu bringen. In den Wochen danach fielen in der Küstenstadt auch der Öl- und der Flughafen in die Hände des von Nasser al-Wuhayshi geführten Al-Qaida-Ablegers, der außerdem Regierungsgebäude und eine Militärbasis am Rande der fünftgrößten Stadt des Landes kontrolliert. Schwere Waffen, Fahrzeuge und Panzer erbeuteten die AQAP-Kämpfer; aus der Filiale der Zentralbank plünderten sie Hunderte Millionen Dollar.

Kriegsgewinner al-Qaida

Zwar waren sich die Militärstrategen in Riad und Abu Dhabi von Anfang an der Gefahr bewusst, die dem Vormarsch der Extremisten innewohnte. Doch dauerte es bis Frühjahr 2016, ehe die Vereinigten Arabischen Emirate mit einer Offensive zur Rückeroberung Mukallas begannen. Bis dahin hatten die Al-Qaida-Kämpfer ein kleines Imperium aufgebaut, das ein halbes Dutzend Städte und mehr als 600 Kilometer Küstenstreifen umfasste. Auch nach Einnahme Mukallas durch die Streitkräfte der VAE im Sommer 2016 kam es weiter zu Selbstmordattentaten von AQAP-Mitgliedern und Angehörigen des Islamischen Staats. Unter Kontrolle, wie von Militärsprechern der Anti-Huthi-Koalition behauptet, ist der Südjemen jedenfalls nicht. Angesichts der über Jahre gewachsenen Verankerung der sunnitischen Gruppe im Südjemen kann zu Beginn des dritten Kriegsjahrs bestenfalls von einem taktischen Erfolg die Rede sein. Ausschlaggebend für eine dauerhafte Befriedung ist, ob es einer Nachkriegsregierung gelingt, der Bevölkerung endlich Sicherheit zu bieten. Doch danach sieht es im Frühjahr 2017 nicht aus: Letztlich rächt sich die Strategie der arabischen Allianz, auf die Extremisten als Bündnispartner gesetzt zu haben, um die Huthi-Rebellen zu bekämpfen.

Ein Umstand, auf den übrigens auch der außenpolitische Sprecher der Grünen-Fraktion aufmerksam machte, als er den CDU-Abgeordneten Pfeiffer für dessen prosaudische Exportpolitik im

Bundestag so heftig angriff. »Wer ist denn eigentlich Profiteur dieser sogenannten Sicherheitsinteressen?«, blaffte Nouripour den konservativen Rüstungsbefürworter an. »Es ist al-Qaida. Al-Qaida kontrolliert mittlerweile Häfen mit Zugang zum offenen Meer, profitiert von der Schmuggelwirtschaft und rekrutiert die Leute, die nicht mehr wissen, wie es mit ihnen weitergehen soll, weil sie nun seit 17 Monaten bombardiert werden. ›Aber hey, freuen Sie sich weiter!‹, kann man da nur sagen.«

Beim Gespräch im Bundestagsrestaurant im Nordflügel des Reichstags weitet Nouripour seine Kritik noch aus. Letztlich habe die Bundesregierung mit ihrem »Export von Rüstungsgütern in die Golfstaaten unter anderem direkt Krieg und Unterdrückung befeuert«, sagt er.[32] Steinmeier, der Deutschland gerne als »ehrlichen Makler« auf den globalen Konfliktfeldern bezeichnet, habe mit seinem »Verständnis für die Bombardierungen Saudi-Arabiens einiges an Kredit verspielt«. Wichtiger als Ankündigungen Riads, den Wiederaufbau bezahlen zu wollen, sei es, »mit der Zerstörung aufzuhören«, so Nouripour. Gelten müsse das »Verursacherprinzip«, sodass »die internationale Gemeinschaft Saudi-Arabien und die Golfstaaten nicht aus der Verantwortung lassen« dürfe.

3 Saudi-Arabien: Säbel und Sturmgewehre

Heiß und still ist es, als die beiden Henker zur Tat schreiten. Silbern blitzen die hüfthohen Krummsäbel in ihren Händen, die Augen haben sie hinter schwarzen Sonnenbrillen verborgen. Ein Windstoß treibt Plastiktüten und einen Pappkarton über den Safa-Platz in der Altstadt von Riad, Scharfschützen stehen auf den Dächern. Strammen Schrittes marschieren die großen Männer in ihren hellen Gewändern zur Mitte des Areals, Mund und Nase sind mit Tüchern bedeckt. Vornübergebeugt auf zwei dünnen Stapeln Decken knien die beiden zum Tode Verurteilten. Ihre Augen sind verbunden, Hals und Schultern freigelegt.

Kurz nach vier ist es an diesem Septembernachmittag in der Hauptstadt Saudi-Arabiens.[1] Gerade eben hat der Großmufti des Königsreichs, Abd al-Aziz al-Sheikh, das Freitagsgebet in der Turki-bin-Abdullah-bin-Mohammed-Moschee beendet. In einem verdunkelten Geländewagen war der blinde Prediger vorgefahren und auf Krücken gestützt die Treppe zu einem Seiteneingang hinaufgestiegen. Jetzt strömen Hunderte Männer und ein paar Frauen mit Kinderwagen aus der Moschee und sammeln sich hinter den Absperrgittern, um der öffentlichen Hinrichtung auf dem Safa-Platz beizuwohnen. Unter den Arkaden ist bald kein Platz mehr frei. Vor den Barrieren stehen Justizbeamte, Sanitäter, Ärzte und Angehörige der beiden wegen Mordes angeklagten Männer.

Plötzlich, als wollten sie den Blick für die Menge freimachen, fahren die schon vor Stunden vorgefahrenen Polizeiwagen zur

Seite. Der Oberkörper des Scharfrichters spannt sich wie der eines Tennisspielers beim Aufschlag. Sein Säbel saust nieder, der Kopf des Opfers fällt auf das Deckenlager. Dort bleibt er neben dem reglosen Körper liegen. Bevor der zweite Henker zuschlägt, korrigiert er noch kurz die Haltung des anderen Mannes. Nach dem Schlag klappt auch dessen Rumpf nach hinten.

Erst jetzt verkündet ein Mann in blauem Anzug das Urteil, blechern schallt die Begründung aus Lautsprechern über den Platz: Mit Säure überschüttet haben sollen die zum Tode verurteilten Männer ihre Opfer. Sanitäter wickeln die beiden Leichen in die blutgetränkten Tücher ein, hieven sie auf zwei Bahren und schieben diese in den Krankenwagen, der rückwärts an die Deckenstapel in der Mitte des Platzes herangefahren ist. Sanft im Wind weht auf einem Gebäude am Rande die grüne Flagge des Königreichs mit dem weißen Schwert, verziert mit dem Glaubensbekenntnis des Islams, der »Schahada«, mit der auch der Großmufti eine Stunde zuvor das Gebet in der Moschee eingeleitet hatte: »Es gibt keinen Gott außer Gott, und Mohammed ist sein Prophet.«

Zwei Staaten, ein Islam

Schwarz, nicht grün waren die Fahnen, die in den vom Islamischen Staat im Internet verbreiteten Filmen zu sehen waren, die im August 2014 die Welt entsetzten – zwei Monate nach der Einnahme Mossuls und großer Gebiete Nordiraks durch die sunnitische Terrorgruppe. Die Hinrichtungsszenen in den Videos glichen denen vom Safa-Platz und hatten weitreichende Folgen: Als der IS die Schreckensbilder von der Enthauptung des amerikanischen Journalisten James Foley verbreitete, entschied Präsident Barack Obama, Stellungen der Islamistenmiliz zu bombardieren. Die Führung in Riad schloss sich der Allianz gegen die Einheiten des selbsternannten Kalifen Abu Bakr al-Baghdadi an. Der Großmufti des Königreichs erklärte dessen Organisation zum »Feind Nummer 1 des Islams« und sagte: »Muslime sind ihre ersten Opfer.« Seitdem häufen sich in Saudi-Arabien die Todesurteile gegen Mitglieder ausgehobener Terrorzellen. Das Denken der Dschihadisten stehe im Gegensatz zum Koran, heißt es seitens der Behörden immer wieder zur Begründung.

Aber einfach beiseitewischen lassen sich die gemeinsamen ideologischen Grundlagen der sunnitischen Extremisten und des rigiden saudischen Staatsislams nicht. Der Vormarsch des Islamischen Staats mag eine direkte Bedrohung für die Legitimation des saudischen Königshauses darstellen, doch die buchstabengläubige und puritanische Auslegung der religiösen Quellen des Islams predigen sowohl die wahabitischen Religionsgelehrten als auch die Hassprediger der Dschihadisten. Koran und Sunna – Aussprüche des Propheten Mohammed, die eine Art islamisches Gewohnheitsrecht ergeben – bilden die saudische Verfassung; Staatsreligion ist der Islam. Und der König trägt zudem den Titel »Hüter der beiden heiligen Stätten«, das sind die großen Moscheen in Mekka und Medina.

Harte physische Strafen wie Auspeitschen und die Amputation von Gliedmaßen zählen ebenso zum Strafregister der saudischen Justiz wie die Todesstrafe. Öffentliche Enthauptungen praktiziert werden im Herrschaftsgebiet des IS, aber eben auch in Dschidda und Riad. 158 Menschen wurden allein 2015 hingerichtet – so viele wie seit mehr als zwanzig Jahren nicht.[2] Theologische Abgrenzungen bleiben deshalb unscharf; sie werden politisch instrumentalisiert von der besorgten Herrscherkaste, die nach einer Dekade der Ruhe abermals Anschläge befürchtet, wie sie in den Jahren 2003 und 2004 das Königreich erschütterten. Der 1957 in Riad geborene Al-Qaida-Führer Osama bin Laden hatte nach den Anschlägen in New York und Washington im September 2001 auch seinem Geburtsland den Krieg erklärt. Fünfzehn der neunzehn an 9/11 Beteiligten waren saudische Staatsbürger; die Sympathien für den militanten Islam stiegen auch unter Angehörigen der Mittel- und Oberschicht nach dem amerikanischen Einmarsch im Irak 2003 weiter.

»Was wir machen, ist rechtens nach den Gesetzen des Islams«, sagt ein Zuschauer bei der Hinrichtung auf dem Safa-Platz. Er nennt sich Aziz und gibt sich als Generalmajor aus. 66 Jahre alt sei er, 42 Jahre habe er als Offizier in Diensten der staatlichen Sicherheitsbehörden gestanden, die letzten beiden als Berater und Dozent. Eigentlich habe er heute frei, fügt er hinzu, und wollte sich nur ein bisschen die Beine vertreten. Doch dann sei er geblieben, seine Wohnung liege nicht weit entfernt. Aziz ist ein hagerer Mann in blauem Trainingsanzug und ausgelatschten Turnschuhen, sein Haar ist schütter, er trägt eine dunkle Sonnenbrille mit Goldrahmen. Er verwickelt einen der Polizisten auf dem Platz in ein Gespräch. Als der Beamte ihn nach seiner Identität fragt, zückt er einen Ausweis. »Ich bewege mich immer nur getarnt«, sagt Aziz. Zu Beginn seiner Geheimdienstkarriere, behauptet er, habe er als Leutnant Anfang der 1980er Jahre bin Laden und dessen saudischen Gefolgsleuten Millionen von Dollar für den Dschihad in Afghanistan überreicht. Auch wenn er es selbst nicht gewesen sein sollte, dann einer seiner Kameraden: Eine ganze Generation von Gotteskriegern wurde so herangezüchtet.

Jetzt, drei Jahrzehnte nach dem Weggang bin Ladens aus Saudi-Arabien, bedroht der islamistische Terrorismus das Königreich erneut – direkt aus dem Innern. Hunderte Saudis haben sich zudem in die Kriege in Syrien und im Irak, aber auch im Jemen und in Libyen gestürzt, um Gottesreiche nach dem Vorbild des Propheten Mohammed zu schaffen. Die größte Anziehungskraft übt dabei der Islamische Staat aus. IS-Anführer Abu Bakr al-Baghdadi hat mit seiner Selbsternennung zum Kalifen auch den saudischen König herausgefordert. Die Gräueltaten der Dschihadisten hält viele junge Saudis nicht davon ab, ihre Sympathien für dessen Kalifat zu bekunden. Schließlich teilen sie Baghdadis Auffassung, dass das Herrscherhaus korrupt sei. Nur durch hohe Transferleistungen an die Bevölkerung war es 2011 gelungen, die

Ausbreitung der Proteste auf Saudi-Arabien zu verhindern. Der dauerhaft niedrige Ölpreis aber lässt eine solche Politik in Zukunft nicht mehr zu. Längst hat das Haushaltsdefizit Ausmaße erreicht, die ein Ende der großzügigen Subventionspolitik erzwingen. Die daraus resultierenden sozialen Verwerfungen bieten extremistischen Gruppen ideale Voraussetzungen zur Rekrutierung neuer Kämpfer.

Wachsende Instabilität

»Ich kenne die Terroristen«, prahlt der Geheimdienstler Aziz und bittet um Erlaubnis, sich noch eine Zigarette anzünden zu dürfen. Er wirkt aufgedreht, erzählt eine Geschichte nach der anderen. Der Gouverneur von Riad sei sein Cousin, dessen Vorgänger sei ein Schulkamerad gewesen. Nicht nur in Afghanistan, auch in Pakistan habe er sich zwischen den Mudschahedin und ihren saudischen Verbündeten bewegt wie ein Fisch im Wasser. Seine Arbeit am Hindukusch habe erst geendet, als bei einem Auftrag in Teheran der iranische Geheimdienst auf ihn aufmerksam wurde und ihn des Landes verwies. Die saudischen Sicherheitsbehörden seien schlagkräftig genug, um zu verhindern, dass die Kämpfer des Islamischen Staats in Saudi-Arabien Fuß fassen, ist er sich sicher. Alle passten sehr gut auf.

Auf dem Safa-Platz achten die Polizisten an diesem Nachmittag auch darauf, dass keine Fotos mit Mobiltelefonen gemacht werden. Es sollen keine Bilder verbreitet werden, die dem Ansehen des Landes schaden könnten. Bereits die Vorbereitungen für die öffentliche Hinrichtung glichen einer militärischen Operation, nichts blieb dem Zufall überlassen: Schon Stunden vor der Enthauptung der beiden Männer rollten die ersten Polizeiautos heran, Besucher der Imbissstuben wurden gebeten, das Gelände zu verlassen. Auf dem Gebäude der Religionspolizei gingen Scharfschützen in Stellung. Mit Blaulicht und Sirenen fuhren zuletzt die beiden Krankenwagen auf den Platz, in denen die zum Tode Verurteilten ihre letzten Minuten verbrachten.

Inzwischen ist ein Tanklastwagen vorgefahren. Er bringt das Wasser, mit dem die Spuren der Hinrichtungen beseitigt werden. Eine Handvoll Männer in weißen Gewändern hat sich um die pakistanischen Gastarbeiter geschart, die das Blut mit Schläuchen in den Abfluss in der Platzmitte spülen. Um die große Pfütze dreht ein Junge auf einem Fahrrad seine Runden. Am Rande des Platzes hört Aziz nicht auf zu reden, will wissen, ob es dem ausländischen Gast gefallen habe, ob er wiederkommen werde. Enthauptungen seien humaner und weniger qualvoll als die Giftspritze oder der elektrische Stuhl, sagt er. Mit dem Vorgehen des Islamischen Staats in Mossul und Raqqa habe die Enthauptung nichts zu tun, im Gegenteil, sie diene der Abschreckung. »Wenn wir von Anfang an so gegen die Terroristen vorgegangen wären wie gegen die beiden Mörder, hätten wir heute das Problem nicht«, sagt er. Nach den Vorschriften des Islams bestattet würden sie dennoch. »Denn Muslime bleiben sie natürlich auch nach ihrem Tod.«

Vom Westen enttäuscht

Die öffentlichen Enthauptungen im Sommer 2014 bilden den Auftakt einer blutigen Hinrichtungsserie, die bis heute nicht abgerissen ist. Allein in den Monaten nach Ausrufung des IS-Kalifats im Juni 2014 in Mossul wurden in saudischen Städten siebzig Menschen hingerichtet. 2015 stieg die Zahl weiter an, 158 Todesstrafen vollstreckten die Behörden, darunter gegen Drogenhändler und Minderjährige ebenso wie gegen Regimekritiker und mutmaßliche Terroristen, und auch 2016 waren es wieder 153.[3] Angeheizt wurde das repressive Vorgehen durch das Erstarken des IS, dessen erklärtes Ziel die Einnahme der heiligen Stätten in Mekka und Medina ist. Außerdem greift der kostspielige Krieg im Jemen immer mehr in die Grenzregion im Süden des Landes über.

Im Sommer 2016 kam es zudem zu Anschlägen in Dschidda und Medina sowie in Katif im Osten des Landes.

Aber noch ein anderer Grund erklärt das repressive Vorgehen der Herrscher: Das Atomabkommen der Vetomächte des Sicherheitsrats und Deutschlands mit dem Iran hat die Wahrnehmung in Riad verstärkt, von den einstigen Verbündeten fallen gelassen worden zu sein. Verraten und verlassen, allen voran von Barack Obama, der dem Königshaus weitaus weniger zugewandt war als seine Vorgänger. Enttäuschung über vermeintlich mangelnde westliche Unterstützung bekommen zunehmend auch deutsche Politiker zu spüren, für die die saudische Herrscherclique sonst eigentlich nur Lob übrighat. So sagte der saudische Botschafter in Berlin, Awwad Saleh al-Awwad, nachdem Menschenrechtsorganisationen und die Vereinten Nationen den Anstieg der Exekutionen scharf kritisiert hatten: »Es ist an der Zeit, dass unsere Freunde und Verbündeten verstehen, dass ein Rechtssystem nicht für alle Länder der Welt gilt. Wir erwarten nicht, dass Sie es loben. Aber Sie sollten verstehen, dass wir ein souveränes Land mit eigenem Justizsystem sind.«[4]

Der smarte Karrierediplomat zog Ende 2015 in den schmucken Botschaftsneubau am Berliner Tiergarten ein, nachdem sein Vorgänger Ossama bin Abdul Majed Shobokshi zwölf Jahre lang deutsche und saudische Interessen erfolgreich in Einklang zu bringen versucht hatte. Doch mit dem Jemen-Krieg und dem Atomdeal sind jüngere Diplomaten gefragt als die Gesandten alter Schule, um die Positionen des Königshauses im Westen verständlich zu machen: Awwad setzt deshalb stark auf Public Diplomacy, um das wegen der öffentlichen Hinrichtungen, des Autofahrverbots für Frauen und des Kriegs gegen den südlichen Nachbarn angeschlagene Image seines Landes in der Bundesrepublik etwas aufzupolieren. Dafür lädt er Journalisten gerne mal zum Pressefrühstück ins Hotel Adlon ein oder äußert sich in Zeitungsinterviews. Sätze wie »Kommunikation ist ein wesentlicher Bestandteil meiner Amtszeit«, sagt er dann. Und: »Deutschland ist für Saudi-Arabien ein sehr wichtiges Land. Diese Beziehung lässt sich nur dadurch stärken, dass man offen ist, mit den Menschen spricht und auf sie zugeht.«

Erklärungsbedarf gibt es genug: Im Januar 2016 waren siebenundvierzig Menschen, die die Justiz beschuldigte, in Terrorismus verstrickt zu sein, an nur einem Tag hingerichtet worden, darunter der Anführer der saudischen Schiiten und Regierungskritiker Nimr al-Nimr. Die Hinrichtung des Predigers in der ölreichen Ostprovinz führte zu schweren Protesten in Teheran, wo die politische Führung nicht eingriff, als Demonstranten die saudische Botschaft stürmten. Daraufhin brach Saudi-Arabien zunächst seine diplomatischen, dann auch seine wirtschaftlichen Kontakte zum Iran ab. Kurze Zeit später folgten Riads Verbündete Bahrain, der Sudan und die Vereinigten Arabischen Emirate diesem Schritt. Der Stellvertreterkrieg um Hegemonie in der Region, der bereits im Irak, Syrien und im Jemen tobte, brachte Iran und Saudi-Arabien nun direkt gegeneinander auf.

Kritik hinter verschlossenen Türen

Außenminister Frank-Walter Steinmeier machte die Massenexekutionen nicht zum Thema, als er im Februar 2016 Riad besuchte und mit König Salman bin Abd al-Aziz Al Saud zusammentraf. Selbst den Fall des inhaftierten Demokratieaktivisten Raif Badawi, der wegen angeblicher Beleidigung des Islams zu zehn Jahren Gefängnis und tausend Peitschenhieben verurteilt worden war, wagte er bei seiner Reise nicht öffentlich anzusprechen – und das, obwohl Badawi als Gründer der saudischen Liberalen für bürgerliche und individuelle Freiheiten eintritt, die zu verteidigen der Sozialdemokrat in anderen Staaten nicht verlegen ist. Doch in einer Rede in Riad beließ es Steinmeier bei Phrasen über eine »selbstbewusste Zivilgesellschaft«.[5] Vornehme Zurückhaltung bei Menschenrechtsfragen prägte den Besuch, der ganz im Zeichen der Eröffnung des deutschen Pavillons auf dem Janadriyah-Kulturfestival stand. Vom saudischen Botschafter in Berlin bekam Steinmeier Lob für seine Leisetreterei: Wie der Außenminister sei er der Auffassung, dass »es der Lösungsfindung abträglich« sei, »wenn bestimmte Fälle immer wieder öffentlich diskutiert werden. Wir teilen die Erfahrung, dass Gespräche in vertrauensvoller Atmosphäre oft zielführender sind als lautstarke Ankündigungen.«

Wenzel Michalski, Leiter des Berliner Büros von Human Rights Watch, hat für ein solches Vorgehen kein Verständnis. »Die deutsche Rede darüber, dass strategische Partnerschaften Hand in Hand mit Menschenrechtsschutz gehen, wird immer dann unterminiert, wenn Partner wie Saudi-Arabien sich weigern, die gleichen Standards zuhause einzuhalten«, kritisiert er in der Niederlassung der Menschenrechtsorganisation am Hackeschen Markt in Berlin-Mitte, nur ein paar Gehminuten vom Auswärtigen Amt entfernt. Zwar seien der Krieg in Syrien und der Kampf gegen den IS und al-Qaida »zweifelsohne legitime Anlässe« für diplomatische Treffen. »Aber solche Gespräche haben keinen Wert, wenn sie hinter verschlossenen Türen geführt werden. Denn dann gibt es keine Verpflichtung zu Veränderungen, keine Maßstäbe, an denen diese gemessen werden können«, sagt Michalski.[6] Der saudische Botschafter in Berlin hingegen stellte sich klar auf Steinmeiers Seite: »Die Sache der Menschenrechte nimmt Schaden, wenn sie politisiert wird. Wir haben erlebt, wie Saudi-Arabien für einen Fall attackiert und beschimpft wurde, während 10 000 andere Fälle in anderen Ländern, in denen die Verletzung von Menschenrechten auf der Tagesordnung steht, keine Beachtung finden. Menschenrechte sind ein ehrenhaftes Anliegen. Lassen Sie uns doppelte Standards vermeiden und die Menschenrechte überall auf der Welt in gleicher Weise umsetzen.«[7]

Das Argument, das Steinmeier und andere Außenpolitiker für ihre Zurückhaltung anführen, ist stets das gleiche: Saudi-Arabien sei ein Stabilitätsanker in der Region, ohne den weder der Krieg in Syrien noch im Jemen beendet werden könnten, und ein wichtiger Partner im Kampf gegen den internationalen Terrorismus. Das gelte umso mehr nach dem Siegeszug des IS im Irak. Die Teilnahme saudischer Kampfflieger an der Operation »Inherent Resolve« über Syrien sei entscheidend für einen Sieg über die Terrorbewegung. Denn ohne Riad als Bündnispartner würde der Luftkrieg gegen die Kämpfer al-Baghdadis als westlicher Feldzug wahrgenommen.

Aufrüstung ohne Ende

Die Tatsache, dass der Krieg im Jemen und die Unterstützung bewaffneter Gruppen in Syrien dazu beigetragen haben, dass es in Saudi-Arabien selbst wieder zu Anschlägen kommt, fällt bei dieser Argumentation unter den Tisch. Auch dass der Krieg gegen die islamistischen Terroristen zu enormer Aufrüstung in dem autoritären Wüstenstaat geführt hat, nehmen die westlichen Partner Riads bewusst in Kauf. Denn einhergeht die innere Sicherheitsoffensive mit massiven Investitionen in Rüstungsgüter und Kriegswaffen. Etwa ein Drittel der saudischen Importe setzte sich 2015 aus Waffensystemen zusammen – auf 85 Milliarden Dollar beliefen sich die Rüstungsausgaben im Jahr nach der Ausrufung des IS-Kalifats.[8] Ein Viertel der Staatsausgaben umfasste der Verteidigungsetat, was das Land auf Platz 2 der weltweiten Waffenimporteure katapultierte.[9] Allein aus Deutschland importierte das Königreich 2016 Rüstungsgüter im Wert von 529 Millionen Euro.[10] Der Anstieg bei den Rüstungsausgaben von 2011 bis 2015 betrug im Vergleich zu den Jahren von 2006 bis 2010 sogar 275 Prozent.[11] Modernisiert wird vor allem die Luftwaffe, die durch neue Kampf- und Tankflugzeuge einen verbesserten Operationsradius erhalten soll.

Eine wahre Gelddruckmaschine für die globale Rüstungsindustrie sind die Krisen und Konflikte auf der arabischen Halbinsel, in die Saudi-Arabien in vielfacher Weise verstrickt ist. Die in den

Jahren des hohen Ölpreises erzielten Haushaltsüberschüsse gehen so zuungunsten anderer gesellschaftlicher Bereiche verloren, vor allem Gesundheit und Bildung. Am hohen Militarisierungsgrad Saudi-Arabiens, der vom Bonn International Center for Conversion (BICC) auf Platz 17 weltweit eingeordnet wird, dürfte sich selbst bei sinkenden Staatseinnahmen nichts ändern. [12] Auch die Fachleute vom Stockholm International Peace Research Institute (SIPRI) gehen davon aus, dass die hohen Investitionen im Rüstungsbereich in den kommenden Jahren anhalten werden. Ein vom amerikanischen Kongress bereits 2010 verabschiedetes Rüstungsgeschäft in Höhe von 60 Milliarden Dollar dürfte den Vereinigten Staaten in den kommenden zehn Jahren weiter den Topplatz unter den Lieferanten bescheren – gefolgt von Großbritannien, Russland und Frankreich.

Auch für den Fünftplatzierten Deutschland ist die anhaltende Aufrüstung des Landes bare Münze wert, wie sich Ende 2016 wieder zeigte: Die Genehmigung zum Export von mehr als vierzigtausend Artilleriemultifunktionszündern erteilte der Bundessicherheitsrat; die Firma Junghans Microtec liefert dafür Frankreich Komponenten zu.[13] Rüstungsverkäufe in Höhe von nahezu 2,6 Milliarden Euro billigte die Bundesregierung zwischen 2001 und 2014. In diesen Zeitraum fällt auch das millionenschwere Grenzschutzprojekt, für das die heutige Airbus Group, die seinerzeit noch EADS hieß, unter der schwarz-gelben Regierung Angela Merkels und Guido Westerwelles den Auftrag erhielt. Weil sich Saudi-Arabien wünschte, dass der Hersteller der Überwachungstechnik und die Sicherheitskräfte aus demselben Land kommen, stieg die Bundespolizei bei der Ausbildung saudischer Sicherheitskräfte mit ein – bis heute werden deutsche Beamte deshalb ins Land entsandt. Airbus war damit Trendsetter für ein neues, gewinnbringendes Segment der Rüstungsindustrie: die Überwachungs- und Aufklärungsbranche, in die Staaten angesichts der Gefahr von Terroranschlägen und irregulären Grenzübertritten immer stärker investieren.

Seeblockade mit deutschen Booten?

Dass auch die vermeintliche Friedensmacht Deutschland keine Konsequenzen aus der Beteiligung Saudi-Arabiens am Jemen-Krieg und dem steilen Anstieg bei der Zahl der Hinrichtungen ziehen will, zeigen die jüngsten Zahlen: 2015 betrugen die deutschen Rüstungsausfuhren 270 Millionen Euro; Fahrgestelle für unbewaffnete Transporter, Zieldarstellungsdrohnen, Teile für Kampfflugzeuge und Flugkörper samt dazugehöriger Abfeuerausrüstung sowie wie in den Vorjahren Pistolen sowie Munition für Haubitzen, Kanonen und Mörser zählten zu den ausgeführten Gütern.[14] Ein Trend, der sich 2016 fortsetzte, als das Wirtschaftsministerium die Lieferung von Patrouillenbooten an die saudische Marine bekannt gab und der Wert der Exporte mehr als eine halbe Milliarde Euro überschritt.

Oppositionsabgeordnete reagierten mit Empörung auf den Deal, den der Vizekanzler Gabriel selbst im Vorfeld öffentlich immer wieder infrage gestellt hatte – zuletzt nach der Massenhinrichtung von sunnitischen Extremisten und dem schiitischen Prediger Nimr al-Nimr Anfang 2016. Die Grünen-Sicherheitspolitikerin Agnieszka Brugger bezeichnete die im Sommer 2016 erteilte Genehmigung als »eine große Fehlentscheidung«. Patrouillenboote seien Kriegswaffen. »So ignoriert die schwarz-rote Bundesregierung auf fahrlässige Weise, dass Saudi-Arabien eine völkerrechtswidrige Seeblockade gegen den Jemen verhängt hat.« Brugger warf Gabriel vor, er sei »schon wieder gescheitert, den dringend benötigten Kurswechsel auf den Weg zu bringen«.[15] Bereits 2012 hatten sich Berlin und Riad grundsätzlich auf den Verkauf von insgesamt 48 Küstenschutzbooten geeinigt, 2013 erteilte der Bundessicherheitsrat eine vorläufige Erlaubnis.

Dem Vernehmen nach soll der Vizekanzler bei der Sitzung des geheim tagenden Gremiums im Juni 2016 nicht nur von Bundeskanzlerin Angela Merkel und Verteidigungsministerin Ursula von der Leyen überstimmt worden sein, sondern auch von Außenminister

Steinmeier. Die politische Rivalität zwischen den beiden Sozialdemokraten im Rüstungsexportbereich ist augenscheinlich: Während Steinmeier auf Fortsetzung der Zusammenarbeit mit autokratischen Staaten im Sicherheitssektor setzt, will Gabriel diese restriktiver handhaben. Das wurde auch deutlich beim Besuch des saudischen Außenministers Adel al-Dschubeir in Berlin kurz vor der Abstimmung im Bundessicherheitsrat: Steinmeier führte die »legitimen Sicherheitsinteressen« der Golfmonarchie an, um den Verkauf der Patrouillenboote zu rechtfertigen – und lobte die gute Zusammenarbeit Berlins mit Riad. Aus seiner Sicht gebe es »gute Gründe, diese Art von Sicherheitskooperation fortzusetzen«.

Keine Leos nach Riad

Zu Kontroversen im Kabinett war es schon vor Jahren beim geplanten Verkauf von zweiundsechzig Kampfpanzern vom Typ Leopard 2 und vierundzwanzig Panzerhaubitzen im Wert von rund 2 Milliarden Euro an Saudi-Arabien gekommen, die der Bundessicherheitsrat bereits grundsätzlich genehmigt hatte. Gabriel legte jedoch später sein Veto dagegen ein – so kam der heftig umstrittene Deal am Ende doch nicht zustande. Die Gefahr, dass die Panzer zur Repression im Innern eingesetzt werden würden, sollten sich die arabischen Aufstände auf Saudi-Arabien ausweiten, schien schließlich zu groß. Zumal saudische Einheiten 2011 mit Panzern in Bahrain einmarschiert waren, um die Proteste gegen das verbündete autoritäre Königshaus niederzuschlagen. Am Ende erteilte der Bundessicherheitsrat 2016 Katar die Genehmigung zur Einfuhr der von Rheinmetall und Krauss-Maffei Wegmann hergestellten Panzer und Haubitzen. Diese sollen bis 2018 ausgeliefert werden; das Gesamtvolumen des Geschäfts beläuft sich auf rund 1,9 Milliarden Euro.

Der saudische Botschafter in Berlin al-Awwad beklagte sich zuletzt darüber, dass er nicht verstehen könne, weshalb Riads Rivale um Vormacht im Golf-Kooperationsrat (GCC) Katar die Panzer erhalten dürfe, sein Land aber nicht. Er zeigte sich müde über den deutschen Zickzackkurs, der mit der ersten Anfrage für den Leopard 2 Anfang der 1980er Jahre begonnen habe. Damals regierte noch Helmut Schmidt; aber auch unter Helmut Kohl waren saudische Anfragen wiederholt ein Thema. »Wenn das Thema Waffen für interne politische Auseinandersetzungen genutzt wird, dann wird das Königreich zukünftig sehr zurückhaltend sein, was weitere Waffengeschäfte mit Deutschland angeht, denn wir wollen unsere insgesamt gute Beziehung und andere gewinnbringende Projekte nicht damit belasten. Und noch mal, die Summe der deutschen Militärsysteme für Saudi-Arabien ist sehr gering und konzentriert sich hauptsächlich auf die Bereiche Sicherheit und Überwachungssysteme«, sagte er im Frühjahr 2016, als Saudi-Arabiens desaströser Luftkrieg im Jemen immer stärker in die Kritik geriet. »Die klare Wahrheit ist, dass wir an dem Panzergeschäft nicht interessiert sind.«[16]

Diese Haltung vertrat öffentlich auch der saudische Sprecher der arabischen Militärallianz im Jemen Brigadegeneral Ahmed al-Asiri. »Der Waffenmarkt ist frei«, sagte er im Herbst 2016 bei einem Besuch in Berlin. »Saudi-Arabien kann seine Waffen überall auf der Welt kaufen, nicht nur in Deutschland. Viele Länder sind interessiert an uns, denn wir bezahlen sofort.«[17] Angesichts solcher Äußerungen kann Gabriel die Ablehnung des Leo-Deals mit Riad als Erfolg seines Kurses für eine Abkehr von Rüstungsgeschäften mit autokratischen Regimes feiern. Vor allem, weil er immer wieder darüber klagt, von der schwarz-gelben Vorgängerregierung erteilte Ausfuhrgenehmigungen nicht mehr rückgängig machen zu können.

Dass in der Vergangenheit eingegangene Verpflichtungen sich schwer aus der Welt schaffen lassen, zeigt ein weiterer Fall in Saudi-Arabien: die Lizenzproduktion des einstigen Standardgewehrs der Bundeswehr in einer Fabrik südlich von Riad. Kisten voller G3 fanden sich kurz nach Beginn der Jemen-Offensive bei saudischen verbündeten Milizen in Aden wieder – ein deutliches Indiz dafür, dass Riad Waffen, für deren Bau Deutschland die Lizenz erteilte, in ein Kriegsgebiet exportiert hat.[18] Was der saudische Militärsprecher al-Asiri zurückweist: »Die Waffen stammen aus einer Fabrik von Heckler & Koch, die wir vor langer Zeit gekauft haben. Die Waffen gehören uns, wir können mit ihnen tun, was wir wollen. Aber wir haben damals Vereinbarungen getroffen, und wir halten uns an diese Regeln.« Außerdem gelte: »Wir liefern keine Waffen an Milizen, wir kooperieren auch nicht mit Milizen, wir arbeiten mit Regierungen zusammen. Die Waffen, die in der Fabrik von Heckler & Koch hergestellt werden, sind für unsere Armee, wir geben diese niemals an Dritte weiter und haben dies auch nicht getan.«[19]

Sturmgewehre vor Gericht

Ein wenig Spott kann sich Richter Rainald Gerster nicht verkneifen. »Wann war denn der Nahe Osten nach Ihrer Einschätzung eine stabile Region?«, will er von den beiden Mitarbeitern des Bundesamts für Wirtschaft und Ausfuhrkontrolle (BAFA) wissen, die ganz vorne in Saal eins des Frankfurter Verwaltungsgerichts Platz genommen haben. »Vor 1914?« Aus seiner Sicht habe sich seitdem nichts Wesentliches in der Region geändert, sagt Gerster, vielleicht einmal abgesehen von der Lage im Jemen. Ansonsten aber dauerten Krisen, Kriege und Konflikte schon seit Jahrzehnten an, führt der Richter aus, ohne dass deshalb eine grundlegende außenpolitische Neubewertung für die Bundesregierung notwendig geworden wäre. Insbesondere mit Hinblick auf Saudi-Arabien: Allenfalls ein Putsch gegen das Königshaus würde daran etwas ändern, so wie 1979 gegen den Schah im Iran, sagt der Präsident des Verwaltungsgerichts, der sich in seiner Freizeit gerne der Geschichte der Marine und der preußischen Verwaltung widmet.[20] Doch dazu sei es in jüngster Zeit bekanntlich nicht gekommen.

Die kleine Geschichtsstunde im kargen Verwaltungsbau im Frankfurter Studentenviertel hat einen ernsten Hintergrund.[21] Der Oberndorfer Kleinwaffenfabrikant Heckler & Koch will vor Gericht erzwingen, dass die Bundesregierung über einen Antrag zur Lieferung von Ersatzteilen entscheidet, der seit zweieinhalb Jahren unbearbeitet beim Bundesausfuhramt in Eschborn liegt. Mehr als siebenundzwanzigtausend Bauteile fehlten der Lizenzfabrik des Unternehmens in Al-Kharj südlich von Riad Ende 2013, um die Produktion des Sturmgewehrs G36 fortzuführen zu können. Auf 536 980 Euro beläuft sich der Warenwert für die fehlenden Druckfedern, Kolbenringe, Gabeln und Auszieher, die zum Bau in der Anlage des saudischen Kooperationspartners Military Industries Corporation (MIC) benötigt werden, referiert der Richter zu Beginn der Verhandlung die Sachlage. Dort gingen 2009 die ersten G36 vom Band.[22] Doch seit 2014 stagniert die Produktion wegen der fehlenden Ersatzteile.

2008 hatte die Große Koalition den Bau der Fertigungsanlage für das G36 in der Nähe von Riad grundsätzlich genehmigt. Nachdem der Bundessicherheitsrat grünes Licht gegeben hatte, gab es gegen die Herstellung in dem Königreich auch seitens der Aufsichtsbehörden keine prinzipiellen Bedenken mehr. Das Kabinett lag damit ganz auf der Linie vorheriger Regierungen: Bereits zum Bau des Vorgängergewehrs G3 und der Maschinenpistole MP5 hatte die damals noch in Bonn ansässige Exekutive Saudi-Arabien die Lizenzen erteilt – 1969 und 1985. Angeblich stimmten Bundeskanzlerin Merkel, Außenminister Steinmeier und die anderen Mitglieder des Bundessicherheitsrats dem Bau der Fabrik während der ersten Großen Koalition allerdings nur unter der Bedingung zu, dass für jedes Gewehr fünf »Schlüsselkomponenten« aus der Bundesrepublik geliefert werden müssten. So sollte zumindest ein kleines Maß an Kontrolle in deutschen Händen bleiben – und verhindert werden, dass die saudischen Herrscher das Gewehr nach eigenem Gutdünken weiterverkauften.

Bis 2013 funktionierte das Verfahren relativ reibungslos, vor allem unter der wirtschaftsfreundlichen Regierung aus Union und FDP. Doch mit dem Ausscheiden der Liberalen aus dem Bundestag und dem Regierungswechsel änderte sich in Berlin die Marschrichtung. Auf den Stabsarzt der Reserve, den FDP-Chef Philipp Rösler, folgte im Bundeswirtschaftsministerium der Sozialdemokrat Gabriel, der gerade in Bezug auf Kleinwaffen eine neue Leitlinie ausgab: Die Exporte restriktiver gestalten wollte der SPD-Vorsitzende künftig. In den in seiner Amtszeit verabschiedeten Kleinwaffengrundsätzen setzte Gabriel durch, dass neue Lizenzproduktionen von Kleinwaffen in Drittstaaten künftig untersagt werden sollten. Eine Fabrik wie die in Saudi-Arabien wäre heute also nicht mehr genehmigungsfähig.

Vor diesem Hintergrund strengte das Unternehmen im Sommer 2015 eine sogenannte Untätigkeitsklage gegen das BAFA an, fast ein Jahr später fand die mündliche Verhandlung statt. 5K3718/15.F lautet das Aktenzeichen neben der Eingangstür des Verhandlungssaals: Heckler & Koch GmbH gegen die Bundesrepublik Deutschland, vertreten durch die Behörde aus Eschborn am Fuß des Taunus. Der Justiziar des wegen Mängeln bei der Zielgenauigkeit des Sturmgewehrs G36 in die Kritik geratenen Rüstungsunternehmens ist dafür aus Oberndorf nach Frankfurt gekommen sowie die beiden Anwälte Alexander Eichener und Uwe Brüggemann. Sie wollen erreichen, dass die Exportanfragen für die fehlenden Ersatzteile endlich beschieden werden. Für die Prozessbevollmächtigten des Bundesausfuhramts war der Weg kürzer: Nur drei S-Bahnstationen entfernt, vor den Toren der Bankenmetropole, liegt das BAFA, das in seinen Entscheidungen an die Weisungen des Wirtschaftsministeriums gebunden ist.

Zugleich bildet die Behörde das Scharnier zwischen Verteidigungsindustrie und dem für die Genehmigung von Rüstungsexporten zuständigen Ministerium in Berlin. Den Vorwurf, Anträge der Waffenhersteller allzu freundlich zu behandeln, gab es in der Vergangenheit immer wieder. Von fließenden Übergängen zwischen Kontrollbehörde und Rüstungsunternehmen ist die Rede. Auch die Vertreter von Heckler & Koch machen vor Gericht kein Hehl aus den bislang guten Beziehungen. »Ein konstruktives, kein auf Konflikt gepoltes« Verhältnis herrsche zu den Beamten des BAFA, auch wenn es natürlich immer wieder einmal zu Konflikten komme, leitet Rechtsanwalt Eichener seine Ausführungen wohlwollend ein. Und schränkt zugleich ein: »Sie arbeitet sauber und korrekt, wenn sie arbeiten darf.« Daran aber herrschten angesichts der Verschleppung der Exportanfragen für die G36-Fabrik südlich von Riad inzwischen erhebliche Zweifel – aller ansonsten guten Verbindungen zu der Ausfuhrbehörde zum Trotz.

Auch wenn die Anwälte des Waffenherstellers seinen Namen an diesem Vormittag nicht nennen, machen sie in spitzen Andeutungen deutlich, dass sie Wirtschaftsminister Gabriel für die Blockade verantwortlich machen: »Diese Person ist ein Politiker, untervertreten durch das BAFA«, sagen sie. Laxe Kontrollen und stillschweigende Übereinkünfte zwischen Politik und Verteidigungsindustrie sollen nach Gabriels Willen bekämpft werden, die Kumpanei der Vorgängerregierungen mit der Rüstungslobby sieht er kritisch. Insbesondere beim Export von Kleinwaffen will er einen Wandel erreichen – was die Ausfuhr von Sturmgewehren wie dem G36 anbelangt, kann er dabei auch auf einige Erfolge verweisen: 2015 ging das Exportvolumen von 47 auf 32 Millionen Euro zurück.[23] Zudem sollte die Weitergabe von Kriegs- und Rüstungswaffen als außen- und sicherheitspolitisches Thema behandelt werden. Nicht zuvörderst als rüstungs- und außenwirtschaftliche Frage wie in der Vergangenheit. Dazu gehöre auch, Rüstungsexporte künftig stärker politisch zu begründen – gerade in Spannungsgebiete, wo regionale Rivalitäten zum Anheizen der Rüstungsspirale führten, siehe Saudi-Arabien und Iran.

Das stört die Geschäftsführung und Heckler-&-Koch-Großaktionär Andreas Heeschen. Schon die Diskussionen um die Treffgenauigkeit des Sturmgewehrs G36 hatten der Firma erheblichen Imageschaden zugefügt, auch wenn ein Gericht in Koblenz dem Waffenhersteller 2016 auf technischer Seite recht gab in einem Verfahren gegen das Verteidigungsministerium. Weil 2019 das G36 als Standardgewehr der Bundeswehr ersetzt werden soll, ist Heckler & Koch noch stärker auf Umsätze auf Auslandsmärkten angewiesen. Hinzu kommen finanzielle Schwierigkeiten – allein der Zinsendienst, um die Nettoverschuldung des Unternehmens zu bezahlen, frisst Branchenkennern zufolge jedes halbe Jahr rund 15 Millionen Euro.[24] Auf dem Kapitalmarkt wurde der Pistolen- und Gewehrhersteller zuletzt mit einem Rating von CCC eingestuft, alles andere als förderlich für potenzielle Neuaufträge aus Europa oder den USA. Weniger als 20 Prozent machen die Umsätze von Heckler & Koch inzwischen im Inland aus.

Eine Grundsatzentscheidung wollen die Rüstungsmanager deshalb erzwingen an diesem Sommertag in Frankfurt. Vor Gericht, weil sich die in der Frage von Rüstungsexporteinschränkungen zerstrittene Bundesregierung politisch vor einem Beschluss immer gedrückt hat – und die Beamten des Bundesausfuhramts aus Eschborn rechtlich damit im Regen stehen gelassen hat. Auch deshalb hat das Gericht die Untätigkeitsklage des Waffenherstellers zugelassen. Immer wieder winden sich die beiden BAFA-Mitarbeiter, als der Richter nachhakt, weshalb dreißig Monate nach Antragstellung noch immer keine Entscheidung über die Ersatzteillieferungen getroffen sei. »Die hohe Komplexität der gesamten dynamischen Situation« sei ein »berechtigter Grund, warum die Bundesregierung noch nicht zu einer Entscheidung kommen konnte«, bringen sie zur Verteidigung vor. Auch von einer »hochschwierigen Gesamtabwägung« ist in verquastem Verwaltungsdeutsch die Rede, die »originär der Bundesregierung als Verantwortungsbereich« zufalle. Angesichts des Jemen-Kriegs und der anhaltenden Kämpfe im Irak und in Syrien stelle sich außerdem die Frage: »Welche Gefahr besteht eigentlich, wenn ein Staat in die Lage versetzt wird, Sturmgewehre autonom herzustellen und zu verwenden und – entgegen der Endverbleibserklärung – reexportieren zu können?«

Politische Überlegungen, die Richter Gerster an diesem Vormittag nicht interessieren – obwohl selbst die Bundesregierung in Riad nachgehakt hat, ob die zuständigen Stellen für den Endverbleib der im Land hergestellten Gewehre garantieren könnten. Er verstehe zwar die Sorgen der Beklagten, die Politik dürfe er aber nicht aus der Verantwortung entlassen. »Wir können nicht sagen, wir machen eine bessere Außenpolitik als Herr Steinmeier oder Frau Merkel«, sagt er, um dann das Verhalten der Behörde mit den Worten zusammenfassen: »Wir haben jetzt zweieinhalb Jahre abgewogen und sind mit dem Abwägen noch nicht am Ende.« Unschwer gibt Gerster zu erkennen, dass er das für eine »politisch bedingte Nichtentscheidung« hält. Die Klägerin habe aber ein Anrecht darauf, dass über ihren Antrag entschieden werde – juristisch gesehen gebe es keinen Unterschied zwischen der Anbaugenehmigung für einen Schuppen und der Lieferung von Kriegsgerät.

Mit seiner Argumentation liegt Gerster auf einer Linie mit den Rechtsanwälten, die Heckler & Koch als Prozessbeauftragte an den Main entsandt hat. Immer wieder spielen sich Gericht und Kläger die Bälle zu. Mit Blick auf den Jemen sagt Eichener, dass der Konflikt dort sei den 1950er Jahren bestehe und »immer mal wieder aufflackert«. Von einem Überfall Saudi-Arabiens auf seinen südlichen Nachbarn könne keine Rede sein, ebenso wenig sei das Land durch »massivste Menschenrechtsverletzungen« oder gar einen Genozid aufgefallen – eine Sichtweise, der die Berichte von Menschenrechtsorganisationen diametral entgegenstehen. Doch nicht nur bei der außenpolitischen Einschätzung der Lage im Nahen Osten ist man sich einig: Ausdrücklich lobt der Richter die Schussgenauigkeit des G36; 2001 habe er es zum ersten Mal selbst getestet. Sehr zur Freude des Justiziars des Waffenbauers: »Das freut mich aber besonders, dass Sie das jetzt sagen.«

Angefeuert vom Wohlwollen des Richters sagt Rechtsanwalt Eichener: »Ich muss noch ein wenig die Lippen bewegen, bis ich in der optimalen Schussposition bin.« Dann führt er aus, weshalb Heckler & Koch keinen sachlichen Grund für die Nichtbescheidung des Antrags zur Ausfuhr von tausend Druckfedern sehe. Das Unternehmen bleibe bei seiner Auffassung, dass der BAFA-Bescheid von 2006 genüge, auch künftig Rohmaterialien, Komponenten und andere Bauteile für das Gewehr G36 nach Saudi-Arabien auszuliefern. Die Firma habe deshalb einen Rechtsanspruch auf Genehmigung. Noch bevor der Richter die beiden Seiten in die Mittagspause bittet, lässt er durchblicken, dass er die Sichtweise von Heckler & Koch teilt. »Ein Zuwarten, dass sich die Lage so entwickelt, wie man sie für eine bestimmte Entscheidung gerne hätte«, sei aus rechtlicher Sicht nicht zulässig. »Das sehe ich jetzt als Problem.«

Als Richter Rainald Gerster um kurz nach ein Uhr mittags in den Verhandlungssaal tritt, sind die BAFA-Vertreter gar nicht mehr auf ihre Plätze in der ersten Reihe zurückgekehrt. Zu eindeutig war der Prozessverlauf, als dass sie sich der Blamage persönlich aussetzen wollten, die das anstehende Urteil für die Behörde bedeutet. »Heckler & Koch hat einen Anspruch darauf, dass über den Antrag entschieden wird«, stellt Gerster klar. Aus Sicht des Gerichts sei die Genehmigung zur Ausfuhr von Schlüsselkomponenten für das G36 zu erteilen, »wenn nicht erhebliche Belange dagegensprechen«. Mit rechtsstaatlichen Grundsätzen nicht vereinbar sei es, dass ein Verwaltungsverfahren fortgesetzt werde, ohne es durch eine Sachentscheidung abzuschließen. »Da ist die Politik gefragt, Maßstäbe zu setzen.«

Zufrieden packt Rechtsanwalt Brüggemann nach dem Urteilsspruch seine Unterlagen zusammen. »Dass der Staat verpflichtet ist zu handeln«, sei genau »das Ergebnis, was ich von Anfang an haben wollte«, sagt er den um ihn versammelten Journalisten.

Auch wenn das Gericht wegen der grundsätzlichen Bedeutung des Verfahrens Berufung gegen das Urteil erlaubt hat, ist der Waffenlieferant aus dem deutschen Südosten einen entscheidenden Schritt weiter. Für Wirtschaftsminister Gabriel bedeutet der Beschluss einen Rückschlag. Eine Rückkehr zu dem noch unter Bundeskanzler Helmut Schmidt geltenden gesellschaftlichen Konsens, keine Rüstungsexporte in Spannungsgebiete zu genehmigen, scheint dadurch weiter erschwert.

Wieder einmal zeigt sich, dass Lizenzproduktionen nicht einfach gestoppt werden können, sodass eine Endverbleibskontrolle eben nicht garantiert werden kann, wie von der Regierung in Berlin immer wieder behauptet. Wie berechtigt die Sorgen der BAFA-Beamten sind, macht auch die Tatsache deutlich, dass schon das G36-Vorgängergewehr G3 nicht nur von saudischen Soldaten verwendet wurde, sondern in der Vergangenheit in Afghanistan, im Sudan und in Libyen aufgetaucht ist – und 2015 eben auch im Jemen. Die Vergabe von Produktionslizenzen für Herstellungslinien von Kleinwaffen und Munition in Drittländern ist darüber hinaus deshalb problematisch, weil nie garantiert werden kann, dass die Lage im Land des Lizenznehmers selbst stabil bleibt. So stellte etwa der Iran mit deutscher Genehmigung das G3 bereits seit 1967 her, ehe der vermeintlich verlässliche Bündnispartner an der Spitze des Staats, Schah Mohammad Reza Pahlavi, 1979 gestürzt wurde.

Verstehen statt kritisieren

Der Außenminister ist bestens aufgelegt. »Ich bin es nicht gewohnt, unter einem Baldachin zu sprechen«, sagt Frank-Walter Steinmeier, als er im großen Festsaal des Hamburger Rathauses Deutschlands Bewerbung um einen Platz im Sicherheitsrat der Vereinten Nationen bekannt gibt. »Es wirkt so schrecklich feierlich.« Feierlich ist auch das Setting: Holzvertäfelte Wände zieren das Gebäude an der Kleinen Alster. Drei riesige Kronleuchter erhellen den hohen Saal, in dem an diesem heißen Sommernachmittag Hunderte Einwohner der Hansestadt zusammengekommen sind, um Deutschlands Chefdiplomaten zu lauschen. Über drei Seiten erstreckt sich ein monumentales Wandgemälde Hugo Vogels, das die Geschichte Hamburgs von der Christianisierung bis zur Industrialisierung zeigt. Verbindendes Element: das blaue Band der Elbe.

Der schlossähnliche Prunk im Rathaus ist Ausdruck des Selbstbewusstseins der Hamburger Bürgerschaft. Der Erste Bürgermeister Olaf Scholz ist gekommen, führende Wirtschaftsvertreter und weitere Größen aus Wissenschaft und Politik. Steinmeier schmeichelt seinen hanseatischen Zuhörern, die immer noch auf der Suche nach Ersatz für ihren 2015 verstorbenen Übervater Helmut Schmidt sind. Er komme gerade aus der von der UNESCO zum Weltkulturerbe erklärten Speicherstadt, die »in Ziegel gegossene Erinnerung, warum den Deutschen Hamburg das Tor zur Welt ist«. Die Geschichte der Hanse, so Steinmeier, der Hamburger Hafen und der berühmte Hamburger Bürgersinn seien »weit über die Grenzen der Stadt bekannt«.

Fast klingt seine »Brüche und Brücken« betitelte Rede über »deutsche Außenpolitik in bewegten Zeiten« wie eine Bewerbung für das Amt des Bundespräsidenten – Monate bevor Steinmeier seine Ansprüche auf die Stelle des Staatsoberhaupts öffentlich bekundet. Weltoffen und an diplomatischer Konfliktlösung orientiert gibt sich der Sozialdemokrat aus Hannover, der das Außenministerium nach den Jahren von 2005 bis 2009 seit 2013 zum zweiten Mal führte – und verkündete stolz, dass die Bundesrepublik stets die Rolle eines »ehrlichen Maklers« eingenommen habe. »Frieden, Gerechtigkeit, Innovation und Partnerschaft« lauten die Leitplanken seiner knapp vierzigminütigen Ansprache – ein wenig selbstkritisches Resümee deutscher Außenpolitik, ein Parforceritt durch die Krisen und Konflikte dieser Welt: von Libyen über Syrien, die Ukraine bis zum Südchinesischen Meer. »Es ist nicht zuletzt die Bereitschaft zu Verstehen und Verständigung, die Deutschland einen exzellenten Ruf als Vermittler in vielen Konflikten verschafft hat«, sagt er.

Viel Ansehen erworben auf dem internationalen Parkett hat Steinmeier sich zweifellos, vor allem unter seinen Amtskollegen. Staatsmännisches Prestige, das die harmoniesüchtigen Deutschen gerne in Schloss Bellevue sehen nach dem Abschied des emphatischen Redners Joachim Gauck. Pragmatismus statt Freiheit, wenn man so will. Mehrfach brandet Beifall im Großen Saal des Hamburger Rathauses auf. Auch als Steinmeier seinen umstrittenen Verständigungskurs gegenüber dem iranischen Regime in Teheran und Russlands autoritärem Präsidenten Wladimir Putin verteidigt – und »die Offenheit für andere Sichtweisen« als »Voraussetzung von Außenpolitik« preist. »Umso weniger verstehe ich, dass wir dafür kritisiert werden. Als Iran-Versteher, zurzeit mal wieder als Russland-Versteher«, wird er laut. »Wo kommen wir in der Außenpolitik eigentlich hin, wenn wir aufhören, verstehen zu wollen? Und wo kommen wir hin, wenn das Verstehenwollen zum Schimpfwort generiert?« Verstehen heiße ja nicht automatisch, einverstanden zu sein. »Aber ohne Verstehen kann es keine Verständigung geben!«

Weise Worte, die in der schönen heilen Welt des Hamburger Stadtadels freilich ganz anders klingen als in der rauen Wirklichkeit – und die wenig sagen über die innere gesellschaftliche und politische Verfasstheit der deutschen Verbündeten in den globalen Krisenherden. Auf Gegenwind stößt Steinmeier bei seiner ersten Rede nach dem britischen Brexit-Entscheid im Sommer 2016 jedoch nicht. Die Fragesteller begnügen sich mit allgemeinen Anmerkungen zur künftigen Rolle Deutschlands und der Europäischen Union gegenüber China und Russland. Immerhin räumt Steinmeier ein, dass weiterhin Mangel herrsche an Ansätzen zu ziviler Konfliktschlichtung. Einst war das ein Prestigeprojekt der rot-grünen Regierung Gerhard Schröders und Joschka Fischers gewesen, um den Sündenfall des Kosovo-Kriegs 1999 vergessen zu machen. Die Leitung des Kanzleramts übernahm Steinmeier vier Wochen nach dem ersten Kampfeinsatz Deutschlands seit dem Zweiten Weltkrieg. Was folgte, war 2002 der Waffengang der NATO unter deutscher Beteiligung in Afghanistan – und die Weigerung Schröders ein Jahr später, sich an der von George W. Bush gesteuerten Invasion des Iraks zu beteiligen.

In den fast anderthalb Jahrzehnten, die seit der Eroberung Bagdads durch amerikanische Truppen vergangen sind, hat das Bild Deutschlands, das Steinmeier an diesem Nachmittag in Hamburg zeichnet, Risse bekommen. Schon bald wurde bekannt, dass die Opposition gegen den Einsatz im Irak nicht so total war wie von Schröder behauptet. Der direkt dem Kanzleramt unterstellte Bundesnachrichtendienst (BND) etwa hatte die amerikanischen Verbündeten mit Informationen über Angriffsziele ausgestattet. Mit Wissen der deutschen Regierung wurden angeblich in den islamistischen Terrorismus verstrickte Bundesbürger verschleppt. Die Affäre um den unschuldig in Gefangenschaft geratenen Murat Kurnaz hätte Steinmeier fast das Amt gekostet. In die dunklen Seiten des von Bush ausgerufenen »Kriegs gegen den Terror« war Berlin von Anfang an mit verstrickt.

Bündnistreue zu Saudi-Arabien

Und noch eine Konstante deutscher Außenpolitik gibt es, die von Schröders nach 9/11 proklamierter »uneingeschränkter Solidarität« mit den Vereinigten Staaten bis zum bewaffneten Kampf gegen die Al-Qaida-Nachfolgeorganisation Islamischer Staat reicht. Doch auch diese findet in Steinmeiers Grundsatzrede an diesem Nachmittag keine Erwähnung. Es ist die Bündnistreue zu Saudi-Arabien. Nur in einem Satz nennt der Außenminister das Land beim Namen, und auch da nicht als Vorreiter bei der Vollstreckung der Todesstrafe und Unterdrücker von Freiheitsrechten, sondern als potenzieller Friedensstifter in Syrien. »Ich brauche

Ihnen nicht zu erklären, wie essenziell es ist, Iran und Saudi-Arabien als Stellvertretermächte, die um Hegemonie ringen, mit am Verhandlungstisch zu haben.«

Zu erwähnen, dass Saudi-Arabien unmittelbar nach Beginn der arabischen Aufstände im März 2011 in Bahrain mit Panzern und Hunderten Soldaten einrückte, um Proteste gegen das Herrscherhaus niederzuschlagen, würde das Bild von der rechtschaffenen Ordnungsmacht am Golf ebenfalls trüben. Auch ein Verweis auf die Niederschlagung der schiitischen Demonstrationen im Osten des Königreichs fehlt regelmäßig, wenn Steinmeier den Stellenwert des Dreißigmillionenlands für die Stabilität in der Region hervorhebt. Ganz zu schweigen von den Rekordzahlen bei den Hinrichtungen unter König Salman. Als Steinmeier Anfang 2016 zur Eröffnung des deutschen Pavillons beim Janadriyah-Kulturfestivals in die saudische Hauptstadt flog, hatte sogar der Vorsitzende des Auswärtigen Ausschusses, Norbert Röttgen, Sorgen, dass damit das Herrscherhaus zu sehr legitimiert würde. Der CDU-Politiker legte dem Außenminister nahe, seinen Besuch abzusagen. Doch dazu kam es nicht, was sicherlich auch daran liegt, dass Riad nach Abu Dhabi der wichtigste Importeur deutscher Güter in der Region ist: Auf fast 9 Milliarden Euro beliefen sich die Einfuhren 2015, 12 Prozent mehr als 2014.

Kritik an Steinmeiers Schmusekurs mit der Diktatur in Riad gibt es inzwischen jedoch selbst aus den eigenen Reihen – nicht zuletzt, weil seit dem Tod König Abdullahs 2015 eine deutlich aggressivere Gangart die saudische Politik bestimmt. Zu offensichtlich ist der Kurs des neuen starken Mannes am Königlichen Hof Mohammed bin Salman Al Saud, auf Konfliktverschärfung ausgerichtet, nicht auf friedlichen Ausgleich. Über den 1985 geborenen Sohn König Salmans schrieb der Bundesnachrichtendienst im Dezember 2015 in einer Analyse: »Die bisherige vorsichtige diplomatische Haltung der älteren Führungsmitglieder der Königsfamilie wird durch eine impulsive Interventionspolitik ersetzt.« Kritisch beäugt von den Nahostexperten des Auslandsgeheimdienstes wurde vor allem die Rolle des stellvertretenden Kronprinzen.[25] Nicht ohne Grund: Mohammed bin Salman brach nur zwei Monate nach seinem Amtsantritt den verheerenden Krieg im Jemen vom Zaun, denn das Amt des Verteidigungsministers hat er ebenfalls inne.

Riads negative Rolle im Armenhaus der arabischen Welt war es auch, die ein knappes halbes Jahr nach dem Warnschuss aus dem BND für einen Eklat in der SPD-Bundestagsfraktion sorgte. Dem keinesfalls auf Krawall gebürsteten stellvertretenden Fraktionschef Rolf Mützenich platzte der Kragen, als Steinmeier im Mai 2016 ein allzu rosiges Bild der Führung unter König Salman zeichnete, und das noch dazu im Zusammenhang mit neuen deutschen Waffenlieferungen an Riad. Ausgehend von der Frage, ob die Genehmigung zur Ausfuhr von achtundvierzig Patrouillenbooten an den Golfstaat richtig sei, entspann sich eine heftige Debatte im großen Fraktionssaal im Nordflügel des Reichstags, in der der für Außenpolitik zuständige Fraktionsvize seinem Parteifreund an der Spitze des Außenamts entschieden widersprach. »Saudi-Arabien geht im Jemen rücksichtslos gegen die Zivilbevölkerung vor«, hielt Mützenich Steinmeier vor. »Es fehlt auch die Bereitschaft, in Syrien zu einer Verständigung zu kommen. Das bringt mich dazu, zu sagen, das ist eine falsche Entscheidung.«[26]

Sigmar Gabriel, der bei der hitzigen Diskussion in der SPD-Fraktion im Frühjahr 2016 anwesend war, mischte sich nicht ein – was man angesichts des Ringens zwischen Wirtschafts- und Außenministerium um den richtigen Kurs bei den Rüstungsexporten als Zustimmung für Mützenichs Kritik an Steinmeier deuten könnte. Zwar beteuerte Mützenich Steinmeier seine Loyalität und versicherte, weiter eng mit ihm zusammenzuarbeiten. Doch im Grunde stampfte er dessen Gerede vom Verständigungskurs mit dem autoritären Regime in Grund und Boden. Und er wurde noch grundsätzlicher: »Überall, wo Spannungsgebiete sind, verbieten sich Rüstungslieferungen. Und der Golf ist leider zu einem Spannungsgebiet geworden«, sagt er im Gespräch in seinem Bundestagsbüro. Deutschland dürfe »nicht länger die Augen davor verschließen, dass Saudi-Arabien ein schwieriger Partner ist, der maßgeblich für die weltweite Verbreitung radikalislamischen Gedankenguts« verantwortlich sei. Dadurch, dass das Königshaus jeden Konflikt »primär unter dem iranisch-saudischen Machtkampf« betrachte, werde der »Aufschwung radikaler islamistischer Gruppen in Stellvertreterkriegen aller Art billigend in Kauf genommen«. Deshalb führe kein Weg daran vorbei, »die Politik gegenüber Riad auf den Prüfstand zu stellen«.

4 Syrien: Assad statt al-Qaida

Beschwingten Schritts läuft Frank-Walter Steinmeier auf den für ihn reservierten Platz zu. Gut zwei Dutzend Teilnehmer des Bergedorfer Gesprächskreises stehen auf, um den Außenminister zu begrüßen. Politikwissenschaftler und Historiker sind darunter, Leiter renommierter Thinktanks aus Saudi-Arabien und dem Iran, aus Ägypten, den Vereinigten Arabischen Emiraten, Großbritannien, Frankreich und den USA. Ein riesiger Kronleuchter hängt von der Decke, Büsten von Heinrich Heine und Maxim Gorki thronen vor den hellen Marmorwänden, die dem Saal im ersten Stock des Palais am Festungsgraben ihren Glanz verleihen. Durch die hohen Fenster fällt der Schein der Berliner Wintersonne in das vor einem Vierteljahrtausend gebaute Gebäude, das einst die Dienstwohnung des preußischen Finanzministers beherbergte und in der DDR als »Haus der Kultur der Sowjetunion« firmierte. Alles jüngere Vergangenheit angesichts des Themas, zu dem zu sprechen Steinmeier an diesem Nachmittag geladen ist: »Ein Westfälischer Frieden für den Nahen Osten?«, lautet der Titel der Veranstaltung.

Das Thema treibt den gebürtigen Ostwestfalen, der 1956 in Detmold zur Welt kam, um. Bereits zum dritten Mal innerhalb weniger Monate spricht der bekennende Reformierte über Lehren, die man aus dem Friedensschluss, der 1648 den Dreißigjährigen Krieg beendete, vielleicht für den Syrien-Krieg ziehen könnte. In aller Vorsicht, denn schnelle Urteile sind nicht das Ding des Volljuristen, der vom farblosen Staatskanzleichef Ministerpräsident Gerhard Schröders in Hannover zum Kanzleramtschef in Berlin wurde, ehe er 2005 zum ersten Mal die Leitung des Auswärtigen Amts übernahm: »Als Außenminister interessiere ich mich für Frieden und will verstehen, wie man ihn erreicht«, sagt er den versammelten Wissenschaftlern, die auf Einladung der renommierten Körber-Stiftung zusammengekommen sind.

Dass Steinmeiers Tage am Werderschen Markt gezählt sein würden, ist an diesem Novembernachmittag so gut wie sicher. Schon vor Wochen hatte SPD-Chef Sigmar Gabriel ihn als Kandidaten der Sozialdemokraten für die Bundespräsidentenwahl vorgeschlagen – drei Tage nach der Konferenz im Palais am Festungsgraben werden auch CDU und CSU dem zustimmen. Über den bevorstehenden Wechsel ins Schloss Bellevue aber verliert der Sozialdemokrat kein Wort, und auch zum Wahlsieg Donald Trumps, der nur zwei Tage zurückliegt, lediglich wenige Sätze: Man könne mit Blick auf den neuen Amtsinhaber im Weißen Haus nur das Beste hoffen; mit großer Wahrscheinlichkeit werde künftig größere Unsicherheit die transatlantischen Beziehungen prägen. Während des Wahlkampfs hatte Steinmeier Trump noch als »Hassprediger« bezeichnet – klare Worte, die er gegenüber den Herrschern am Golf nie fand.

Dann eröffnet Steinmeier die Diskussion über den »blutigsten Konflikt unserer Zeit«, wie er sagt, zieht den Bogen vom Schulterschluss protestantischer und katholischer Fürsten im 17. Jahrhundert zur Gemengelage in Syrien, die einen Frieden anders als damals heute nahezu unmöglich erscheinen lasse: In einer Krisenphase des Westfälischen Kongresses hatten kompromissbereite Gesandte unterschiedlicher Konfession – die sogenannte Dritte Partei – dafür gesorgt, dass nach dreißig Jahren Krieg endlich eine Einigung erzielt wurde. »Ich habe einige Zeit damit verbracht, nach dieser dritten Partei zu suchen, die die verfeindeten Parteien zusammenbringt«, sagt er mit einem Seufzen. Alles habe die internationale Diplomatie versucht, seitdem die friedlichen Proteste gegen Syriens Präsident Baschar al-Assad in einen bewaffneten Konflikt umschlugen – bislang vergebens: Weder die Einbindung der Großmächte Russland und Amerika noch die Hinzuziehung einflussreicher Regionalstaaten habe etwas bewirkt. »Wenn wir nicht bald neue Prioritäten setzen, wird dieser Krieg noch lange weiterwüten.« Resigniert bittet er darum, ihm mit Antworten auszuhelfen, und seien sie aus der Geschichte.

Denken in Formaten

Als ein Teilnehmer die Iran-Verhandlungen erwähnt, bei denen die fünf Mitglieder des UN-Sicherheitsrats und Deutschland nach dreizehn Jahren schließlich auch eine Lösung für den Atomkonflikt gefunden hätten, zückt Steinmeier seinen Kugelschreiber. P5+1 oder E3+3 lauten die Kürzel des Diplomatenjargons, die den Zusammenschluss von Deutschland, Frankreich, Großbritannien, Vereinigte Staaten, China und Russland umschreiben. Steinmeier denkt in solchen Formeln, spricht auch gerne einmal von »größerformatigen Verabredungen«. Ad-hoc-Gremien wie das Normandie-Format (Deutschland, Frankreich, Ukraine und Russland) zur Beilegung der Ukraine-Krise oder die International Syria Support Group (ISSG) bilden seine Welt.

Dabei sind weder die Spannungen in der Ukraine dadurch beendet worden, noch konnte die Gründung der ISSG den Kämpfen in Syrien ein Ende bereiten. Neunzehn Staaten und internationale Organisationen schlossen sich im Herbst 2015 in Wien zusammen, um nach Jahren ohne diplomatischen Durchbruch einen Neuanfang für Syrien zu wagen. Dass dies nicht gelang, hat unter anderem damit zu tun, dass Gesandte von Assads wichtigstem Verbündeten Russland in diesen Treffen den Ton angeben. Steinmeier sieht das anders; seine Nähe zu Moskau sorgte in der Großen Koalition in Berlin immer wieder für Unmut.

Wenig angetan ist er denn auch, als ein Teilnehmer des Runden Tischs darauf hinweist, dass syrische Vertreter in Wien nicht mit am Verhandlungstisch gesessen hätten. »Die Warlords haben die Stimmen der Syrer konfisziert«, sagt der Leiter eines Thinktanks aus den Vereinigten Arabischen Emiraten und stellt fest, dass es seitens der Bevölkerung durchaus die Bereitschaft zu Frieden gäbe – nicht jedoch bei den Verhandlungsdelegationen, mit denen sich die internationalen Vermittler seit Jahren herumschlügen. Die höflich formulierte Kritik an der gescheiterten Syrien-Politik des Westens ist unüberhörbar: Das Festhalten an sinnlosen Gesprächen, die Russlands Präsident Wladimir Putin durch sein Eingreifen in den Krieg der amerikanischen Regierung und seinen europäischen Partnern aufgezwungen habe, zementiere die alte Ordnung nur – und sorge dafür, dass das Regime in Damaskus an der Macht bleibe.

Steinmeier weicht der Kritik an diesem Winternachmittag im Palais am Festungsgraben aus. »Ich glaube nicht, dass ein innersyrischer Dialog ausreicht«, sagt er nur. Doch wenn sich etwas wie ein roter Faden durch die deutsche Syrien-Politik zieht, ist es die Weigerung, einen klaren Bruch mit dem Gewaltherrscher zu vollziehen. Der neue Bundespräsident steht dafür wie kein zweiter deutscher Politiker: Im Juli 2001 war Steinmeier Kanzleramtschef unter Gerhard Schröder, als dieser Assad trotz internationaler Kritik in Berlin empfing. Als Geheimdienstkoordinator im Bundeskanzleramt hatte Steinmeier damals unmittelbar mit den Machenschaften des syrischen Sicherheitsapparats zu tun, der im Zuge der Anschläge vom 11. September 2001 eng mit den westlichen Diensten zusammenarbeitete. In einem Untersuchungsausschuss wurde Steinmeier später vorgeworfen, ein Angebot der Regierung in Washington zur Auslieferung des in Bremen geborenen Murat Kurnaz nicht angenommen zu haben: Mehr als vier Jahre saß der Mann im Gefangenenlager Guantánamo auf Kuba ein, obwohl es keine Belege für terroristische Aktivitäten gab. Auch wenn der Ausschuss seine Arbeit 2009 ohne Ergebnis einstellte, hängt seitdem ein Schatten über Steinmeier.

Bereits drei Jahre zuvor hatte er Assad als erstes westliches Regierungsmitglied nach Ende des Libanon-Kriegs zwischen der Hisbollah und Israel in Damaskus besucht, um den Machthaber aus seinem Bündnis mit Iran und der libanesischen Schiitenmiliz herauszulocken. Und noch 2011, als die syrische Protestbewegung bereits die ersten Toten zu beklagen hatte, verteidigte Steinmeier die Zusammenarbeit mit dem autoritären Regime. »Manches in der Sichtweise auf die letzten zwanzig Jahre« werde »sehr kurzsichtig« dargestellt, wies er als damaliger SPD-Fraktionschef im Bundestag und Oppositionsführer Forderungen nach einer Abkehr von der Kooperation mit den auf Repression setzenden Autokratien der Region zurück. »Man kann das im Augenblick nicht öffentlich sagen, da steht man ja mit dem Rücken zur Wand.«[1]

Europa ohne Strategie

Dass er durch die Hölle gegangen ist, sieht man Mazen Darwish nicht an. Ruhig und sachlich beantwortet der syrische Menschenrechtsanwalt alle Fragen, die ihm gestellt werden.[2] Analytisch scharf, aber freundlich beschreibt er die komplizierte regionale Gemengelage, die sein Land in den Mittelpunkt der internationalen Krisendiplomatie gerückt hat – ohne dass sich irgendetwas gebessert hätte. Wie Millionen seiner Landsleute ist der Gründer des syrischen Zentrums für Medien und Meinungsfreiheit zum Warten verurteilt: In einigen Tagen wollen die Vertreter der Weltmächte wieder einmal in Genf zusammensitzen, um über mögliche Auswege aus dem Morden in Syrien zu beraten. Wann genau, weiß Darwish nicht. »Wir erfahren das aus den Medien«, sagt er und lacht – nur zehn Monate, nachdem er einem von Syriens Foltergefängnissen entkommen ist.

Mehr als ein halbes Jahrzehnt toben die Kämpfe in seinem Heimatland nun schon, ein Stellvertreterkrieg um die Vormacht in Nahost, in der Saudi-Arabien und Iran, die Türkei und Katar, aber natürlich auch Russland und die USA ihre ganz eigenen Interessen verfolgen. Und dessen Ende nicht in Sicht ist, selbst wenn in den Luxushotels in Lausanne oder Genf immer wieder Diplomaten und Außenminister zu Gesprächen zusammenkommen. Mazen Darwish ist einer der syrischen Vertreter, die in der Schweiz über jene ferne Zukunft beraten, wenn die Waffen in Syrien tatsächlich eines Tages schweigen sollten. Allerdings am Katzentisch: Für die Vertreter der Zivilgesellschaft, die die Proteste gegen die Diktatur Baschar al-Assads 2011 ins Rollen brachten, sind nur in einem Nebenraum des Verhandlungshotels Plätze reserviert. Dabei ist Darwish einer der stillen Helden der syrischen Revolution, die sich für Menschenrechte und Demokratie einsetzten, lange bevor islamistische Milizen wie Ahrar al-Sham oder die Nusra-Front das Bild des Konflikts in den Augen der Weltöffentlichkeit zu prägen begannen.

Kurz nach dem Tod von Hafez al-Assad und der Machtübernahme durch dessen Sohn im Sommer 2000 erweckte der Jurist und Journalist das in den Jahren der Baath-Diktatur an den Rand gedrängte Komitee zur Verteidigung von Demokratie und Menschenrechten wieder zum Leben. In der als »Damaszener Frühling« bezeichneten Tauphase nach dem Amtsantritt des als Hoffnungsträger gehandelten jungen Präsidenten setzte er sich für die Abschaffung der Notstandsgesetze ein und organisierte rechtliche Unterstützung für politische Gefangene und deren Familienangehörige. 2004 schließlich folgte die Gründung des Zentrums für Medien und Meinungsfreiheit – eine kritische Plattform, die allein bis zum Beginn der Massenproteste 2011 dreimal von Assads Geheimdiensten geschlossen wurde. Tausende Seiten Papier, welche die Verletzung von Menschen-, Bürger- und Freiheitsrechten dokumentierten, wurden beschlagnahmt. Auch Darwish selbst wurde im ersten Aufstandsjahr mehrmals verhaftet.

Großes Aufheben um seine eigene Rolle in der Graswurzelbewegung, die inspiriert war von den Protesten in Tunesien, Libyen und Ägypten, macht Darwish nicht. Auch wenn er mit Preisen überschüttet wurde – vor allem nach seiner letzten Verhaftung. 2012, wenige Monate nach Gründung der Lokalen Koordinierungskomitees, welche die friedlichen Proteste in den von der Opposition gehaltenen Gebieten organisieren, sperrten die Sicherheitskräfte ihn ein. Gefoltert wurde er, wie Zehntausende andere politische Gefangene. Erst im Oktober 2015, nachdem sich die Vereinten Nationen über Jahre auf höchster Ebene für ihn eingesetzt hatten, kam er frei. Der Bruno-Kreisky-Preis für die Verteidigung der Menschenrechte war ihm da schon verliehen worden, Reporter ohne Grenzen hatte ihn zum Journalisten des Jahres ernannt und der PEN-Club ihn in Abwesenheit gemeinsam mit Salman Rushdie mit dem renommierten Pinter-Preis ausgezeichnet. Für Darwish aber zählt anderes mehr: Seine Kollegen aus dem Zentrum für Medien und Meinungsfreiheit, die 2012 mit ihm inhaftiert wurden, sitzen bis heute im Gefängnis. Auch für ihre Freiheit tritt er ein.

Illusionen aber gibt er sich keinen hin: »Die Verhandlungen in Genf haben noch gar nicht begonnen«, sagt er knapp ein Jahr nach seiner Freilassung. Der Bundesregierung ist er zwar dankbar dafür, dass sie ihm seinen Aufenthalt in Berlin ermöglicht hat. Deutschland ist der größte Geber humanitärer Hilfe in Syrien und der Region, ein wichtiger Beitrag angesichts von Millionen Flüchtlingen im Kampfgebiet und den Anrainerstaaten. Doch »eine zentrale politische und moralische Rolle«, wie es der europäischen Führungsmacht anstünde, spiele sein Gastland nicht, kritisiert Darwish. Humanitäre Gesten könnten eine politische Lösung nun einmal nicht ersetzen. Dass Diskussionen über eine Flugverbotszone für die syrische Luftwaffe erst dann begonnen hätten, als der russische Kriegseintritt diese unmöglich gemacht habe, zeige doch, wie inkohärent seitens der EU vorgegangen werde. Eine europäische Syrien-Strategie sei auch ein halbes Jahrzehnt nach Beginn des Konflikts nicht einmal in Ansätzen zu erkennen.

Das gilt aus seiner Sicht für alle Bereiche, die eigentlich seit Jahren auf den Verhandlungstisch gehörten. Bereits im Sommer

2012 hatten sich die damaligen Außenminister Amerikas und Russlands, Hillary Clinton und Sergej Lawrow, auf den Beginn eines politischen Übergangsprozesses geeinigt, an dem nicht nur Regimevertreter, sondern auch Oppositionsangehörige beteiligt werden sollten. Zwar blieb die Frage nach der Zukunft Assads offen, doch Konsens herrschte, dass nur eine breite Beteiligung aller Konfliktakteure ein Ende der Gewalt bringen könne. Es kam anders: Dem von Clinton und Lawrow unterzeichneten Genfer Kommuniqué von Juni 2012 folgten Anfang 2014 und Anfang 2016 Genf 2 und Genf 3. Mehrwöchige Verhandlungsrunden, die am Ende immer scheiterten, weil in Syrien die Kämpfe eskalierten – und alle Seiten immer weiter aufrüsteten: Assad mithilfe russischer und iranischer Waffen sowie schiitischer Milizionäre aus dem Libanon, Irak und Afghanistan und die sunnitischen Oppositionsmilizen durch militärische und finanzielle Unterstützung der arabischen Golfstaaten, der Türkei und Jordanien.

Die Täter zur Rechenschaft ziehen

Für die Diplomatie blieb da nicht viel Platz. »Jeder hatte seine eigene Definition von Übergang«, fasst Darwish das diplomatische Scheitern zusammen, an dem auch die »Wiener Erklärung« von Herbst 2015 und Treffen der Großmächte Russland und USA nichts geändert haben. Und er moniert einen entscheidenden Punkt: »Das Prinzip der Rechenschaftspflicht taucht nicht auf, weder im Genfer Kommuniqué noch in den Papieren, die danach verfasst wurden.« Dabei ist ein entscheidendes Merkmal noch jedes erfolgreichen Friedensprozesses gewesen, die Verantwortlichen für Menschenrechtsverletzungen und Kriegsverbrechen zur Rechenschaft zu ziehen – auf allen Seiten. Serbiens Präsident Slobodan Milošević etwa wurde vom Kriegsverbrechertribunal für das ehemalige Jugoslawien in Den Haag angeklagt, obwohl er noch bei den Bosnien-Friedensverhandlungen von Dayton mit am Verhandlungstisch gesessen hatte.

Das ging nur, weil die internationale Gemeinschaft entschlossen war, die Konfliktparteien wirklich zu einem Ende der Gewalt zu zwingen – gegebenenfalls unter eigenem Einsatz von Gewalt. Doch dazu sind die Vertreter jener Staaten nicht willens, die die damals wichtigste Oppositionsvertretung, den Syrischen Nationalrat, bereits 2012 als »legitime Vertretung des syrischen Volks« anerkannten, allen voran die Europäische Union: »Wir würden uns wünschen, dass Europa die zentrale moralische Rolle einnimmt, damit Rechenschaftspflicht und Übergangsjustiz integraler Bestandteil des Verhandlungsprozesses werden«, sagt Darwish.

Seine Erfahrungen mit den Diplomaten in Genf und Berlin, wo er seit seiner Entlassung aus der Haft lebt, sind jedoch andere. Leere Phrasen habe er viele gehört, seitdem er wieder in Freiheit ist, sagt er. Letztlich mangele es im Westen an Empathie für die Opfer – und daran, den eigenen Worten Taten folgen zu lassen. Dabei brauche die von Krieg, Hunger und Hass zerrüttete syrische Gesellschaft klare Werte, um in einer Nachkriegsordnung wieder zusammenzufinden. Werte, wie sie europäische Politiker aber nur in Sonntagsreden von sich gäben. »Es wird keine Gerechtigkeit geben, ohne dass die Hauptverantwortlichen für große Verbrechen, große Massaker und große Menschenrechtsverletzungen zur Rechenschaft gezogen werden«, ist er sich sicher.

Damit meine er nicht nur Assad, auch wenn klar sei, dass es für den Machthaber, der die Hauptschuld trage an mehr als vierhunderttausend Toten, keine Zukunft mehr im politischen Leben seines Landes geben dürfe. Islamistische Milizenführer, die Schuld auf sich geladen haben, müssten ebenfalls von Gerichten verurteilt werden. Davon gibt es viele: Die Menschenrechtsanwältin Razan Zeitouneh, die mit Darwish zusammen das renommierte Violations Documentations Center gründete, wurde 2013 im Damaszener Vorort Douma von Mitgliedern der bewaffneten Gruppe

Jeish al-Islam entführt – seitdem fehlt von ihr jede Spur. Daran, dass sie noch lebt, glauben ihre Angehörigen und Mitstreiter längst nicht mehr. Doch die Drohung mit einer Anklage, davon ist Darwish überzeugt, könnte zumindest den Druck auf die ausländischen Unterstützer der Kidnapper erhöhen, Informationen über den Verbleib seiner Gesinnungsgenossin zu erlangen. Und das gelte natürlich auch für Assad, dem es seit Jahren gelinge, die internationale Gemeinschaft an der Nase herumzuführen – darin militärisch, wirtschaftlich und politisch unterstützt von seinen Verbündeten Iran und Russland.

Kein Druck auf den Diktator

Glaubwürdigen Druck aufgebaut auf das Assad-Regime haben die EU-Staaten seit Beginn des Konflikts 2011 nicht. Anders als ihre regionalen Verbündeten in der Türkei und im Golf-Kooperationsrat zogen auch die USA unter Barack Obama eine militärische Option nie ernsthaft in Betracht – im Unterschied auch zu seinem Vorvorgänger Bill Clinton nach dem Massenmord an Tausenden muslimischen Jungen und Männern in Srebrenica in Bosnien-Herzegowina 1995. Die amerikanischen Luftangriffe auf Stellungen der bosnischen Serbeneinheiten Radovan Karadžićs rund um Sarajevo leiteten den Anfang vom Ende des Kriegs ein, Milošević zeigte sich danach erstmals zu ernsthaften Verhandlungen bereit. Diese mündeten auf dem amerikanischen Luftwaffenstützpunkt Dayton in der Unterzeichnung eines Friedensvertrags, der dem Land zwar keinen Wohlstand, aber inzwischen mehr als zwanzig Jahre ohne bewaffnete Auseinandersetzungen gebracht hat.

Auch die Einrichtung der Flugverbotszone im Nordirak 1991 galt syrischen Oppositionellen bereits im ersten Aufstandsjahr als Vorbild: Keine westliche Intervention nach den schlechten Vorbildern Afghanistan und Irak 2003 wollten sie, sondern wirksamen Schutz gegen die Angriffe der syrischen Luftwaffe – und ein

Rückzugsgebiet für Zivilisten. Das Prinzip der »Responsibility to Protect«, der Schutzverantwortung, das die Vereinten Nationen nach den Erfahrungen der Genozide von Ruanda und von Srebrenica als legitimen Grund für ein militärisches Eingreifen von außen entwickelt hatten, stand dabei Pate. Stattdessen steht abermals ein Versagen der Weltgemeinschaft: Allen Verhandlungen zum Trotz geht das Morden weiter – auch nach dem Giftgasangriff auf Oppositionsviertel am Ostrand von Damaskus im August 2013 mit mehr als 1 200 Toten. Und das, obwohl Obama für den Einsatz von Chemiewaffen ein Jahr zuvor eine »rote Linie« gezogen hatte, die zu übertreten eine amerikanische Intervention zur Folge haben würde.

Ein leere Drohung – und ein für Tausende Menschen todbringendes, weil nicht eingehaltenes Versprechen, das den Krieg möglicherweise um Jahre in die Länge gezogen hat. Auch John Kerry, der als amerikanischer Außenminister bis zum Ende seiner Amtszeit Anfang 2017 die Verhandlungen mit seinem russischen Counterpart Lawrow führte, sieht den Sommer 2013 als Wendepunkt im Syrien-Konflikt, in dem der Westen enorm an Glaubwürdigkeit gegenüber der Oppositionsbewegung eingebüßt habe. Er habe sich seinerzeit für Luftschläge auf Einrichtungen und Stützpunkte eingesetzt, sei von Obama aber ignoriert worden, sagte er im Herbst 2016 gegenüber Repräsentanten der syrischen Zivilgesellschaft in Genf, als sich die Hoffnung auf einen Waffenstillstand wieder einmal zerschlagen hatte.[3] Grund dafür war der russische Angriff auf einen UN-Hilfskonvoi, der Nahrung und Medizin zu den vom Regime eingekesselten Menschen im Osten Aleppos bringen sollte.

Für Volker Perthes war das nur einer von vielen Rückschlägen, die er seit seiner Ernennung zu einem der Unterhändler des Syrien-Sondergesandten der Vereinten Nationen Staffan de Mistura hinnehmen musste. Die Taskforce für einen Waffenstillstand leitet Perthes in Genf und ist damit Deutschlands wichtigster Vertreter bei den Verhandlungen. Zum Team de Misturas stieß der Direktor der Stiftung für Wissenschaft und Politik (SWP) kurz nachdem die russische Intervention die Koordinaten des Konflikts im September 2015 dramatisch verändert hatte. Mit dem logistischen Großmanöver, innerhalb weniger Wochen an der syrischen Mittelmeerküste bei Tartus einen voll einsatzbereiten See- und Luftwaffenstützpunkt zu schaffen, gelang es den Generälen Wladimir Putins, die westlichen Sicherheitsratsmächte vor sich herzutreiben: Sowohl die Bildung der International Syria Support Group (ISSG) in Wien, die nach dem Vorbild der Balkan-Kontaktgruppe der 1990er Jahre die wichtigsten internationalen Konfliktbeteiligten zusammenbrachte, rang er Obama danach ab – und das stillschweigende Eingeständnis, die Zukunft Assads bewusst offenzulassen.

Festhalten an Assad

Das vorläufige Festhalten an dem Diktator ist eine Lehre aus dem Staatszerfall im Irak nach dem Sturz Saddam Husseins. Dort hatten die amerikanischen Besatzer die Armee 2003 zerschlagen und Mitglieder der Baath-Partei aus der Nachkriegsbürokratie ferngehalten. Unter allen Umständen bewahrt werden müssten Syriens Verwaltung, Armee und Sicherheitsapparat, heißt es in der »Wiener Erklärung« von November 2015, welche die Leitlinien für die Syrien-Kontaktgruppe ISSG vorgibt. Oppositionelle wie der Menschenrechtsanwalt Darwish kritisieren, dass das ausgerechnet jenen Institutionen das Überleben sichere, die schon lange vor Beginn des Aufstands der Repression im Inneren gedient hätten – ohne jemals damit aufzuhören.

Perthes kennt Syrien seit den 1980er Jahren. Er hat in Damaskus studiert und geforscht, Freundschaften geschlossen – natürlich auch mit Oppositionellen. Männer und Frauen, die nichts mit den islamistischen Milizenführern gemein haben, die seit Obamas Rückzieher 2013 zunehmend das militärische Bild in Syrien prägen. Und die daran verzweifeln, dass die Assad-Gegner der ersten Stunde inzwischen als naive Weltverbesserer abgetan werden, die nicht begriffen hätten, dass zunächst einmal die Ableger al-Qaidas besiegt werden müssten – von Fall zu Fall eben auch mit Einheiten des Regimes. Auch mit Assad persönlich kam Perthes zusammen: 2007 begleitete er die damalige Entwicklungsministerin Heidemarie Wieczorek-Zeul zu ihrem Treffen mit dem Staatschef in Damaskus. »Wir kennen deine Freunde«, ließ Assad Perthes im Präsidentenpalast wissen, und es war nicht freundlich gemeint. Als der UN-Sondergesandte de Mistura ihn Jahre später den syrischen Stellen als einen seiner Unterhändler vorstellte, legten diese ihr Veto ein. Seinen Posten als Verhandler aber behielt Perthes, bei aller Frustration über ausbleibende Erfolge. »Wann immer dieser Krieg ermüdet oder ermattet, wird sich ein Waffenstillstand nicht durchsetzen lassen ohne eine internationale Friedensmission«, sagt er und fügt hinzu: »auch wenn das kein einfacher Einsatz würde, sondern einer, der ein robustes Mandat brauchte«.[4]

Wäre es nach ihm gegangen, hätte die internationale Gemeinschaft nie zulassen dürfen, dass Syrien so in Gewalt versinkt. Immer wieder erinnerte er in Aufsätzen und Vorträgen daran, dass der Konflikt als Aufstand einer friedlichen, erst durch das gewaltsame Vorgehen der staatlichen Sicherheitskräfte zur Selbstverteidigung gezwungenen Protestbewegung begann. Perthes, der vor allem die älteren Oppositionsvertreter kannte, die im Zuge des »Damaszener Frühlings« zu Beginn der 2000er Jahre jüngere Syrer für Freiheit und Demokratie begeisterten, war 2011 selbst ganz begeistert und überrascht von dem, was sich in dem Land abspielte, das er schon so lange kannte: »von der Fähigkeit, sich trotz der Internet- und Telefonüberwachung durch das Regime quer durchs Land zu koordinieren«, davon, »wie unideologisch und kooperationsfähig diese Generation ist« und »von ihrem Durchhaltevermögen«.[5] Ein neues, pluralistisches Syrien sah Perthes im Werden begriffen, mit unterschiedlichen Gruppen, von denen sich schon feststellen ließe, welche glaubwürdig seien und »einen relevanten Teil des politischen und gesellschaftlichen Spektrums« repräsentierten.

Die Zeichensprache des Westens

Ein halbes Jahr nach Beginn der Proteste – die ersten Soldaten hatten da bereits Assad die Loyalität aufgekündigt und die Seiten gewechselt, um sich der neu gegründeten Freien Syrischen Armee (FSA) anzuschließen – war sich Perthes sicher: »Das Regime kann nicht mehr gewinnen. Selbst wenn es ihm gelingen würde, die Proteste mit äußerster Gewalt niederzuschlagen, würde es gleichwohl verlieren.« Zugleich aber schätzte er das Risiko als enorm ein, dass Assad den »eigenen Abgang blutig verzögern« werde, sollte die internationale Gemeinschaft nicht zu einer klaren Haltung finden, die über Sanktionen für ihn und seine Entourage hinausgingen. »Wichtiger ist hier das Signal an andere: an die noch sehr vielen Unentschiedenen in Regierung, Bürokratie und Militär, die sich nicht sicher sind, dass die USA und Europa nicht doch am Ende bereit sind, wieder mit Assad zu kooperieren. Sie müssen verstehen, dass das Regime international keine Akzeptanz mehr finden wird.«

Nichts anderes als eine »rote Linie« forderte Perthes deshalb im Herbst 2011, eine allerdings, die deutlich über das hinausging, was die Bundesregierung im Rahmen der EU zu diesem Zeitpunkt bereits mitgetragen hatte: das Einfrieren von Konten und Einreiseverbote für Repräsentanten des Regimes sowie von Unterstützern aus der Wirtschaft. Für den Kenner der syrischen Eliten bestand kein Zweifel daran, dass diese »die Zeichensprache ihrer regionalen und internationalen Partner und Gegner« genau zu lesen imstande waren, und da fehlte eben ein deutliches Signal der Abschreckung. »Die Botschaft, dass die internationale Gemeinschaft es dem Regime nicht durchgehen lässt, weiter Krieg gegen sein Volk zu führen, ist bislang noch nicht glaubwürdig gesendet worden.«

Eine naheliegende Erkenntnis, doch sowohl in den Generalstäben der NATO-Streitkräfte wie in den europäischen Hauptstädten und in Washington war diese Ende 2011 alles andere als Common Sense. Zu stark hatte man sich Assad in den Jahren zuvor angenähert, hatte diplomatisch versucht, ihn aus der Achse mit dem Iran und der libanesischen Schiitenmiliz Hisbollah herauszulösen – um so einen Frieden mit Israel in die Wege leiten zu können. Steinmeier besuchte Assad deshalb 2006 in Damaskus, der französische Präsident Nicolas Sarkozy lud ihn 2008 zur Militärparade auf die Champs-Élysées in Paris ein. Die internationale Isolierung, der sein Regime in den Jahren zuvor wegen der Unterstützung islamistischer Milizen im Irak ausgesetzt gewesen war, war gerade erst zu Ende – und der Westen nicht zu neuen Drohgebärden breit.

Etwas, was der Direktor der Stiftung Wissenschaft und Politik als Regierungsberater zu verändern versuchte. Denn er fürchtete, dass es Assad abermals gelingen würde, die Sanktionen auszusitzen – so wie in den Jahren nach dem Mord an Libanons langjährigem Ministerpräsidenten Rafiq al-Hariri 2006, in dessen Folge die USA und Frankreich ihn mit Sicherheitsratsresolutionen zum Rückzug der syrischen Truppen aus dem kleinen Nachbarland zwangen. Man sollte »sehr vorsichtig sein, nicht durch ständige Erklärungen dazu, was die NATO nicht zu tun gedenkt, Assad das Gefühl geben, das er tun kann, was er will«, warnte Perthes – ausdrücklich ohne für einen neuen Bellizismus zu werben. Sicherlich wolle kein NATO-Staat einen weiteren Krieg, stellte er klar, und auch gehe es dem westlichen Verteidigungsbündnis und seinen Mitgliedsstaaten nicht darum zu entscheiden, »wer in Syrien regiert oder welchen außenpolitischen Kurs das Land einschlägt«. Doch »dulden, dass eine Regierung in unserem gemeinsamen europäisch-mediterranen Raum ihre Bevölkerung massakriert«, könne man eben auch nicht. »Und deshalb ist bei aller Zurückhaltung keine Option ausgeschlossen.«

Die Balkan-Pipeline

Für Saudi-Arabien, Katar, die Vereinigten Arabischen Emirate und die Türkei bildete der Sturz Assads nach Ausbruch der Massenproteste in Daraa, Damaskus, Homs und Aleppo sehr bald eine Option – seit Spätsommer 2011, als sich Deserteure in Flüchtlingslagern in der Türkei zur FSA zusammenschlossen, auch militärisch. Zwar unterstützten die Regierungen in Abu Dhabi, Ankara, Doha und Riad die Vermittlungsmission des früheren UN-Generalsekretärs Kofi Annan, der im Auftrag von Vereinten Nationen und Arabischer Liga ein Ende der Konfrontation zwischen Regierungs- und Oppositionsanhängern erreichen wollte. Doch hinter den Kulissen bereiteten die wichtigsten sunnitischen Führungsmächte der Region längst vor, was sich zu einer einzigartigen Aufrüstungswelle entwickeln sollte – gedeckt von der amerikanischen Central Intelligence Agency (CIA) und von europäischen Staaten, die sich nicht an internationale Waffenkontrollverträge gebunden sahen. Die sogenannte Balkan-Pipeline sorgte für Profite in Milliardenhöhe für die Rüstungsindustrien in den früheren jugoslawischen Teilrepubliken Bosnien, Montenegro und Serbien, aber auch in den EU-Staaten Kroatien, Tschechien und Slowakei, Rumänien und Bulgarien.[6]

Die Empfänger der Waffen waren jedoch nicht jene syrischen Oppositionellen, die weiter täglich für Freiheit und Mitbestimmung auf die Straße gingen, sondern Extremistengruppen. Diese sahen in der Auflösung staatlicher Strukturen ihre Chance gekommen, eigene Herrschaftsgebiete zu errichten. Sie wurden von den autoritären Monarchien am Golf über Umwege mit den Waffen aus Mittel- und Osteuropa ausgerüstet. Ziel: die Kontrolle eines weiteren arabischen Staats durch den schiitischen Iran zu verhindern. Ein Plan, der aufging, wie das investigative Journalistennetzwerk Balkan Investigative Reporting Network (BIRN) gemeinsam mit Rechercheuren des Organized Crime and Corruption Reporting Project (OCCRP) herausfand. In akribischer

Kleinarbeit trugen die Journalisten die Details der umfangreichen Waffenlieferungen zusammen, nachdem es in Kroatien bereits Ende 2012 erste Berichte über eine Häufung von Transportflugzeugen jordanischer Herkunft gegeben hatte, die von Zagreb aus Richtung Nahost flogen.[7]

Das war nur der Anfang eines unkontrollierten Zustroms an Kriegswaffen, der zumindest zum Teil für die Flucht Hunderttausender Syrer Richtung Europa verantwortlich ist. In der Folge entwickelten sich Bratislava, Belgrad und Sofia zu den wichtigsten Abflughäfen für die Transporte, die Infanteriewaffen aus jugoslawischen Beständen an Bord hatten, darunter Kalaschnikow-Sturmgewehre, Raketenrohre und Minenwerfer, aber auch Grad-Raketenwerfer bulgarischer Bauart. Diese wurden in Dutzenden Flügen nach Saudi-Arabien, Jordanien und die Vereinigten Arabischen Emirate gebracht, wo sie zum Weitertransport für den Krieg in Syrien umgeladen wurden, schreiben die investigativen Journalisten. Bestätigt werden die Deals von höchster Stelle: Sowohl Serbiens Ministerpräsident wie der Regierungschef der Slowakei gaben zu, grünes Licht für die Waffenlieferungen erteilt zu haben.

Gegen europäisches und internationales Recht verstoßen die Lieferungen gleich in mehrfacher Hinsicht. So hielten sich die EU-Mitgliedsländer und die Beitrittskandidaten nicht an die Anforderungen des »Gemeinsamen Standpunkts« des Rats der EU, der strenge Bedingungen an den Export von Rüstungsgütern in Krisengebiete legt.[8] Sowohl der Beachtung der Menschenrechte im Empfangsland sowie den Gefahren eines Missbrauchs des konkreten Rüstungsguts kommt bei der Prüfung besondere Bedeutung zu. Auch reicht die Einholung von Endverbleibszertifikaten nicht aus, wenn klar ist, dass die Waffen für ein Kriegsgebiet bestimmt sind. Außerdem haben alle Exportländer den 2014 verabschiedeten UN-Waffenhandelsvertrag ATT (Arms Trade Treaty) unterzeichnet, der erstmals international verbindliche einheitliche Mindeststandards für den Export von Rüstungsgütern festlegt.[9]

Eingehalten haben die osteuropäischen Staaten ihn nicht, und trotzdem haben die Transporte nicht aufgehört. 2015 war laut BIRN bislang das Jahr mit den höchsten Umsätzen: Auf der Prinz-Sultan-Luftwaffenbasis im saudischen Al-Kharj ebenso wie auf der Al-Dhafra-Basis in Abu Dhabi landeten die Flieger, aus der Slowakei und Bulgarien übernahm die Jordan International Air Cargo, die zur jordanischen Luftwaffe gehört, einen Teil der Transporte. Angesichts der Ausweitung des Kriegs durch Assad und seine russischen sowie iranischen Verbündeten 2016 dürfte sich daran so schnell nichts ändern, schreiben die Journalisten.

Auf 829 Millionen Euro beläuft sich deren Recherchen zufolge der Wert von Waffen und Munition, die über die Balkan-Pipeline von 2012 bis 2016 in Saudi-Arabien landeten. Jordanien importierte laut offiziellen Statistiken im selben Zeitraum Kriegsmaterial in Höhe von 155 Millionen Euro, die VAE für 135 Millionen und die Türkei für 87 Millionen Euro aus den acht ost- und mitteleuropäischen Staaten. Insgesamt macht das 1,2 Milliarden Euro, wobei die Dunkelziffer weit höher liegen dürfte: Allein zwischen Anfang Juni und Anfang Juli 2015 sollen laut Recherchen des investigativen Netzwerks neunundvierzig Transportflüge mit Waffen an Bord am Flughafen Belgrad abgefertigt worden sein. Oft hätten die Flüge noch an einem anderen Ort einen Zwischenhalt eingelegt, um in Drittstaaten weiteres Gerät mit aufzunehmen.

Aufrüstung ohne Diskussion

Eine zentrale Rolle bei der geheimen Aufrüstung, die gegen den UN-Waffenhandelsvertrag verstößt, soll die CIA gespielt haben. Das bestätigte der frühere amerikanische Botschafter in Damaskus Robert Ford, der sich früh für die Bewaffnung der Freien Syrischen Armee (FSA) eingesetzt hatte und aus Protest gegen Obamas Zurückhaltung im Syrien-Konflikt 2014 zurücktrat. Sowohl in Jordanien wie in der Türkei sind demnach Operationszentren entstanden, in denen die Mitarbeiter des amerikanischen Geheimdiensts gemeinsam mit arabischen und türkischen Vertrauten entschieden, in wessen Hände die Waffen in Syrien gelangen sollten. Das Verfahren ist aus anderen Konflikten bekannt: Auch während des Bosnien-Kriegs hatten die USA muslimische Gruppen über Zagreb mit geheimen Waffenlieferungen aufgerüstet. Einmal ausgeliefert, konnte die CIA den Verbleib der Waffen in Syrien allerdings nicht mehr kontrollieren – die von den europäischen Lieferanten eingeholten Endverbleibserklärungen erwiesen sich damit als nutzlos. Außerdem fanden arabische und türkische Offiziere von Beginn an Wege, ihnen verbundene Milizen mit Waffen auszustatten, an den Amerikanern vorbei.

Im Oktober 2014 kritisierte der amerikanische Vizepräsident Joe Biden dieses Vorgehen scharf. »Was haben die Saudis und die Emiratis denn gemacht?«, sagte er auf einer Veranstaltung an der Harvard-Universität im amerikanischen Bundesstaat Massachusetts. »Sie waren so entschlossen, Assad zu stürzen und einen sunnitisch-schiitischen Stellvertreterkrieg anzuzetteln, dass sie Hunderte Millionen Dollar und Tausende Tonnen Waffen an jeden gaben, der bereit war, Assad zu bekämpfen. Auch wenn diejenigen, die damit ausgestattet wurden, al-Nusra und al-Qaida waren sowie extremistische Dschihadistenelemente aus anderen Teilen der Welt.«[10] Außerdem habe der türkische Präsident Recep Tayyip Erdoğan ihm gegenüber eingestanden, dass es ein Fehler gewesen sei, Extremisten in großer Zahl nach Syrien einreisen zu lassen. Danach jedoch kam es zum diplomatischen Eklat, und Biden ruderte zurück. Erdoğan verlangte eine Entschuldigung, ansonsten sei der Vizepräsident »für mich Geschichte«. Der Staatsminister für auswärtige Beziehungen der Vereinigten Arabischen Emirate Anwar Gargash sagte, die Darstellung Bidens sei »weit weg von der Wahrheit«

und hinterlasse eine »negativen und ungenauen Eindruck« der Politik seines Landes. Dass die beispiellose Aufrüstungswelle der Oppositionsmilizen ohne Debatte darüber stattfand, welche Rolle EU-Mitgliedsstaaten und -Beitrittskandidaten bei der Eskalation des Kriegs spielen, ist ein Skandal. Das für viele Seiten profitable Vorgehen, Stellungen von Milizen zu bombardieren, die von den eigenen arabischen Verbündeten mit Waffen ausgestattet wurden, geht in Syrien in immer neue Runden – ohne dass es von den Bürgern der beteiligten Staaten überhaupt zur Kenntnis genommen würde. Anstatt für Abrüstung einzutreten, schließen Politiker in Berlin, Brüssel und anderswo die Augen bei Verstößen gegen den Waffenhandelsvertrag ATT.

So auch auf der Rüstungsmesse Euronaval in Paris, die vom französischen Verteidigungsministerium ausgerichtet wird – und auf der im Oktober 2016 mehr als neunzig Aussteller aus siebzig Staaten ihre Waren zur Schau stellten. Darunter der staatliche russische Waffenproduzent Rosoboronexport, dessen Vorstandsvorsitzender Anatoly Isaikin sich damit brüstete, dass der Militäreinsatz seines Landes »gutes Anschauungsmaterial liefert für russische Waffen«.[11] Dass die NATO-Verteidigungsminister unmittelbar im Anschluss an die Euronaval in Paris zusammenkamen, um über ihr weiteres militärisches Vorgehen in Syrien zu beraten, zeigt, wie wenig wert die Worte von einer politischen Lösung des Konflikts noch sind – und wie sich das westliche Verteidigungsbündnis abhängig gemacht hat von den Scharfmachern in der Region. Eine verhängnisvolle Politik, die in der Leisetreterei gegenüber Regimes wie dem in Riad ihren Ursprung hat – und im Umgang mit dem NATO-Verbündeten Türkei, dessen Syrien-Politik entscheidend zum Erstarken islamistischer Kräfte beigetragen hat.

Die Türkei stellt Weichen

So wie der russische Kriegseintritt im September 2015 bedeutet auch die Syrien-Intervention der Türkei eine Zäsur. Unterstützt von Kampffliegern überquerten mehr als 20 Panzer im August 2016 auf breiter Front die türkische Südgrenze bei Dscharabulus. Syrischen Aufständischen ermöglichte der Einmarsch die Rückeroberung der 2013 vom Islamischen Staat eingenommenen Stadt. Die von der türkischen Führung seit Entstehung der Freien Syrischen Armee immer wieder geforderte Einrichtung einer Schutz- oder Pufferzone im eigenen Grenzgebiet wurde damit Realität. Die USA, aber auch europäische NATO-Partner der Türkei wie Deutschland hatten diese immer abgelehnt – mit der Begründung, dass nicht genügend Ressourcen vorhanden seien, um diese militärisch gegen syrische Angriffe zu verteidigen. So aber hatte Ankara Fakten geschaffen, die auch für eine mögliche Nachkriegsordnung bedeutende Folgen haben könnten: Sollte es eines Tages zur Entsendung einer internationalen Schutztruppe kommen, um die Konfliktparteien auseinanderzuhalten, werden türkische Einheiten eine entscheidende Rolle spielen.

Mittelfristig aber hat der türkische Präsident Erdoğan mit der Invasion etwas anderes erreicht: Der letzte Korridor, den der Islamische Staat bis dahin im Norden Syriens noch hielt, um aus der Türkei Nachschub zu erhalten, wurde geschlossen. Darauf hatte Washington lange gedrängt. Für die Kehrtwende in Erdoğans Syrien-Politik, die zunächst von der unter anderem konfessionell motivierten Gegnerschaft zum alawitischen Assad bestimmt war, gibt es zwei Gründe: Zum einen hatten IS-Kämpfer 2015 damit begonnen, auch in der Türkei Anschläge zu verüben – Hunderte Menschen sind seitdem in Ankara, Antalya, Gaziantep und Istanbul bei Selbstmordattentaten getötet worden. Zum anderen war es dem syrischen Ableger der von Erdoğan bekämpften und in Deutschland als Terrororganisation verbotenen Arbeiterpartei Kurdistans (PKK) gelungen, sich zur wichtigsten Bodentruppe der internationalen Anti-IS-Allianz aufzuschwingen. Seit der Rückeroberung der Grenzstadt Kobane vom IS Anfang 2015 gelten die syrischen Volksverteidigungseinheiten (YPG) in Washington als verlässlichster Partner im Kampf gegen die Dschihadisten.

Diese politische und militärische Aufwertung seiner Gegner durch die NATO konnte Erdoğan nicht recht sein. Deshalb hatte er bis zu seinem Richtungswechsel den IS in Nordsyrien nicht bekämpft, sondern ihn unterstützt. »Der Feind meines Feindes ist mein Freund«, lautete die Devise. Eine Politik, über die Deutschland als wichtigster europäischer Partner der Türkei stillschweigend hinwegschaute: Zu sehr schätzte man in Berlin, dass Ankara die EU mit der Unterbringung von mehr als zwei Millionen Kriegsflüchtlingen vor einem Massenansturm mittelloser Syrer bewahrt hatte, zumindest bis Sommer 2015. Doch das Stillhalteabkommen gab es nur zu einem hohen Preis: Aus Flüchtlingslagern und türkischen Dörfern im Grenzgebiet zu Syrien erlaubten Ankaras Geheimdienste und Grenzer IS-Kämpfern über Jahre freien Zugang ins Kampfgebiet; sie wurden in der Südtürkei mit Nachschub ausgestattet, ihre Verwundeten in türkischen Krankenhäusern medizinisch behandelt. Ohne die türkische Unterstützung, die zugleich gemäßigte Milizen in den nordwestsyrischen Provinzen Aleppo und Idlib schwächte, wäre der Aufstieg des IS außerhalb seiner Stammgebiete im Irak nie geglückt.

Während die Pipeline mit Waffen aus dem früheren Jugoslawien, die über Jordanien nach Südsyrien weitergegeben wurden, vor allem nichtislamistischen Gruppen zugutekam, landeten sie im Norden des Landes dank türkischer Unterstützung meist direkt in den Händen extremistischer Milizen. Erdoğans Linie war dabei klar: Eine kurdische Autonomieregion, wie sie die mit der PKK verbündete Demokratische Union Kurdistans (PYD) und deren YPG-Milizen anstrebten, sollte durch den IS verhindert werden. Der von Syriens Kurden als Rojava bezeichnete Zusammenschluss ihrer Siedlungsgebiete hatte bis zum türkischen Kriegseintritt 2016 deutliche Konturen angenommen: Dank der amerikanischen Luftangriffe trennten nur noch 80 Kilometer die beiden östlichen Kantone der syrisch-kurdischen Föderation von der Vereinigung mit dem westlichen Kanton Afrin. Ein zusammenhängendes Gebiet vom Euphrat im Westen bis zum Tigris im Osten war zum Greifen nahe. Diese Verbindung ist durch den türkischen Einmarsch gekappt. Die Intervention diente damit also nicht dem Hauptziel der Anti-IS-Allianz, die Terrorgruppe aus Nordsyrien zu vertreiben, sondern geopolitischen Interessen der Türkei.

Getrennt marschieren, vereint zuschlagen

Für die internationale IS-Allianz ergeben sich daraus Implikationen, die den Krieg weiter in die Länge zu ziehen drohen – und ohne stärkeren Druck auf Ankara kaum zu korrigieren scheinen. Denn wie im Nordirak nutzt die türkische Luftwaffe ihre Angriffe auf syrischem Territorium nur punktuell dazu, IS-Stellungen anzugreifen. Erstes Ziel bleiben Stützpunkte des PKK-Verbündeten YPG – jene Miliz also, die sowohl bei der Befreiung Kobanes wie bei der Eröffnung des Fluchtkorridors für Tausende Jesiden aus dem Sindschar-Gebirge im Sommer 2014 militärisch die entscheidende Rolle spielte. Beide Male war die Kombination aus Luftangriffen und Bodenkampf erfolgreich – und die westliche Militärintervention sinnvoll, um Massaker zu verhindern.

Diese zielgerichtete Allianz ist mit dem Eintritt des NATO-Staats Türkei in den Syrien-Krieg gefährdet. Denn die Regierung in Ankara hat sich seit dem vereitelten Putsch gegen Präsident Erdoğan im Sommer 2016 weiter radikalisiert. Zwar wurde die Gefahr, die von Gebieten unter IS-Kontrolle an der türkischen Südflanke ausgeht, spät erkannt. Doch eine wirksame Einheit mit anderen Partnern, die den Dschihadisten entgegenstehen, folgte dieser Erkenntnis nicht. Auch Deutschland hat sich nicht dazu durchringen können, das Dogma abzulegen, das aus dem PKK-Verbot erwächst: Im Auswärtigen Amt und im Bundeskanzleramt gelten die Vertreter von PYD und YPG weiter als unerwünschte Personen, obwohl an die irakische Autonomieregierung in Erbil gelieferte G36-Gewehre nachweislich auch in deren Reihen landeten.

Der symbolische Schulterschluss von Peschmerga-Einheiten und PKK-Verbündeten bei der Befreiung Kobanes müsste die Handlungslinie gegenüber den zerstrittenen Kurdenfraktionen bestimmen, nicht ideologische Festlegungen, die sich aus dem Bündnis mit dem NATO-Partner Türkei ergeben. Denn sowohl in Syrien wie im Irak sind die kurdischen Kämpfer auf Luftangriffe der Anti-IS-Koalition angewiesen, um die Terrororganisation zurückzuschlagen. Getrennt marschieren, vereint zuschlagen: Auf diesen Nenner ließe sich eine Strategie im Umgang mit Peschmerga und YPG bringen. Doch stattdessen spielen Berlin und Ankara die beiden Kurdenfraktionen gegeneinander aus, was am Ende nur dem IS nutzt – und jenen, die ein Interesse an einem langen Krieg haben, der für anhaltenden Nachschub an Waffenlieferungen sorgt. Dieser Kurs wird durch die Fixierung auf den Antiterrorkampf zementiert, Lösungsansätze für den politischen Konflikt hingegen, der Millionen Syrer 2011 gegen ein diskriminierendes System aufbrachte, geraten in den Hintergrund.

Hinzu kommt, dass durch das transnationale Vorgehen aller Konfliktparteien im Norden und Osten Syriens sowie im Nord- und Westirak eine neue Situation entstanden ist. In Syrien konnte der IS auf den Trümmern eines scheiternden Staats auch deshalb gedeihen, weil Assad-loyale Einheiten gemeinsam mit der libanesischen Hisbollah sowie irakischen und iranischen Schiitenmilizen den gemeinsamen Feind FSA bekämpften. Dem setzte der Westen nie etwas entgegen – nicht militärisch, aber auch nicht politisch oder moralisch. Alles, was den Verhandlungsführern von Genf deshalb bleibt, um zumindest den Anschein einer Lösung aufrechtzuerhalten, ist eine Alternative, die keine ist: Assad statt IS. Eine politische Lösung fehlt, die auch die Millionenhilfen der Bundesregierung zur Linderung der humanitären Notlage nicht ersetzen können.

Zwei Staaten, ein Krieg

Längst bilden die umkämpften Regionen beider Staaten einen einzigen, zusammenhängenden Kriegsschauplatz. Eine Entwicklung, die IS-Anführer Abu Bakr al-Baghdadi antizipierte, als er im Sommer 2015 die Umbenennung des Islamischen Staats im Irak und in der Levante (ISIL) in Islamischen Staat verkündete. Vor seinem Erstarken in Syrien hatte sich die Nachfolgeorganisation al-Qaidas im Irak als Islamischer Staat im Irak konstituiert – eine territoriale Ausdehnung war eigentlich nicht vorgesehen. Doch der Abnutzungskrieg zwischen den nur lose vernetzten, regional zersplitterten FSA-Milizen gegen Loyalisten des Assad-Regimes spielte ISIL bei ihrem Aufstieg in Syrien in die Hände. Ausgestattet mit mehr finanziellen Ressourcen und dank der Lieferungen durch die Golfstaaten zunehmend besser bewaffnet gelang es ihren Führern, Kämpfer von den politisch an einem pluralistischeren System orientierten Milizen abzuwerben: vor allem in den nördlichen und nordwestlichen Provinzen nahe der Türkei, aber auch in Deir al-Zour im irakischen Grenzgebiet. Das führte 2013 zum Bruch zwischen ISIL und dem syrischen Al-Qaida-Ableger Nusra Front sowie dem darauffolgenden Krieg im Krieg zwischen den beiden sunnitischen Extremistengruppen.

Das Schisma zwischen IS und Nusra-Front, die sich 2016 in Jabhat Fatah al-Sham umbenannte, ist ein weiteres Hindernis, die Militärallianz auf eine politische Linie zu bringen: Unterstützt wird der Nusra-Front-Anführer Abu Mohammed al-Dschaulani von Katar, dem neben den Vereinigten Arabischen Emiraten und Saudi-Arabien wichtigsten regionalen Partner des Westens gegen den IS. Der kleine, aber mächtige Golfstaat, der mit dem Satellitensender Al Jazeera die wichtigste Medienanstalt der islamischen Welt betreibt, hatte seit der Eskalation des Konflikts auf den syrischen Arm al-Qaidas und andere Islamistenmilizen gesetzt, um Assad zu stürzen.

Eine Linie, die immer wieder zu Blockaden bei den Gesprächen in Genf geführt hat: Russland beharrt darauf, den Kampf gegen alle Extremistengruppen zu führen. Ein Ansinnen, dass die arabischen Verbündeten der USA und der EU ablehnen, da die Grenzen zwischen nichtislamistischen und extremistischen Gruppen an vielen Orten fließend sind. Am Ende profitiert jedoch Assad von den begrifflichen Auseinandersetzungen in Genf. Schließlich hat er all seine Gegner als »Terroristen« deklariert, und zwar unabhängig davon, ob sie wie zu Beginn der Proteste 2011 lediglich Reformen des repressiven politischen Systems einforderten oder später zum Selbstschutz gegen Regimeeinheiten zu den Waffen griffen. Mit der »Wiener Erklärung«, gefeiert als Rückkehr an den Verhandlungstisch, hat der Westen sich in diese Definitionsstreitigkeiten hineinziehen lassen – und sich damit von Russland abhängig gemacht.

Auf diese Entwicklung hat die Anti-IS-Koalition bislang nicht angemessen reagiert. Sie treibt weiter vornehmlich militärische Maßnahmen voran, um die Terrororganisation zu besiegen. Dabei geht sie im Irak gemeinsam mit schiitischen Milizen wie den Asaib Ahl al-Haq gegen den IS vor, während Angehörige derselben Gruppierung in Syrien mit der libanesischen Hisbollah auf Seiten der Allianz aus russischer Luftwaffe, Assads Kampffliegern und iranischen Revolutionsgardisten stehen. Aber nicht nur deshalb ist die Hoffnung der westlichen Verhandlungsführer, über den Kampf gegen islamistische Extremistengruppen den Weg zu einer politischen Lösung zu bahnen, vergebens. Ein solches Zweckbündnis blendet aus, dass Assad den Aufstieg des Al-Qaida-Ablegers Nusra-Front ebenso zugelassen hat wie das Erstarken des Islamischen Staats. Was die autoritären Milizenführer und den Diktator in Damaskus eint, ist ihre Verachtung demokratischer Werte und menschenrechtlicher Prinzipien – ihre Hauptfeinde sind deshalb Oppositionelle wie der Freiheitskämpfer Mazen Darwish, der nur noch von seinem Berliner Exil aus auf die Verfolgung von Kriegsverbrechern pochen kann.

Daran führt am Ende kein Weg vorbei, hat doch die Vergangenheit gezeigt, dass Friedensschlüsse vor allem dort brüchig blieben, wo sie nicht auf Gerechtigkeit basierten. Daher sind die internationalen Kriegsverbrechertribunale für Ruanda und das frühere Jugoslawien Erfolgsgeschichten, auf denen mit Blick auf Syrien aufgebaut werden kann: Schon seit Jahren sammeln Ermittler des UN-Menschenrechtsrats in Genf Beweise für die Verbrechen von staatlichen Sicherheitskräften und für die von Oppositionsmilizen. Rechenschaftspflicht und Strafverfolgung deutlicher zum Thema zu machen, würde die an rechtsstaatlichen Standards orientierten Gegner Assads stärken – gerade bei den internationalen Verhandlungen. Außerdem würde es ein deutliches Zeichen der Solidarität senden, dass die freie Welt die Anstrengungen und den Mut der syrischen Revolutionäre nicht vergessen hat. Schließlich waren sie es, die 2011 einen dritten Weg zeigten zwischen autokratischen Regimes und islamistischem Terror.

5 Irak: Milizen an der Macht

Es ist eine Fahrt durchs Niemandsland des Nahen Ostens, über eine Grenze hinweg, die längst nicht mehr von irakischen und syrischen Beamten kontrolliert wird. Stattdessen stehen sich an der staubigen Schotterpiste südlich von Rabia kurdische Milizionäre zweier Länder gegenüber, die seit Jahren in gewaltsamer Auflösung begriffen sind: Angehörige des syrischen Arms der Arbeiterpartei Kurdistans (PKK) und Kämpfer von Masud Barzanis kurdisch-irakischer Autonomieregion, die von Deutschland finanziell und militärisch unterstützt wird. Trockener Staub wirbelt auf, als der Krankenwagen mit dem an der Windschutzscheibe angebrachten Bild des inhaftierten PKK-Führers Abdullah Öcalan anhält. Ein kurzer Blick aus dem Fenster ist alles, was der Fahrer den Peschmerga-Kämpfern an Aufmerksamkeit zukommen lässt, dann winken die irakischen Kurden ihn zögerlich durch. Über ihrem Checkpoint weht die Fahne der nach Unabhängigkeit strebenden irakisch-kurdischen Teilrepublik, eine gelbe Sonne auf rot-weiß-grünen Streifen.

An einem Erdwall 50 Meter weiter kommt der Sanitätstransport etwas länger zum Stehen. Hier weht eine dreieckige Fahne: Der rote Stern auf gelbem Grund ist das Emblem der syrischen Kurden und ihrer Volksverteidigungseinheiten (YPG), den Verbündeten der PKK. Der Fahrer steigt aus und umarmt den Wachmann, der aus einer von Einschusslöchern zersiebten Behausung herausgeklettert ist, eine Kalaschnikow über die Schultern geworfen. Nach einem kurzen Gespräch über die Lage im umkämpften

Sindschar-Gebirge geht es für den jungen bärtigen Mann am Steuer schon wieder weiter, zurück in die Krankenstation in den von der YPG kontrollierten Gebieten Syriens, von wo er am Morgen aufgebrochen war.

Rojava heißt die Autonomieregion, die die Kurden im Norden Syriens ausgerufen haben. Doch ihre Fahnen hängen auch in den irakischen Gemeinden des Sindschar-Gebirges, eine Autostunde von dem provisorischen Grenzübergang zwischen Syrien und dem Irak entfernt. Der neue Kontrollpunkt entstand im Sommer 2014, nachdem der offizielle in Rabia 20 Kilometer weiter nördlich von Einheiten der Terrormiliz Islamischer Staat (IS) erobert worden war. Sandbarrieren und Kontrollposten räumten dessen Kämpfer mit ihren Bulldozern beiseite und stellten die bewegten Bilder danach ins Internet. »Wir zerschmettern Sykes-Picot«, schrieben die Medienmitarbeiter der Terrororganisation dazu auf Twitter. Und: »Das ist nicht die einzige Grenze, die wir niederreißen, andere werden folgen.«

»Wir zerschmettern Sykes-Picot«

Sie sollten recht behalten. Ein knappes Jahrhundert nachdem der britische Politiker Mark Sykes und der französische Diplomat François Georges-Picot in einem Geheimabkommen die Einflusssphären der beiden europäischen Kolonialmächte in Nahost abgesteckt hatten, machten die Islamisten Schluss mit der alten Ordnung. Um ihren territorialen Herrschaftsanspruch zu untermauern, zu untermauern, erklärte sich IS-Anführer Abu Bakr al-Baghdadi im Juli 2014 in der Al-Nouri-Moschee von Mossul selbst zum Kalifen – und stellte sich damit bewusst in die Tradition der islamischen Reiche der abbasidischen und osmanischen Kalifen. Und er untermauerte den Anspruch seiner Organisation, einen eigenen Staat zu führen. Mitten während des Ersten Weltkriegs, im Mai 1916, hatten

Frankreich und Großbritannien ihren auf der Konkursmasse des Osmanischen Reichs basierenden imperialen Pakt geschlossen – ein von Anfang an zerbrechliches, von der Ausbeutung der Ölvorräte der Region getriebenes und die Interessen der lokalen Bevölkerung völlig ignorierendes Abkommen.

Auch die jungen Kurden, die sich entlang der Schotterpiste im Niemandsland zwischen Syrien und Irak unfreundlich gegenüberstehen, sind zu Spielbällen der Groß- und Regionalmächte geworden, die bei der Niederschlagung des IS-Kalifats mitmischen. Nur 100 Kilometer Luftlinie östlich von dem provisorischen Grenzposten entfernt liegt Mossul, gut 200 Kilometer westlich Raqqa. Die irakischen und syrischen Provinzhauptstädte sind die urbanen Zentren des Kalifats. Für die Rückeroberung beider Großstädte werden die rivalisierenden Kurdenmilizen gebraucht. Sie bilden die Bodentruppen der von den USA geführten Anti-IS-Allianz, der sich im Irak die Luftwaffen von acht und in Syrien von zwölf Staaten angeschlossen haben – darunter die Türkei, Saudi-Arabien, Jordanien, Bahrain und die Vereinigten Arabischen Emirate. Für das Staatsbildungsprojekt der Dschihadisten war die Ausrufung des Kalifats der Beginn einer neuen Zeitrechnung – und das Aus für die alte, von westlichen Mächten oktroyierte Sykes-Picot-Ordnung. Wie die neue aussehen wird, weiß niemand, und auch nicht, welche Rolle die Anhänger der durch den Luftkrieg zurückgedrängten Organisation am Ende darin spielen werden.

Gleiches gilt für die kurdischen Kämpfer, die den Krieg gegen den IS an verschiedenen Fronten führen – in der Hoffnung, eines Tages in einem eigenen Staat leben zu können. Dieser Traum war ihnen in den Jahren nach Sykes-Picot von den Kolonialmächten verwehrt worden und liegt auch ein Jahrhundert später noch in weiter Ferne. Die Wirklichkeit ist entsprechend trübe: Gelangweilt schlürft der YPG-Milizionär, der gerade den Krankenwagen hat passieren lassen, an einer Tasse Matetee. Schräg gegenüber duscht einer der irakisch-kurdischen Peschmerga, die den Checkpoint entlang der Landstraße Richtung Sindschar-Gebirge bewachen, unter einem an dem Bretterverhau angebrachten Wasserschlauch. Militärjeeps und Pick-ups rasen vorbei, noch hält der Islamische Staat Stellungen am Rand des einst mehrheitlich von Jesiden bewohnten Bergzugs im Nordwesten des Iraks. Das Dröhnen von Kampfflugzeugen der internationalen Allianz gegen den IS ist immer wieder zu hören, der Soundtrack eines langen Kriegs, der den Titel der Operation »Inherent Resolve« (»Natürliche Entschlossenheit«) trägt.

Permanente Aufrüstung

Auf dem Höhepunkt ihrer Macht, im Sommer 2014, hatte die Terrormiliz große Teile des sandigen Grenzstreifens südlich von Rabia vermint, um auf ihrem Eroberungsfeldzug weiter nach Westen zu ziehen in die syrische Provinz Hasaka. Die Bilder von den vermummten Kämpfern auf ihren blütenweißen Toyota-Pick-ups gingen um die Welt. Im Irak hatten sie kurz zuvor die Millionenstadt Mossul eingenommen. Tausende irakische Soldaten und Polizisten ergriffen kampflos die Flucht – und ließen gepanzerte Fahrzeuge, Raketen, Gewehre und Munition zurück, die das Pentagon im Jahrzehnt zuvor zum Aufbau der irakischen Streitkräfte geliefert hatten.

Es ist eine Geschichte des Scheiterns, war die amerikanische Übergangsverwaltung nach der im Mai 2003 verfügten Auflösung der irakischen Armee doch zu keinem Zeitpunkt in der Lage, die bestehenden Waffenvorräte zu sichern. Rasch verloren die Besatzer den Überblick darüber, welche Einheiten mit welcher Ausstattung abzogen – Zehntausende der rund vierhunderttausend entlassenen Soldaten nahmen ihre Waffen einfach mit nach Hause oder versteckten sie an sicheren Orten. Der damalige Kommandeur des Zentralkommandos der amerikanischen Streitkräfte John Abizaid gab ein halbes Jahr nach dem Einmarsch vor dem

Senat in Washington zu Protokoll, dass es »im Irak mehr Munition gibt als an jedem anderen Ort, an dem ich in meinem Leben war, und sie lässt sich nicht sichern«. Auf 650 000 Tonnen schätzte der General die Munitionsvorräte, über die die ausländischen Besatzer die Kontrolle verloren hatten.[1]

In den zweieinhalb Jahrzehnten der Herrschaft Saddam Husseins hatte dessen Waffenarsenal dank der Lieferungen ausländischer Rüstungsproduzenten enorme Ausmaße erreicht. Obwohl die brutalen Methoden des Baath-Regimes aller Welt bekannt waren, avancierte die Diktatur in Bagdad in den 1980er Jahren zum global größten Importeur von Kriegswaffen sowie anderen Rüstungsgütern – und löste damit den Iran von Platz 1 ab. Auf 12 Prozent beliefen sich die irakischen Anteile am globalen Waffenhandel. Vierunddreißig Staaten sollen bei der Aufrüstung beteiligt gewesen sein, von denen achtundzwanzig auch den Iran versorgten, darunter Deutschland, das Komponenten für Giftgas lieferte.[2]

Bereits zu Beginn des Zweiten Golfkriegs 1991 verfügte das Baath-Regime so über rund fünftausend Kampfpanzer, sechstausend gepanzerte Fahrzeuge und eine breite Palette an Artilleriewaffen. Dank des Aufbaus einer eigenen Rüstungsindustrie gelang es, unter Lizenz russische AK-Sturmgewehre und T-72-Panzer herzustellen sowie Antipanzergeschosse und Pistolen. Im Vorfeld der amerikanischen Invasion ließ die irakische Führung im ganzen Land Waffen- und Munitionslager anlegen, um die Koalitionsstreitkräfte dezentral attackieren zu können. Die Aufrüstung setzte sich nach dem Sturz Husseins 2003 fort. Eine Million Infanteriewaffen und Pistolen samt Millionen Schuss an Munition haben allein bis 2007 die USA und die anderen Mitglieder der Koalition an die irakischen Streitkräfte geliefert. Mehr als dreißig Staaten versorgten die irakische Armee unter anderem mit Panzern, gepanzerten Fahrzeugen, Jagdfliegern und Kampfhubschraubern.

Der Feind meines Feindes

Aus diesen Beständen konnten die IS-Kämpfer bei ihrem Siegeszug von Mossul den Tigris hinab im Juni und Juli 2014 nach Belieben plündern – ohne auf größeren Widerstand der Armee zu stoßen. Danach fielen sie im Sindschar-Gebirge ein, dem Siedlungsgebiet der Jesiden. Noch ehe der amerikanische Präsident Barack Obama im August entschied, Kampfflieger in das Kriegsgebiet zu entsenden, kamen die Gefolgsleute des PKK-Vorsitzenden Abdullah Öcalan der von Völkermord bedrohten religiösen Minderheit zu Hilfe. In schweren Gefechten gelang es den aus Syrien über die Grenze geeilten YPG-Milizionären, einen Korridor freizukämpfen, durch den Tausende jesidische Familien fliehen konnten. Auch PKK-Kämpfer rückten zur Unterstützung der vom IS verfolgten Jesiden ein – obwohl sie und die YPG anders als das 100 000-Mann-Heer der Peschmerga lediglich mit leichten Waffen ausgestattet sind, nicht mit schwerem Gerät. Auch die holprige Schneise, über die der Krankenwagen die Verwundeten aus dem Sindschar-Gebirge in Kliniken auf der anderen Seite der Grenze bringt, konnten die YPG-Kämpfer damals sichern.

All die politischen Widersprüche, die der Luftallianz gegen den IS innewohnen, lassen sich an der kalten Konfrontation zwischen den beiden hier stationierten Kurdenblöcken festmachen: Als der irakische Kurdenpräsident Masud Barzani Ende 2015 Seite an Seite mit amerikanischen Militärberatern die Bombardierung von IS-Stellungen nördlich der Stadt Sindschar in Augenschein nahm, stritt er schlicht ab, dass YPG- und PKK-Kämpfer mit ihren Rettungsaktion überhaupt erst den Boden bereitet hatten für die Vertreibung der Dschihadisten aus der einstigen Jesidenhochburg. Zugleich erlaubte er der Luftwaffe des türkischen Präsidenten Recep Tayyip Erdoğan, PKK-Stellungen im Nordirak über Monate hinweg zu attackieren. Die Gegnerschaft zu den Öcalan treuen syrischen und türkischen Kurden eint die beiden Verbündeten. Trotz heftiger Proteste der Zentralregierung in Bagdad ließ

Barzani die Türkei eigene Streitkräfte auf irakisch-kurdischem Gebiet stationieren – ein Schritt, der den Staatszerfall Iraks weiter vorantreiben dürfte.

Die Serie an Stellvertreterkriegen, die mit dem amerikanischen Einmarsch im Irak 2003 begann, hat dazu geführt, dass Staaten wie Saudi-Arabien und die Türkei nun in einer Allianz vereint sind, obwohl die Ziele ihrer Mitglieder kaum auf einen gemeinsamen Nenner zu bringen sind. Während die Regierung Erdoğans in erster Linie darauf ist, den Einfluss von PKK und YPG in den türkischen Grenzregionen zu beschneiden, dient die Operation »Inherent Resolve« dem Königshaus in Riad vor allem als Beleg für ihre Bündnistreue – schließlich rekrutiert der IS in nicht unerheblichem Maße auch in Saudi-Arabien. »Der Feind meines Feindes ist mein Freund«, lautet die Logik, die den Krieg gegen den IS am Leben hält, obwohl die sunnitischen Kämpfer Abu Bakr al-Baghdadis gerade in den reichen Ölmonarchien als nützliche Gegner gegen die schiitischen und alawitischen Herrscher in Bagdad und Damaskus betrachtet werden.

Auch im Konflikt zwischen Bagdad und Ankara geht es im Kern um die Beteiligung der mächtigen, vom Iran aufgebauten Schiitenmilizen, den Haschd al-Schaabi, oder Volksmobilisierungseinheiten, an der Befreiung Mossuls. Al-Qaida und anderen sunnitischen Extremistenorganisationen gelang es in der Stadt am Tigris bereits in den Jahren nach dem Sturz Saddam Husseins, große Bevölkerungsteile hinter sich zu scharen. Eine Eroberung durch schiitische Einheiten lehnen sie ab – ebenso wie Deutschlands Verbündete Barzani und Erdoğan.

Deutschland wird zur Kriegspartei

In diesem Konflikt hat die Bundesregierung Partei ergriffen. Mehrere Millionen Schuss Munition lieferte die Bundeswehr seit 2014 an die Kurdenregierung in Erbil. Im Schnitt zweimal im Monat landen Transportflugzeuge vom Typ Antonow 124 inzwischen auf dem kleinen Flughafen der irakisch-kurdischen Hauptstadt, um gepanzerte Fahrzeuge, G36-Sturmgewehre, Lenkflugkörper und anderes für den Krieg gegen den IS wichtiges Material anzuliefern. Unter dem Eindruck des drohenden Genozids an den Jesiden beschloss die Bundesregierung damals, den Streitkräften der Autonomieregion beizustehen. Einfach beiseitegewischt wurde damit das in den »Politischen Grundsätzen« aus dem Jahr 2000 festgelegte Gebot, keine Rüstungsgüter in Länder zu liefern, die in bewaffnete Auseinandersetzungen verwickelt sind. Mit Verweis auf die ebenfalls in den Rüstungsexportrichtlinien verankerte Ausnahmeregel, wonach besondere »außen- und sicherheitspolitische Interessen« berührt sein müssten, rechtfertige Bundeskanzlerin Merkel jedoch die Ausfuhr von Waffen und Munition an die Peschmerga.[3]

Ein historischer Schritt, den zu begründen die Kanzlerin sich in ihrer Regierungserklärung im September 2014 alle Mühe gab. Diese fiel ausgerechnet auf den 75. Jahrestag des deutschen Einmarschs in Polen, markierte aber nicht nur deshalb eine Zäsur der deutschen Außenpolitik. »Wir haben sehr sorgsam abgewogen«, sagte Merkel im Bundestag und schilderte in deutlichen Worten den Schreckensfeldzug des Islamischen Staats: »Marodierend, plündernd, mordend« seien deren schwer bewaffnete Milizen bis in die Nähe Bagdads und an die Schwelle der autonomen Kurdenregion im Norden Iraks vorgerückt. Von einem grenzüberschreitenden Herrschaftsanspruch sei dessen Führung getrieben und darauf aus, sein Territorium, das bereits eine Fläche größer als halb Deutschland umfasse, ständig zu erweitern – ohne Rücksicht auf Verluste: Verbrechen gegen die Menschlichkeit, ethnische und religiöse Säuberungen hätten die IS-Kämpfer verübt, darunter die Vertreibung von Christen, Schiiten und Jesiden: »Wir sind Zeugen unglaublicher Greueltaten geworden.« Allein dem mutigen Eingreifen kurdischer Kräfte auf dem Boden und amerikanischer Kampfflieger aus der Luft sei es im August

2014 zu verdanken gewesen, dass die Terrorkämpfer gestoppt werden konnten.

An diesem Wendepunkt, so die Kanzlerin, habe man vor der Wahl gestanden, weiter allein mit humanitärer Hilfe den Menschen in Not beizustehen oder sich dafür zu entscheiden, auch militärische Unterstützung zu leisten. Der damit einhergehenden Risiken sei man sich bewusst. Aber: »Können wir wirklich warten und hoffen, dass sich andere dieser Verantwortung stellen?« Der Irak stehe vor einer Zerreißprobe, die nicht auf das Land allein begrenzt bleiben werde. »Eine so weitreichende Destabilisierung einer ganzen Region wirkt sich auch auf Deutschland, auf Europa aus«, erklärte Merkel. Wenn wie im Irak ein Fundament für religiöse Fanatiker geschaffen werde, »wächst auch für uns die Gefahr, dass unsere Sicherheitsinteressen betroffen sind«. Angesichts dessen gelte es, »weitere Massenmorde im Irak zu verhindern. Und diese Chance müssen wir nutzen«, schloss Merkel.

Ein einmaliger Sonderfall also, so die Begründung der Bundeskanzlerin. In begrenztem Umfang und in enger Abstimmung mit den internationalen Partnern sei die Bundesregierung daher bereit, Waffen und Munition für den Kampf gegen die Terrormiliz bereitzustellen. Und noch eine Versicherung gab Merkel ab: Die Waffenlieferungen an die Peschmerga erfolgten selbstverständlich im Einvernehmen mit der irakischen Zentralregierung. Dadurch werde deutlich, dass es der Bundesregierung nicht darum gehe, separatistische Kräfte zu unterstützen, sondern Ministerpräsident Haider al-Abadi in Bagdad bei der Bewältigung der aktuellen Herausforderungen zu helfen und einen Prozess der Aussöhnung einzuleiten.

Doch spätestens mit der Schlacht um Mossul hat sich der Charakter der Ausbildungsmission entscheidend geändert, die Bundeswehrsoldaten zunächst nur in der Kurdenhauptstadt Erbil betrieben. Seit 2016 sind sie unweit der Front eingesetzt und könnten eines Tages selbst in die innerirakischen Kämpfe hineingezogen werden. »Es ist eine Frage der Effizienz«, begründete Verteidigungsministerin Ursula von der Leyen im Herbst 2016 die gefährliche Prioritätenverschiebung. »Wir haben das gemeinsame Ziel, dass wir die Peschmerga so gut wie möglich ausbilden, damit sie die große Aufgabe leisten, den IS endgültig auch in Mossul zu schlagen.«[4]

Während die Bundeswehr immer näher an den ersten Kampfeinsatz ihrer Geschichte im Nahen Osten heranrückt, ist der Krieg gegen den Islamischen Staat im Bewusstsein der deutschen Bevölkerung in immer weitere Ferne gerückt. Schleichend fand die Ausweitung des militärischen Engagements statt, das seit den Terroranschlägen von Paris mit hundertdreißig Toten im November 2015 auch Luftaufklärung über Syrien umfasst. Der Sicherheitsrat der Vereinten Nationen forderte die Weltgemeinschaft damals dazu auf, »alle nötigen Maßnahmen zu ergreifen«, um die Extremisten in Syrien und dem Irak zu bekämpfen. Der IS stelle eine »globale und noch nie dagewesene Bedrohung« für Sicherheit und Frieden in der Welt dar, stellte das Gremium fest – ohne jedoch auf Kapitel 7 der UN-Charta zu verweisen, das Staaten den Einsatz von Gewalt erlaubt.

Zur Routine geworden sind die Waffenlieferungen an die Streitkräfte der kurdischen Regionalregierung dennoch – obwohl Deutschland damit die militärischen Einheiten eines nach Unabhängigkeit strebenden Teilstaats stärkt. Und die wiederum unterstützt wird vom türkischen Präsidenten Erdoğan. Der hat nach dem niedergeschlagenen Putsch im Juli 2016 die türkische Militärpräsenz an der Grenze zum Nordirak ausgeweitet und Soldaten auch über die Grenze nach Syrien entsandt – möglicherweise für Jahre. Im innerirakischen Konflikt zwischen der Zentralregierung in Bagdad und der Autonomieregion Barzanis hat er sich klar auf kurdischer Seite positioniert. Wie die Bundeswehr bilden türkische Soldaten auf nordirakischem Territorium Peschmerga und sunnitische Kämpfer aus.

Sehr zum Unmut der Regierung in Bagdad: Der irakische Ministerpräsident Abadi rief aus Protest gegen die türkische Mobilisierung im Herbst 2016 den UN-Sicherheitsrat an und warnte vor einem militärischen Konflikt mit Ankara. Doch ungeachtet dessen hält die Bundesregierung an ihrem Kurs fest. »Die Unterstützung der Sicherheitskräfte der Regierung der Region Kurdistan-Irak wird fortgesetzt«, vermeldet die Bundeswehr inzwischen im Zweiwochenrhythmus auf ihrer Homepage.[5] Mehr als 2000 Tonnen an Gewehren, Sanitätsmaterial, Milan-Panzerabwehrraketen und anderen Ausstattungsgütern wurden so bis Anfang 2017 in den Nordirak geflogen.

Keine Garantien für den Endverbleib

Dabei sind weitere Waffen das letzte, was der seit Jahrzehnten hochgerüstete Irak zur Befriedung braucht. Zumal diese in einem Land landen, dessen Bilanz bei der Endverbleibskontrolle schlechter nicht ausfallen könnte. Aufgrund weit verbreiteter Korruption listet Transparency International den Irak in ihrem Verteidigungsindex in der höchsten Risikokategorie F. In klaren Worten moniert die Organisation, dass »mangelnde staatliche Kapazitäten, die Streitkräfte zu kontrollieren und zu führen, für Erpressung und Machtmissbrauch durch Militärangehörige« sorgten. »Dadurch wächst das Risiko langfristiger Instabilität, Bürgerkrieg und Unterstützung von Extremismus.« Mindestens 380 Millionen Dollar im Jahr würden an korrupte Offiziere fließen.[6]

Eine Entwicklung, an dessen Anfang die Invasion amerikanischer Einheiten und ihrer Verbündeten 2003 stand: Die enorme Aufrüstung, für die Rüstungsfirmen vor allem aus den USA, aber auch aus China, Südkorea, Russland und anderen Staaten des früheren Ostblocks sorgten, war an keine strengen Rechenschaftspflichten über die Weiternutzung der Exportgüter geknüpft. Die jährlichen Militärausgaben der Regierung in Bagdad stiegen von

614 Millionen Dollar 2004 auf 9,5 Milliarden 2014.[7] Ein Jahr später betrugen sie bereits 13 Milliarden Dollar.[8] Auch deshalb boomt der Schwarzmarkt, denn wo Hunderttausende Waffen geblieben sind, lässt sich nicht mehr nachvollziehen.

Dass es den Einheiten des Islamischen Staats gelingen konnte, riesige Mengen moderner Waffen zu erobern, liegt unter anderem daran, dass nach der Zerschlagung der irakischen Armee versäumt wurde, effektive Kontrollinstanzen zu schaffen: Nach Schätzungen der Vereinten Nationen würde das IS-Arsenal für fünfzigtausend Soldaten der regulären irakischen Streitkräfte ausreichen. Durch die Flucht rund eines Drittels der irakischen Armeeeinheiten aus den Provinzen Anbar und Salah al-Din, aber auch aus Ninive, Kirkuk und Diyala war es ihnen ein Leichtes, Waffen- und Munitionslager zu erobern und zu plündern. Humvees und GPS-Ortungssysteme, Panzer und gepanzerte Fahrzeuge, Kleinwaffen und Munition, über all das verfügten die IS-Kämpfer plötzlich in ungeahntem Ausmaß. Auch Heckler-&-Koch-Gewehre vom Typ G3 fielen in ihre Hände sowie Milan-Panzerabwehrraketen deutsch-französischer Bauart, fanden Rechercheure von Amnesty International heraus, die Tausende Videos und Fotos untersuchten.[9] Auf Filmaufnahmen einer Hinrichtung soll zudem eine Walther-P99-Pistole zu erkennen sein, ebenfalls aus deutscher Produktion.

Das Bundesverteidigungsministerium in Berlin unterrichtet den Bundestag regelmäßig detailliert über die Monat für Monat nach Erbil gelieferten Kriegsgüter – von Handgranaten und Sturmgewehren über Panzerfäuste bis hin zu Milan-Lenkraketen. Da an die Verschiffung der Waffen weiter strenge Richtlinien gelegt werden, heißt es auf der Homepage der Bundeswehr in der Regel weiter: »Der Inhalt der Lieferung wurde vor Ort wie gewohnt mit einer Endverbleibserklärung an die Vertreter der kurdischen Regionalregierung übergeben. Darin verpflichten sie sich, die gelieferten Waffen und Ausrüstungsgüter nicht an Dritte weiterzugeben.«

Genau daran jedoch bestehen erhebliche Zweifel. Auf den Schwarzmärkten von Sulaimaniyya und Erbil sind bereits G36-Gewehre aufgetaucht. Da die Kurdenregierung Masud Barzanis wegen des Streits mit der Zentralregierung in Bagdad nicht mehr in der Lage ist, den Bediensteten seines Teilstaats volle Gehälter auszuzahlen, sollen Peschmerga die Waffen für bis zu 5 000 Dollar verkauft haben.[10] Es ist der klassische Weg, den Kleinwaffen in Konflikten überall auf der Welt gehen – und die sie deshalb so gefährlich und unberechenbar machen. Da sogenannte Post-Shipment-Kontrollen ohne entsprechend ausgestattete Prüfinstanzen nur selten eingehalten werden, wechseln sie schnell und oft den Besitzer.

Merkels Sonderweg

Das ist eines der Risiken, die Merkel in ihrer Regierungserklärung 2014 ansprach. Die Handvoll Bundeswehrsoldaten, die nach Erbil entsandt wird, um vor Ort den Verbleib von Gewehren, aber auch von Minensonden, Funkgeräten, Sanitätsausstattung und Lastwagen zu überprüfen, reicht für eine effektive Kontrolle jedoch bei Weitem nicht aus. So läuft die Bundesregierung Gefahr, mehr als ein Jahrzehnt später in einen Krieg hineingezogen zu werden, aus dem sie sich 2003 aus guten Gründen heraushielt. Seit der amerikanischen Invasion sind die Konfliktlinien im Irak immer komplexer geworden – selbst innerhalb der Peschmerga. Heftige Rivalitäten herrschen zwischen den Einheiten von Barzanis Demokratischer Partei Kurdistans (PDK) und jenen, die den Befehlen der Patriotischen Union Kurdistans (PUK) des schwer erkrankten Dschalal Talabani gehorchen. Trotz der Schaffung eines Ministeriums für Peschmerga-Angelegenheiten 2009 sind die kurdischen Streitkräfte bis heute dem Kommando ihrer jeweiligen Parteioffiziere unterstellt, eine gemeinsame Führung gibt es nicht.[11] Damit drohen weitere Machtkämpfe und die Gefahr der Weiterverbreitung von Kriegsgerät.

Selbst wenn das in der Ausnahmesituation des Sommers 2014 nicht beabsichtigt gewesen sein mag, trägt die Bundesregierung mit ihrer Unterstützung der Peschmerga zum weiteren Zerfall des Iraks bei. Was Kritiker unter dem Stichwort »Merkel-Doktrin« schon länger befürchtet hatten, ist nun Realität geworden: Die Ausstattungshilfen für einen semistaatlichen Akteur haben dafür gesorgt, dass deutsche Waffenlieferungen in ein Kriegsgebiet zur Routineangelegenheit geworden sind. Die »Chance« zu helfen, von der die Bundeskanzlerin in ihrer Regierungserklärung im Spätsommer 2014 sprach, gerät so in ein ganz anderes Licht – ebenso wie die hehren moralischen Worte, mit der sie angesichts des Vormarschs des IS im Sindschar-Gebirge für Unterstützung im Bundestag warb.

Schon im Oktober 2012 hatte Merkel an der Akademie der Bundeswehr für Information und Kommunikation in Strausberg den Einsatz einheimischer Kräfte dort gefordert, wo NATO und EU nicht in der Lage seien, sicherheitspolitische Probleme zu lösen – mit Unterstützung aus Deutschland.[12] »Wer sich der Friedenssicherung verpflichtet fühlt, aber nicht überall auf der Welt eine aktive Rolle in der Friedenssicherung übernehmen kann, der ist auch dazu aufgerufen, vertrauenswürdigen Partnern zu helfen, damit sie entsprechende Aufgaben übernehmen.« Oftmals reiche es nicht aus, »neue Partner nur zu ermutigen«, sagte sie mit Blick auf Regionalorganisationen wie die Afrikanische Union und die Arabische Liga. »Vielmehr geht es auch um Ertüchtigung. Ertüchtigung setzt bereits bei guter Regierungsführung an. Sie kann ebenso Ausbildung wie auch Unterstützung bei der Aufrüstung bedeuten.«

Merkels Ertüchtigungsstrategie ist das Ergebnis jener Debatten um die Übernahme von mehr militärischer Verantwortung Deutschlands, die Mitte der 1990er Jahre mit den Einsätzen auf dem Balkan begann – ein weiter Weg. Selbst Bundespräsident Horst Köhler hatte 2010 noch harsche Kritik kassiert, als er davon sprach, dass für »ein Land unserer Größe mit dieser Außenhandelsorientierung und damit auch Außenhandelsabhängigkeit« eben »im Notfall auch militärischer Einsatz notwendig ist, um unsere Interessen zu wahren, zum Beispiel freie Handelswege«.[13] Kurz danach trat er als Staatsoberhaupt zurück.

Merkels Versicherung vor der versammelten Führungsspitze der Bundeswehr in Strausberg, dass es bei der Ertüchtigung ausländischer Streitkräfte »nicht um eine Aufweichung unserer restriktiven Richtlinie für Rüstungsexporte« gehe, ist mit dem Unterstützungsprogramm für die Peschmerga obsolet. Selbst wenn man über die Ausbildung der kurdischen Streitkräfte geteilter Meinung sein mag, sorgt der anhaltende Nachschub an Panzerabwehrraketen, Sturmgewehren und anderem Kriegsmaterial inzwischen für Destabilisierung und nicht für mehr Sicherheit im Nordirak. Und damit im ganzen Land.

Kurdische Kriegsgewinner

Abdul Rahman kommt gerade zurück von der Front südwestlich von Kirkuk.[14] Immer wieder seit dem Blitzkrieg des Islamischen Staats im Sommer 2014 wogt diese zwischen kurdischen und IS-Kämpfern hin und her, auch im Herbst 2016, als die Dschihadisten das Vorrücken der Anti-IS-Allianz auf Mossul nutzten, um in Kirkuk eine Serie von Anschlägen zu verüben. An der Wand in Abdul Rahmans Büro hängt ein großer Plan der 400 000-Einwohner-Stadt. Akribisch sind alle Plätze und Straßen der ölreichen Gemeinde eingezeichnet, einschließlich der turkmenischen, arabischen, kurdischen und christlichen Viertel. Bis vor wenigen Jahrzehnten waren die Kurden hier noch in der Minderheit, das ist heute anders. »Kirkuk gehört uns, das hier ist Kurdistan!«, sagt der außenpolitische Sprecher der Patriotischen Union Kurdistans (PUK), der stärksten politischen Kraft in der Region. Generalstabsmäßig marschierten seine Kämpfer im Sommer 2014 in Stellungen ein, welche die 12. Division der irakischen Armee kampflos hinterlassen hatte.

Die Kurden sind so zu den großen Gewinnern des neuen Irak-Kriegs geworden, indem sie das Vakuum füllten, das durch die Flucht der Regierungstruppen entstand. Die riesigen Ölfelder rund um Kirkuk, das anders als Erbil, Dohuk und Sulaimaniyya nicht zur Autonomieregion Barzanis gehört, wird nun von PUK-Peschmerga kontrolliert. Dass diese ohne Unterstützung der kampferprobten Milizionäre der Arbeiterpartei Kurdistans, PKK, aufgeschmissen gewesen wären gegen den Islamischen Staat, gibt Rahman unumwunden zu. »Ihre Erfahrung im Guerillakrieg gegen die türkische Armee ist Gold wert, sie haben uns gerettet«, sagt der stämmige Politkader, dessen PUK traditionell Teheran und der PKK nahesteht. Auch iranische Einheiten und Militärberater rückten deshalb im Sommer 2014 in Kirkuk ein, ebenso wie schiitische Milizen.

Hundertfünfzig Kilometer sind es von Kirkuk bis Mossul, die Grenze zwischen den vom IS gehaltenen Gebieten und dem von Peschmerga-Einheiten kontrollierten Areal verläuft mitten durch die Provinz. Seit dem Sturz Saddam Husseins ist die Stadt zwischen der Kurdenführung in Erbil und der Regierung in Bagdad umstritten. Laut der Verfassung von 2004 sollte über ihre Zugehörigkeit in einem Referendum entschieden werden. Doch dann kamen der Islamische Staat und im Windschatten der Dschihadisten die Peschmerga, die die offene territoriale Frage durch die handstreichartige Einnahme der Stadt auf ihre Weise lösten. Turan Hassan, der Vorsitzende des Provinzrats, steht deshalb auf verlorenem Posten. »Natürlich kann ich nicht glücklich darüber sein, was passiert ist«, sagt der turkmenische Politiker. Er stehe jetzt einer geteilten Provinz vor, seufzt er: In der einen Hälfte regiere der IS, in der anderen die Kurden. Ein hektisches Kommen und Gehen herrscht in seinem Büro im Gouverneurssitz. Den Chef der Sondereinheiten zum Schutz der Öl- und Gasfelder hat er gerade empfangen, draußen im Vorzimmer wartet der Leiter der städtischen Elektrizitätswerke. Überall stehen und sitzen Uniformierte.

Anders als in Bagdad, Anbar oder Mossul, wo die Bevormundung durch die schiitischen Machthaber den Unmut schürte, ist es in Kirkuk die Marginalisierung der Minderheiten durch die kurdischen Verwalter, die für Unfrieden sorgt. Seit 2003 siedelten sie gezielt Kurden in und um Kirkuk an, sodass diese in den Dörfern rund um das »kurdische Jerusalem« nun 90 Prozent der Bevölkerung stellen, in der Stadt fast zwei Drittel. 1970 waren hier noch die Turkmenen in der Mehrheit. Die würden nun ein zweites Mal zu Opfern, sagt der Provinzratsvorsitzende Hassan. Auf Saddam Husseins Arabisierungspolitik folge die schleichende Kurdisierung. Noch Jahre werde der Krieg deshalb dauern, ist er sich sicher – obwohl in Kirkuk der sunnitisch-schiitische Konflikt, der die Region um Bagdad in den Abgrund zu reißen droht, keine große Rolle spielt.

Massive Menschenrechtsverletzungen

Für die Zukunft des Iraks verheißt das nichts Gutes. Denn auch die Konflikte zwischen kurdischen Peschmerga und den mächtigen schiitischen Milizen nehmen zu. In Städten wie Tuz Khurmatu sind Dutzende Häuser und Läden kurdischer Bewohner und Händler von den schiitischen Volksmobilisierungseinheiten, den berüchtigten Haschd al-Schaabi, angesteckt und geplündert worden[15] – Racheakte, wie sie unter umgekehrten Vorzeichen in den von Peschmerga eingenommenen Gegenden stattfinden. Aus den einstigen Partnern im Kampf gegen die sunnitischen Dschihadisten sind Rivalen um die Aufteilung der noch vom IS gehaltenen Gebiete geworden.

Mit verheerenden Konsequenzen für die Einhaltung von Menschenrechten: Milizen wie Asaib Ahl al-Haq, Kataib Hisbollah und die Badr-Brigaden sind für die Verschleppung und Folter sowie die Zerstörung von Häusern sunnitischer Bewohner verantwortlich, sowohl in Falludscha im westirakischen Anbar wie in der Heimatstadt Saddam Husseins Tikrit. Seit dem Einmarsch der amerikanischen Besatzungstruppen 2003 stiegen die von Iran finanzierten paramilitärischen Verbände zur einflussreichsten Macht im Irak auf. Selbst die USA mussten im Frühjahr 2015 gegenüber Teheran den Kürzeren ziehen: Zunächst hatte das Pentagon darauf beharrt, nur der irakischen Armee mit Luftschlägen zu Hilfe zu eilen, um die Befreiung Tikrits von IS-Kräften zu unterstützen. Doch am Ende führten schiitische Milizen den Einmarsch an. Obwohl Ministerpräsident Abadi eine Untersuchung der Vorfälle eingeleitet habe, könnten inkriminierte Kommandeure weiter ihren Dienst ausüben, schreibt die Menschenrechtsorganisation Human Rights Watch.[16] Anders als von dem schiitischen Regierungschef behauptet, seien die Maßnahmen zum Schutz von Zivilisten nicht ausreichend, Hinrichtungen und Massenverhaftungen an der Tagesordnung – und Mitglieder der Volksmobilisierungseinheiten in die Übergriffe auf sunnitische Bewohner und Plünderungen verwickelt gewesen.

Auch in Vorstädten Mossuls waren die Milizionäre der berüchtigten Haschd al-Schaabi noch im Frühjahr 2017 im Einsatz. Dass die Volksmobilisierungseinheiten so forsch vorgehen können, haben sie dem Kommandeur der Quds-Einheiten der iranischen Revolutionsgarden Qassem Soleimani zu verdanken. Immer wieder war der Generalmajor selbst an der Front dabei, um den Kampf gegen den Islamischen Staat zu dirigieren. Soleimani ist nicht der Regierung in Teheran unterstellt, sondern direkt Revolutionsführer Ali Khamenei. Auch wegen dessen Einfluss scheiterten alle Versuche Abadis, die Haschd al-Schaabi seiner Kontrolle zu unterstellen. Nicht zuletzt, weil im neuen »Krieg gegen den Terror« keine Rücksicht auf die Einhaltung von Menschenrechten genommen wird, konnte der Iran seinen Einfluss im Irak so ausweiten – und die schiitischen Milizen ihre Macht weiter festigen.

Iranische Intervention

Sunnitische Politiker im Irak sprechen angesichts des Aufstiegs der Volksmobilisierungseinheiten bereits von einer »iranischen Intervention« – mit dem Ergebnis, dass innenpolitische Konflikte weiter geschürt sowie Armee und Polizei zu Randakteuren degradiert werden. Was unter der Herrschaft Ministerpräsident Nuri al-Malikis begann, setzt sich unter Abadi ungebrochen fort – selbst wenn es ihm an gutem Willen, gegen Straflosigkeit und Korruption vorzugehen, nicht mangelt. Doch die in den Maliki-Jahren verfestigten Strukturen sind stärker als der Wunsch, das Land aus dem Sumpf zu ziehen. Zudem hat die politische Klasse in Bagdad bis heute keinen Weg gefunden, die von Maliki marginalisierten Sunniten am politischen Prozess teilhaben zu lassen.

Das verlangsamt den Aufbau rechtsstaatlicher Strukturen, erschwert das Vorgehen gegen die weit verbreitete Korruption und behindert den Kampf gegen den Islamischen Staat. Denn wegen der Gebietsverluste vor allem im Nordirak ging 2016 der IS wieder dazu über, mit Anschlägen in Bagdad, Kirkuk und anderen Städten dafür zu sorgen, dass Armee- und Polizeieinheiten örtlich gebunden wurden. Amerikanische Militärs rechnen bereits mit einem neuen bewaffneten Aufstand wie nach 2003, als eine Koalition aus Anhängern Saddam Husseins und islamistischer Gruppen gegen die Besatzungsmächte zu bomben begann.[17]

Die Rückeroberung Mossuls gilt innerhalb der irakischen Eliten und der internationalen Anti-IS-Allianz dennoch als Schlüssel zur Niederschlagung des Islamischen Staats. Und das, obwohl die Organisation aus dem irakischen Ableger al-Qaidas hervorging, den die amerikanischen Besatzer gemeinsam mit sunnitischen Stammeseinheiten zwischen 2007 und 2009 in schweren Kämpfen besiegt geglaubt hatten. Ein Pyrrhussieg, der die Schwächen rein militärischer Aufstandsbekämpfung zeigt – und das Fehlen einer gesellschaftlichen Einbindungsstrategie für Iraks Sunniten. Zudem lehrt die jüngere Geschichte des IS, dass die Terrororganisation selbst unter schwersten Bedingungen in der Lage ist, sich neu zu konstituieren. 2010 etwa war die Gruppe fast völlig zerschlagen und soll nur noch über hundert Mann verfügt haben. Doch vier Jahre später gelang ihr die Einnahme der Millionenstadt Mossul.

Ethnische Säuberungen

Vor diesem Hintergrund ist es kaum verständlich, dass die Bundesregierung die anhaltenden Waffenlieferungen an die Peschmerga nicht überdenkt. Denn Berichte über Menschenrechtsverletzungen durch die kurdischen Einheiten häufen sich. Amnesty International bezeichnete das Vorgehen in den vom IS zurückeroberten, bis 2014 mehrheitlich von Sunniten bewohnten Gebieten in einem Bericht als »konzertierte Kampagne«.[18] Tausende Häuser seien planiert, in die Luft gesprengt oder angezündet worden. Die Menschenrechtsorganisation hält das für Kriegsverbrechen.

Von einer »Politik der verbrannten Erde« sprechen auch Mitarbeiter von Human Rights Watch.[19] Von der syrischen bis zur iranischen Grenze hätten Einheiten der Autonomieregion gewütet, vor allem in Gegenden, in denen Saddam Hussein in den 1970er Jahren gezielt arabische Bewohner angesiedelt hatte. Nach Beginn der Offensive auf Mossul hätten Peschmerga die Gelegenheit ergriffen, um ganze Dörfer zu zerstören, sagt Joe Stork, der stellvertretende Direktor der Organisation in der Abteilung Mittlerer Osten und Nordafrika. »Sie werden abstreiten, dass sie sich genauso verhalten wie das Baath-Regime – doch genau das ist der Fall.« Die Bundesregierung müsse deshalb ihre Unterstützung der Peschmerga an Bedingungen knüpfen: Für Menschenrechtsverletzungen und Kriegsverbrechen verantwortliche Offiziere gehörten zur Rechenschaft gezogen, wenn nicht, sei eine Aussetzung der Aus- und Aufrüstungshilfen angesagt, so Stork. Wenn man die kurdischen Streitkräfte hingegen gewähren lasse, sehe er schwarz für die Zukunft nach der Vertreibung des IS aus Mossul. Wie andere irakische Milizen folgen die Peschmerga einer Logik, die aus den Balkankriegen nur zu bekannt ist: Um territoriale Gewinne zu konsolidieren, wird die Rückkehr von Minderheiten verhindert. »Ethnische Säuberungen« lautet der Euphemismus für dieses Vorgehen. Zwar dementieren Sprecher der Regierung in Erbil, dass ihre Einheiten Rache an mutmaßlichen IS-Sympathisanten verübt hätten. Doch an eine Rückkehr wagen viele der arabischen Bewohner, die aus ihren Dörfern und Gemeinden in den Provinzen Ninive, Kirkuk und Diyala vertrieben wurden, nicht mehr zu denken. Und in Saddam Husseins Geburtsstadt Tikrit, das auch von der Bundesregierung als Erfolgsmodell für eine geglückte Rückkehr gepriesen wird, leben Tausende sunnitische Bewohner bis heute in Angst vor schiitischen Milizen.

Die Dreiteilung Iraks schreitet auf diese Weise weiter voran: Während der Süden des Landes von schiitischen Milizen kontrolliert wird und der mehrheitlich sunnitisch besiedelte Landstrich den Tigris von Tikrit bis Mossul hinauf lange unter Kontrolle des Islamischen Staats stand, rückt Kurdistan immer mehr der von Barzani vorangetriebenen Unabhängigkeit näher. Mehr als hundert Jahre nach dem Sykes-Picot-Abkommen sind die alten Kolonialgrenzen tatsächlich überholt, ein irakischer Gesamtstaat existiert nur noch auf dem Papier. Unter diesen Bedingungen allein eine Kriegspartei zu unterstützen, wirft Fragen auf, die zu beantworten die Bundesregierung nicht bereit scheint.

Die Dreiteilung Iraks

Der Verweis auf die angeblich rühmliche Rolle der Peschmerga zur Rettung der Jesiden im Sommer 2014 reicht angesichts der Berichte über Menschenrechtsverletzungen längst nicht mehr aus, um immer neue Waffenlieferungen zu rechtfertigen. Ganz abgesehen davon, dass es die Bundesregierung weiter ablehnt, die PKK und ihre Partnermilizen mit Waffen auszustatten, obwohl es PKK- und YPG-Kämpfer waren, die den Korridor für die Jesiden aus dem Sindschar-Gebirge nach Syrien freikämpften. Ende August 2014, als die Öcalan-treuen Milizionäre Orte wie Machmur davor bewahrt hatten, vom IS überrannt zu werden, hatte PKK-Führer Cemil Bayık genau das gefordert.[20] Die Bundeskanzlerin wies dieses Ansinnen jedoch umgehend zurück.[21] Die Begründung: Es gebe eine »ganz klare Regelung«, dass Waffen in den Irak nur geliefert würden, wenn die Zentralregierung einverstanden sei. »Die PKK kommt in diesem Zusammenhang nicht in Frage als Empfänger von Waffen«, so Merkel.[22]

Bayık hingegen sagt, dass die PKK und ihre bewaffneten Verbündeten in Syrien gezeigt hätten, dass sie »am wirksamsten gegen die Terrorgruppe vorgehen« könnten. Europa dürfe nicht den Fehler machen, »Beziehungen nur zu einem Teil Kurdistans zu pflegen«, sondern müsse »mit allen Parteien zusammenarbeiten«, vor allem auch seiner. »Wenn wir in Sindschar nicht interveniert und einen sicheren Korridor erkämpft hätten, wäre die Gegend vollständig unter Kontrolle des Islamischen Staats geraten und kein Jeside hätte überlebt«, so Bayık. Barzani gegenüber erhob er schwere Vorwürfe: »Bis heute haben wir von der Regierung in Erbil keine klare Antwort für die Gründe des Abzugs« aus dem Sindschar-Gebirge erhalten. Das Vorgehen der Peschmerga werfe die Frage auf, ob die nach Unabhängigkeit strebende irakische Kurdenführung die Massaker an Hunderten Angehörigen der Jesiden bewusst in Kauf genommen habe, um den Westen zu einem Eingreifen zu zwingen

Die Darstellung des PKK-Chefs steht in deutlichem Kontrast zu der Sichtweise Barzanis und der der Bundesregierung. Doch sie macht deutlich, in welchem Umfeld deutsche Waffen an Kämpfer geraten konnten, die keinerlei demokratischer Kontrolle unterstehen. Obwohl seine Amtszeit 2014 auslief, hat sich Kurdenpräsident Barzani nicht wieder zur Wahl gestellt, sondern regiert ohne Mandat. Oppositionspolitikern, die seinen autoritären Herrschaftsstil kritisieren, verweigert er den Zutritt zum Parlament. Einst als Hoffnungsschimmer im von Staatszerfall und Milizenherrschaft geprägten Nahen Osten gepriesen, ist die Autonomieregion zurückgekehrt in den Kreis korrupter und schlecht regierter Feudalgebilde der Region. Kein guter Partner zur Erprobung von Merkels gefährlicher Ertüchtigungsstrategie.

6 Ägypten: Kumpanei mit der Junta

Ausgeschlafen sieht Sigmar Gabriel nicht gerade aus, als er auf der Couch neben Ägyptens Handels- und Industrieminister Mounir Fahkri Abdel Nour Platz nimmt. Erst nachts um zwei war der deutsche Vizekanzler und Wirtschaftsminister in Sharm el Sheikh gelandet, und früh am Morgen schon stand ein Treffen mit Ministerpräsident Ibrahim Mahlab auf dem Programm. Nun sitzt Gabriel um kurz nach zehn übernächtigt im »Nile Valley Room« des Internationalen Kongresszentrums der Touristenstadt. Routiniert sichert er seinem ägyptischen Counterpart deutsche Unterstützung zu, fragt interessiert nach, wie denn die Aussichten stünden, mehr private Investoren für die von hoher Armeebeteiligung getragene Wirtschaft zu gewinnen.

Am Abend zuvor hat in dem Ferienort am Roten Meer die von der Führung in Kairo über Monate vorbereitete internationale Egypt Economic Development Conference (EEDC) begonnen. Das komplette Kabinett des Nilstaats ist dafür ans Rote Meer gekommen. Die Wirtschaftskonferenz mit Gästen aus mehr als fünfzig Staaten soll den Startschuss bilden für eine neue Ära. Vier Jahre nach der Revolution sind die politischen Eliten der Unruhen müde, die seit den Massenprotesten gegen Husni Mubarak 2011 und dem Putsch gegen den ersten frei gewählten Präsidenten Mohammed Mursi das Land auf Trab halten. Doch von Stabilität ist Ägypten noch immer weit entfernt: Über dem Gelände fliegen amerikanische Apache-Kampfhubschrauber, die Angst vor Anschlägen ist zwei Jahre nach der Machtübernahme durch Militärchef Abd al-Fattah al-Sisi allgegenwärtig. Im Nordosten der Sinai-Halbinsel, 500 Kilometer vom Konferenzort entfernt, tobt seit dessen Staatsstreich gegen den Muslimbruder Mursi ein heftiger Aufstand bewaffneter Dschihadistengruppen gegen Polizei- und Armeeeinheiten. Hunderte sind seit dessen Sturz im Juli 2013 getötet worden.

Neben Polizei und Geheimdiensten ist die Armee der größte Profiteur von Sisis Amtszeit. Wie unter Mubarak kontrolliert sie große Teile der Wirtschaft. Auf das Wohlwollen der Generäle, aus deren Kreis er in die Politik kam, stützt sich seine Macht – sie muss er bei Laune halten, nicht zuletzt ökonomisch. Mehr als eine halbe Million Mann stark sind die ägyptischen Streitkräfte, die über eigene Rüstungsbetriebe verfügen und in eigener Regie Tankstellen, Hotels, Krankenhäuser, Lebensmittelkonzerne und Fabriken betreiben. Als »Staat im Staat« wird die Armee beschrieben, doch ihre Macht reicht noch viel weiter: Einmal ausgeschieden aus dem Militärdienst, wechseln hohe Offiziere traditionell in die Schaltstellen des Zivilapparats.

Die Bundesregierung in Berlin hat sich nach langem Hin und Her entschieden, hochrangig auf der großspurig »Egypt The Future« betitelten Konferenz vertreten zu sein. Heftig Klinken geputzt haben Vertreter der Sisi-Regierung deshalb in den Monaten zuvor in Berlin und beim deutschen Botschafter Hansjörg Haber in Kairo. Die Enttäuschung darüber, dass dem Putschpräsidenten nicht ausreichend Aufmerksamkeit zuteil wird seitens der deutschen Politik, ist groß. Zunächst wollte man aus Berlin eigentlich nur einen Staatssekretär aus dem Entwicklungsministerium als Vertreter nach Sharm el Sheikh schicken. Das Sisi-Regime sollte nicht unnötig aufgewertet, die Missachtung demokratischer Grundrechte nicht stillschweigend hingenommen werden, hieß es zur Begründung.

Gründe dafür gibt es genug: Von mehr als vierzigtausend politischen Gefangenen gehen Menschenrechtsorganisationen aus, wohl zweitausend Demonstranten sind seit Sisis Putsch gegen Mursi im Sommer 2013 von Sicherheitskräften erschossen worden.[1] Stabilität dürfe nicht allein durch Repression hergestellt werden, sondern verlange Teilhabe der Bevölkerung und Konsensentscheidungen, sagen Diplomaten bei Hintergrundgesprächen in der deutschen Vertretung am Nilufer in Kairo immer wieder. Außerdem dürfe man die Herrscher nicht aus der Pflicht entlassen, eine Klärung im Fall der beiden zu langen Haftstrafen verurteilten Mitarbeiter der Konrad-Adenauer-Stiftung (KAS) zu erwirken. Diese sind von der ägyptischen Justiz beschuldigt, Demokratieaktivisten illegal unterstützt zu haben. Bereits im Dezember 2011 war das KAS-Büro in Kairo auf Geheiß der Militärjunta, dem Hohen Militärrat (SCAF), deshalb geschlossen worden. Ein schlechter Start für die im August 2011 in der »Berliner Erklärung« so verheißungsvoll verkündete Transformationspartnerschaft, in der sich beide Seiten für den Aufbau demokratischer Institutionen sowie die Förderung von Rechtsstaatlichkeit und für Menschenrechte einsetzten.

Bedroht von allen Seiten

Ein halbes Jahrzehnt später erscheint diese Absichtserklärung wie das Dokument einer längst vergangenen Epoche. Von den Revolutionären der ersten Stunde sitzen viele in den Gefängnissen oder sind ins Ausland geflohen. Wie der Rest der Region steht Ägypten ganz im Zeichen des Kampfs gegen den Terror des Islamischen Staats.

Im November 2014 hatte die auf der Sinai-Halbinsel aktive Gruppe Ansar Bait al-Maqdis bekannt gegeben, künftig den Befehlen des IS-Kalifen Abu Bakr al-Baghdadi in Mossul zu folgen. Kurze Zeit später nannte sie sich um in Wilayat Sina (Provinz Sinai) und untermauerte den Anspruch der sunnitischen Gotteskrieger, eines Tages ein zusammenhängendes Territorium vom

Irak bis zum Maghreb unter ihre Kontrolle zu bringen. Auch im Westen Ägyptens, im unwegsamen Grenzgebiet zu Libyen, hat die Armee ihre Stellungen seit 2014 verstärkt – nach dem tödlichen Angriff auf einen Posten der Streitkräfte im Oasengürtel um Baharija. Als letzter Verteidigungsring vor Kairo gilt die von Beduinen bevölkerte Gegend, durch die die wichtigsten Schmuggelrouten aus dem Sudan und dem Tschad Richtung Mittelmeerküste verlaufen. Ein Albtraum für die ägyptische Führung, sollte sie hier die Kontrolle verlieren und in den Strudel des libyschen Chaos hineingezogen werden.

Einher mit der Aufrüstung im Innern geht eine immer aggressivere ägyptische Außenpolitik. Aus Solidarität und Dankbarkeit entsandte Kairo im Frühjahr 2015 Kriegsschiffe an den Golf von Aden, um der von Saudi-Arabien geführten Militärallianz bei der Seeblockade der jemenitischen Küste zu helfen. Ein kleiner Beitrag im Stellvertreterkrieg, den Riad gegen Teheran im Jemen führt und den das Königshaus mit weiteren Geldzahlungen belohnte. Und der sich gut in Sisis Narrativ einfügt, dass erste Aufgabe seiner Regierung der Kampf gegen die existenzielle Bedrohung durch den politischen Islam sei – von den Muslimbrüdern über al-Qaida bis zum Islamischen Staat. Eine Argumentation, die angesichts des Staatszerfalls in Syrien, Irak, dem Jemen und in Libyen durchaus zieht und die sein rücksichtsloses Vorgehen gegen die Muslimbrüder im eigenen Land rechtfertigt: Sie seien der Drahtzieher hinter dem Terror auf dem Sinai und die geistigen Väter sämtlicher terroristischer Bewegungen, betont Sisi immer wieder.

Zwar unterstützt Kairo auch die internationale Allianz gegen den IS in Syrien und im Irak, geht anders als Jordanien, die Vereinigten Arabischen Emirate, Saudi-Arabien, Bahrain und Katar aber nicht militärisch gegen die Terrorgruppe vor. Anders in Libyen: Im Februar 2015 griff die ägyptische Luftwaffe Stellungen des Islamischen Staats in der Küstenstadt Darna an, nachdem die Terrorgruppe Bilder von der Hinrichtung einundzwanzig ägyptischer Kopten veröffentlicht hatte. Bereits zuvor hatte der ägyptische IS-Ableger Wilayat Sina Bilder von der Enthauptung einer Gruppe von Beduinen auf der Sinai-Halbinsel ins Internet gestellt.

Die Sorge, dass islamistische Kämpfer aus Libyen in Ägypten einsickern könnten, wird von den Vereinigten Arabischen Emiraten geteilt. Bereits 2014 flogen Kampfjets der Emirate von ägyptischen Flugbasen aus Angriffe auf Islamistenstellungen bei Sirte. Eine für Kairo lukrative Schützenhilfe: Fachleute aus den Emiraten waren entscheidend bei der Vorbereitung der Wirtschaftskonferenz in Sharm el Sheikh beteiligt.

Aggressiv nach außen

Trotz diplomatischen Drucks aus Abu Dhabi und Kairo erteilten die Vereinten Nationen dem Alleingang der aufstrebenden Ölmacht am Golf und der einstigen arabischen Führungsnation nie ihre Zustimmung. Zu Recht, denn für eine politische Lösung des innerlibyschen Konflikts, den der deutsche UN-Sondergesandte Martin Kobler anstrebt, bedeutete der Alleingang nichts Gutes. Sowohl Kairo wie Abu Dhabi setzen bei ihrem Vorgehen ganz auf den abtrünnigen libyschen Armeegeneral Chalifa al-Haftar, der im Osten des Landes gegen Islamistenmilizen kämpft, darunter den IS. Weil dieser sich weigert, die international anerkannte Regierung zu unterstützen, platzte im Sommer 2016 die von Kobler über Monate vorbereitete Annäherung zwischen den Konfliktparteien. Ein Ende des Bürgerkriegs in Libyen ist nicht in Sicht, woran auch die ägyptische Außenpolitik ihren Anteil hat. Als Bündnispartner will die Bundesregierung Kairo trotzdem nicht verlieren.

Sisis Antiterrorrhetorik spielt die überragende Rolle für die Legitimation seiner Politik – auch beim Werben um ausländische Investoren. Italien und Frankreich folgten den Rufen aus Kairo früh und luden den Militärmachthaber schon in den ersten Monaten nach seiner Wahl zum Präsidenten im Mai 2014 zu Staatsbesuchen nach Rom und Paris ein. Die Bundesregierung hingegen beharrte darauf, dass nach Verabschiedung der neuen Verfassung und der Präsidentenwahl erst noch ein neues Parlament eingesetzt werden müsse, ehe er in Berlin als Gast empfangen werden könne. So hatte es Sisi schließlich selbst in seiner »Roadmap« nach dem Sturz Mursis verkündet.

Überlegungen, die anfangs auch bei der Frage eine Rolle spielten, wie hochrangig Berlin beim Wirtschaftsgipfel in Sharm el Sheikh vertreten sein sollte. Als sich jedoch abzeichnete, dass Frankreich, Großbritannien und die USA durch Minister vertreten sein würden, fielen solche Bedenken plötzlich nicht mehr ins Gewicht. Nicht aus demokratischen, sondern aus wirtschaftlichen Erwägungen: Nach den Vereinigten Arabischen Emiraten und Saudi-Arabien ist Ägypten der wichtigste deutsche Handelspartner in der Region. Auf 3,3 Milliarden Euro beliefen sich zuletzt die Ausfuhren – eine Stellung, die nicht kampflos aufgegeben werden sollte, nur weil der politische Transformationsprozess zögerlicher verlief als noch nach dem Sturz Mubaraks erhofft. Zu groß schien in Wirtschaftsministerium und Kanzleramt die Gefahr, beim Run auf den riesigen ägyptischen Markt mit seinen mehr als neunzig Millionen Bewohnern den Anschluss an die Konkurrenz zu verlieren.

Und die tummelt sich an diesem Wochenende im März 2015 nun einmal in Sharm el Sheikh: Aus zweiundfünfzig Staaten sind die tausendfünfhundert Konferenzteilnehmer gekommen, darunter Saudi-Arabiens Kronprinz Muqrin bin Abd al-Aziz al Saud, Amerikas Außenminister John Kerry und die EU-Außenbeauftragte Federica Mogherini. Auch China und Russland haben Minister geschickt. Aus Abu Dhabi ist der Thronfolger der Vereinigten Arabischen Emirate Mohammed bin Raschid Al Maktum da, Jordanien und Bahrain sind mit ihren Königen vertreten. Milliarden in Form von Memorandums of Understanding (MoUs), Direktinvestitionen und Hilfspaketen sollen fließen. Viel Geld, das letztlich auch Gabriels Entourage bewog, von einer Reise in die Emirate nicht zurück nach Berlin zu fliegen – sondern direkt weiter nach Ägypten.

»Ich werde Sohag nie vergessen«

Nicht zum ersten Mal sei er zu Besuch in seinem Land, lässt der Vizekanzler Industrieminister Fahkri Abdel Nour beim Smalltalk auf dem Sofa wissen: Bereits in den 1980er Jahren habe er mit einer Delegation junger Sozialisten das Land besucht, erzählt Gabriel. Danach sei er immer wiedergekommen, mal als Jugendfunktionär, später als niedersächsischer Ministerpräsident. Mit dem Bus seien die Nachwuchssozialdemokraten bei einer ihrer Reisen den Nil entlang von Luxor über Assiut bis nach Sohag im armen Mittelägypten gefahren, wo sie eine lokale Fußballmannschaft herausgefordert habe. In Jeans und Straßenschuhen habe man das Duell angenommen, nur um am Ende mit 1 zu 15 zu verlieren. »Ich werde Sohag nie vergessen«, sagt Gabriel lachend zu Abdel Nour. »So hoch habe ich nie wieder ein Spiel verloren. Das war ein Ereignis, unsere Niederlage.«

Niederlagen in der Politik ist Gabriel gewohnt, doch die Zehnstundenvisite in dem Badeort am Roten Meer beschert dem in den Umfragen strauchelnden SPD-Vorsitzenden endlich mal wieder einen Erfolg – zumindest wirtschaftspolitisch: Kurz nach dem Treffen mit dem Industrieminister sickert durch, dass Gabriel gemeinsam mit dem Siemens-Vorstandschef Joe Kaeser ein Milliardengeschäft auf den Weg gebracht habe.[2] Abgesichert durch Hermes-Bürgschaften würden in den kommenden Jahren 8 Milliarden Euro an Siemens fließen, um unter anderem ein Gas- und Dampfturbinenkraftwerk im Beni Suef zu errichten. 50 Prozent der ägyptischen Energieversorgung sollen dadurch gesichert werden. Die Stadt liegt unweit von Sohag, wo Gabriel vor so vielen Jahren beim Fußball gehörig eins auf den Deckel bekam. Es ist der größte Abschluss in der Geschichte des Münchner Energiekonzerns, der darüber hinaus bekannt gibt, Windkraftanlagen mit einer Leistung von 2 Gigawatt zu bauen sowie eine Fabrik, die die Rotoren dafür herstellen solle. Auch die bayerische Wirtschaftsministerin Ilse Aigner ist dabei, als Kaeser das Abkommen mit breitem Lachen unterzeichnet. Im Glanz des Rekordabkommens wollen sich an diesem Frühlingsvormittag in Sharm el Sheikh alle sonnen.

Der Deal hat jedoch seinen Preis. Ohne Absprache mit dem Auswärtigen Amt, wie später bekannt wird, überbringt Gabriel eine Einladung Angela Merkels an Sisi, die Bundeskanzlerin in Berlin zu besuchen. Über Monate hatte der Machthaber auf ein Treffen gedrängt, um sein international ramponiertes Image aufzupolieren. Eine Einladung von Europas Führungsmacht würde intern Kritik verstummen lassen, dass das Land wirtschaftlich den Anschluss an die Weltgemeinschaft verloren habe, so das Kalkül im Präsidentenpalast in Kairo. Auch die Empörung über die Massenverhaftungen von Oppositionellen würde sich dann vielleicht endlich legen. Die wurmt die neuen Herrscher gewaltig, sehen sie sich doch als Retter auch des Westens vor einem islamistischen Gottesstaat in Ägypten, der im Fall einer Fortführung der Mursi-Herrschaft angeblich gedroht hätte. Ihrer Lesart zufolge war der von Massendemonstrationen begleitete Sturz der Muslimbrüder kein Putsch, sondern eine zweite Revolution. Die vermeintliche Fehlentscheidung der Wähler bei der ersten freien Wahl in der Geschichte des Landes sei damit korrigiert worden.

Ein Putsch, keine Revolution

Im politischen Berlin betrachtete man das anders. Zu erheblich waren die Menschenrechtsverletzungen, zu hoch die Opferzahlen in den Wochen nach dem Staatsstreich. Ohne Teilhabe der Bevölkerung in einem demokratisch gewählten Parlament, glaubte man, würde es eine engere Zusammenarbeit vorerst nicht geben. Bis zum Wirtschaftsgipfel in Sharm el Sheikh hatte die Große Koalition deshalb zu Recht die Linie vertreten, den durch einen gewaltsamen Putsch an die Macht gelangten Exarmeechef erst dann in Deutschland zu empfangen, wenn sich eine neue Legislative konstituiert habe. Das Unterhaus Maglis al-Shab war wenige Tage vor der Wahl des Muslimbruders Mursi 2012 durch das Verfassungsgericht aufgelöst worden – wie Armee, Polizei und Geheimdienste ein Hort der Verteidiger des alten Regimes, des »tiefen Staats« also, der den Sturz des Langzeitherrschers Husni Mubarak 2011 nie akzeptierte.

Die Restauration des alten Regimes in Kairo wäre ohne die Unterstützung der reichen Golfstaaten Saudi-Arabien, Kuwait und der Vereinigten Arabischen Emirate nie geglückt. Hilfen in Höhe von 10 Milliarden Dollar versprachen sie unmittelbar nach der Machtergreifung Sisis im Juli 2013. Der bezeichnete die Sicherheit der Mitglieder des Golf-Kooperationsrats (GCC) im Gegenzug als »untrennbaren Teil der ägyptischen Sicherheitsinteressen«.[3] Auch auf der Wirtschaftskonferenz in Sharm el Sheikh stellen Abu Dhabi und Riad mit 12,5 von insgesamt 17 Milliarden Dollar den Löwenanteil an Transferleistungen und Darlehen für Ägypten in Aussicht. Mit allen Mitteln wollen sie einen Bankrott der von Massenarmut, Arbeitslosigkeit und Terroranschlägen gebeutelten einstigen Führungsmacht der arabischen Welt verhindern. Auch ein Wiedererstarken der Protestbewegung von 2011 soll durch die Milliardenüberweisungen verhindert werden, obwohl die Gelder vor allem in die zahlreichen Militärbetriebe fließen und nicht kleinen oder mittelständischen Betrieben nutzen, in denen neue Arbeitsplätze entstehen könnten.

Doch das Kalkül in Kuwait, Riad und Abu Dhabi ist ein anderes; den von den Aufständen beunruhigten Herrschern geht es um die großen strategischen Linien in einer Region im Umbruch. Voller Entsetzen hatten die Führer der konservativen Golfstaaten im Februar 2011 auf die Entscheidung Barack Obamas reagiert, Mubarak fallen zu lassen. Dem entmachteten tunesischen Präsidenten Zine el-Abidine Ben Ali bot das saudische Königshaus bereits einen Monat zuvor in der Hafenstadt Dschidda Exil. Die Sorge, dass die Proteste sich auf ihre Staaten ausweiten würden, war riesig. Als Verrat betrachteten die über Jahrzehnte wichtigsten Erdöllieferanten der westlichen Welt die Entscheidung der USA, einem der ihren die Gefolgschaft aufzukündigen. Ein Ende der traditionellen Partnerschaft, die in Washington selten von Kritik an den autoritären Zuständen am Golf getrübt gewesen war, galt bis dahin als undenkbar. Die Sympathien der Obama-Regierung für die von Mubarak lange unterdrückte, nun im Aufwind befindliche Muslimbruderschaft verstärkte diese Ängste noch: Als gefährliche Rivalen um den religiösen Legitimationsanspruch, den das wahabitisch-sunnitische Herrscherhaus als Hüterin der heiligen Stätten von Mekka und Medina für sich beansprucht, wurde der politische Islam ägyptischer Prägung gesehen.

Hilfe vom Golf

In Riad begriff man die Umstürze in Nordafrika deshalb von Anfang an als Bedrohung der eigenen Macht. Mit Milliardengeschenken an die Bevölkerung versuchte König Abdullah dieser Herr zu werden. Außenpolitisch schwenkte er um von einer Politik stiller Zurückhaltung hin zu einer verstärkten Scheckbuchdiplomatie, in Anlehnung an die Landeswährung auch als »Ryalpolitik« bezeichnet. Ägypten als bevölkerungsreichstem arabischem Staat kam bei diesem Strategiewechsel zentrale Bedeutung zu – und die Generäle des Hohen Militärrats (SCAF) wurden zu den wichtigsten Bündnispartnern. Milliarden pumpte das Königshaus in Kredite, Darlehen und Rücklagen bei der Zentralbank in Kairo, um das Post-Mubarak-Regime zu stabilisieren. An einen demokratischen Wandel, wie Deutschland ihn etwa in der Transformationspartnerschaft vorgesehen hatte, dachte die saudische Führung dabei nicht – im Gegenteil: Regimeerhalt sowie Zurückdrängung der Muslimbruderschaft und der Protestbewegung von 2011 waren das Ziel, Konterrevolution der Weg. Damit stießen sie bei Sisi, der einige Jahre als Militärattaché an die ägyptische Botschaft in Riad entsandt war, und den anderen SCAF-Generälen von Beginn an auf offene Ohren.

Neben politischen waren es aber auch wirtschaftliche und militärische Interessen, welche die GCC-Führungsmächte noch näher an Ägypten heranrücken ließen. Im Zuge des rapide steigenden Ölpreises hatten saudische Unternehmer seit 1999 hohe Summen in Ägypten investiert. Ägyptische Gastarbeiter hatten bereits seit den 1970er Jahren für Milliardentransfers aus Saudi-Arabien zurück in die Heimat am Nil gesorgt. Gemeinsame Militärmanöver von saudischer und ägyptischer Armee finden seit Jahrzehnten statt, intensiviert wurden sie während der Amtszeit Mubaraks. Mit dem Vakuum, das nach dessen Sturz entstand, sahen die Herrscher in Riad dann die – wenn auch aus der Not geborene – Chance gekommen, vom wirtschaftlichen Einfluss auf Kairo auch politisch stärker zu profitieren. Die Abwendung Obamas von der arabischen Welt und Amerikas Annäherung an den Iran bei den 5+1-Gesprächen über Teherans Atomprogramm trieben diesen Prozess voran.

Mit der Wahl des Kandidaten der Muslimbruderschaft Mursi zum Präsidenten im Juni 2012 erreichte die Beunruhigung bei den beiden Führungsmächten des Golf-Kooperationsrats eine neue Stufe. Mursis Gegenkandidat, der vom »tiefen Staat« aus Armee, Polizei, Justiz und Geheimdiensten unterstützte Ahmed Shafiq, fand nach der von ihm angefochtenen Niederlage Zuflucht in Abu Dhabi. Unterstützt von den Mittelmächten Türkei und dem GCC-Außenseiter Katar setzte Mursi auf den politischen Islam als Zukunftsideologie für die arabische Welt – und auf eine Annäherung an den Iran.

Nieder mit den Muslimbrüdern

Das war nicht hinnehmbar für Saudi-Arabien. Da der Iran den einstigen Hauptfeind Israel als größte Bedrohung längst abgelöst hatte, verstärkten Riad und Abu Dhabi seit Sommer 2012 ihre Eindämmungspolitik gegenüber der Muslimbruderschaft. Eine Loslösung Ägyptens aus der sunnitisch-arabischen Achse durfte auf keinen Fall geduldet werden; ein kalter Krieg mit Katar und der Türkei um die Vorherrschaft in Ägypten begann – und die Vorbereitungen für den Sturz Mursis. Entscheidende Fäden bei der Organisation und Finanzierung des Putschs wurden ab Frühjahr 2013 von Repräsentanten der Golfmonarchien gezogen, und die monetäre Unterstützung der Militärjunta ging auch danach weiter: Bis Ende 2015 beliefen sich Darlehen, Direktinvestitionen, Rohstofflieferungen und Kredite für Ägypten auf rund 25 Milliarden Dollar. Ohne die Petrodollar vom Golf wäre das Land längst bankrott. Doch zuletzt begann die Unterstützung zu bröckeln: Weil Ägypten bei den Vereinten Nationen die russische Linie in Syrien unterstützte, stellte Riad Ende 2016 die Lieferung von Diesel und Benzin ein.

Gabriel weiß um den enormen Einfluss der Golfstaaten auf Ägypten. Auch in Deutschland haben die Staatsfonds der GCC-Mächte in den vergangenen Jahren Milliarden investiert. Die Abhängigkeit der deutschen Politik von den Interessen der sunnitischen Monarchien wird dadurch immer größer. Das will so direkt zwar kein Politiker offen aussprechen, die regelmäßigen Reisen der Kanzlerin, des Vizekanzlers, aber auch von Außenminister Frank-Walter Steinmeier und Ministerpräsidenten der Bundesländer sprechen eine deutliche Sprache. Mit im Schlepptau bei den Visiten in den Glitzermetropolen am Golf sind stets hochrangige Firmenvertreter aus der zivilen wie aus der Rüstungswirtschaft. Daraus macht auch Gabriel beim Gespräch im »Nile Valley Room« des Kongresszentrums von Sharm el Sheikh keinen Hehl: »Was die deutsche Wirtschaft will, ist klar: Sie will die Chance auf

Investitionen nutzen. Es gibt große Projekte hier, an denen deutsche Firmen beteiligt sein werden«, sagt er dort.[4]

Bevor der Vizekanzler weiter zu seinem Treffen mit Sisi eilt, verteidigt er den Kurs der Bundesregierung – und verspricht, gegenüber dem Staatschef die massenhafte Verhängung der Todesstrafe ebenso zu thematisieren wie »den für Deutschland inakzeptablen Ausschluss großer Teile der Bevölkerung aus dem politischen Prozess«. Wenn es ein Land in der Region gebe, »an dem Deutschland und Europa ein Interesse an Stabilität haben müssen, dann ist es Ägypten«, stellt er fest. »Es war einmal die Führungsnation der Region, jetzt ist es ein ganz instabiles Land. Einer der Gründe für die Instabilität ist die schwierige wirtschaftliche und soziale Lage vor allem junger Leute. Deswegen haben wir ein Interesse dabei, dem Land zu helfen, es zu stabilisieren.«

Märchenschlösser in der Wüste

Den Hinweis darauf, dass bereits die Zusammenarbeit mit dem autoritären Staatschef Mubarak nicht zu mehr Stabilität geführt habe, sondern die Basis für die Aufstände von 2011 gelegt habe, weist der Wirtschaftsminister zurück – und setzt auf die Lernfähigkeit Sisis, der die Fehler der Vergangenheit nicht wiederholen werde. Der neue Präsident wisse, dass »auf Dauer ein solches System keine Überlebenschance hat«, dass ein »so starres System dazu führt, dass letztlich keine gute wirtschaftliche und damit auch keine gute soziale Entwicklung« erfolgen werden. »Durch Zusammenarbeit Mut zu machen zu Veränderung«, lautet Gabriels Angebot an Ägyptens Staatschef – da müsse man bei Freiheits- und Menschenrechten Abstriche eben in Kauf nehmen. »Dass wir auf Sicht damit rechnen müssen, dass die Verhältnisse sich nicht dramatisch verbessern mit Blick auf Demokratie, unsere Vorstellung von Demokratie, das scheint jedem klar zu sein«, gibt er zum Abschied eilig zu Protokoll. »Weil in der Politik müssen sie irgendwann auch mit den Realitäten umgehen lernen.« Und: »Wir leben immer in der besten aller Welten, die wir gerade vorfinden.«

Auch der Leiter der Suezkanalbehörde, der auf der Egypt-The-Future-Konferenz ein flammendes Plädoyer für die Erweiterung der Wasserschneise zwischen Rotem und Mittelmeer hält, gehörte einst dem Militär an: Vizeadmiral Mohab Mamish. Angesichts der strategisch einflussreichen Lage Ägyptens an einer der wichtigsten Seerouten der Welt kommt der Marine innerhalb des ägyptischen Militärs besonders hohe Bedeutung zu, die noch verstärkt wird durch die Massenflucht über das Mittelmeer. Sisi selbst und der saudische Kronprinz Muqrin Al Saud sitzen in der ersten Reihe des großen Versammlungssaals im Kongresszentrum von Sharm el Sheikh, als Mamish den Bau einer zweiten Fahrrinne des Suezkanals als »Geschenk Ägyptens an die Welt« preist. Ein Projekt der Superlative, für die bereits im August 2014 Saudi-Arabien 4 Milliarden Dollar bereitstellte. 6 Prozent Wachstum verspricht Mamish den begeisterten Zuhörern und eine Million neue Arbeitsplätze in den nächsten anderthalb Jahrzehnten. Das Suez Canal Corridor Development Project (SCCDP) bilde den Beweis dafür, dass Wunder möglich seien: 72 Kilometer lang sei die zweite Spur des Kanals, die innerhalb nur eines Jahrs ausgehoben wurde – »die größte Ausgrabungsleistung der Geschichte«, so Mamish. 1,6 Milliarden Kunden würden davon jährlich profitieren, ein »globaler Knotenpunkt von Weltklasse« entstehen.

Ein Fass ohne Boden

Sonntagsreden wie die des Marineadmirals sind es, von denen sich auch Gabriel blenden lässt. Dabei kann von einem Erfolg des Mammutprojekts keine Rede sein. 290 Millionen Dollar weniger als 2014 nahm die Kanalbehörde im ersten Jahr nach der Fertigstellung der zweiten Fahrrinne an Durchfahrtszöllen ein, auch wenn die Zahl der Schiffe, die den Suezkanal passierte, leicht anstieg.⁵ Und auch um das zweite Großprojekt, das Sisi auf der Konferenz in Sharm el Sheikh ankündigte, ist es still geworden: »The Capital Cairo«, eine neue Hauptstadt, soll bis 2024 die bestehende Zwanzigmillionenmetropole ersetzen. Mithilfe von Geldern aus den Vereinigten Arabischen Emiraten, so der Plan, würde ein neues Finanz- und Regierungszentrum aus dem Wüstensand gestampft. Weil mittlerweile die Herrscher in Abu Dhabi nicht mehr bereit sind, endlos Geld in ein Fass ohne Boden zu schütten, stagnieren die Bauarbeiten an der neuen Hauptstadt zwischen Nil und Rotem Meer.

Die Zeiten industrieller Großprojekte, wie sie die Ära Gamal Abdel Nassers prägten, sind lange vorbei. Wirtschaftsexperten sind sich einig, dass von den Geldern, die im Geflecht der Armeebetriebe verschwinden, kaum etwas bei der verarmten Bevölkerung ankommt. Um rund 2,5 Millionen wächst diese jedes Jahr, sodass 2025 bereits 140 Millionen Menschen entlang des schmalen fruchtbaren Streifens am Nil leben könnten. Doch zur Verbesserung der sozialen Lage hat der Regimewechsel nicht beigetragen, das Land hängt am Tropf der reichen Golfstaaten: Unmittelbar nach dem Sturz Mursis durch Sisi 2013 hatte die Führung der Emirate Ägypten noch mit 10 Milliarden Dollar unter die Arme gegriffen.⁶ Saudi-Arabien und Kuwait waren die beiden anderen großen Finanziers des Umsturzes – geschätzt 25 Milliarden Dollar an Hilfszahlungen und Krediten sollen die autoritären Golfmonarchien seit 2013 nach Ägypten überwiesen haben.⁷

Trotzdem hält die Bundesregierung an ihrer Zusammenarbeit fest, selbst wenn Vertreter der Großen Koalition hinter vorgehaltener Hand zugeben, dass die eigene Prinzipienlosigkeit die ägyptische Seite letztlich dazu ermuntere, immer weitere Forderungen zu stellen. »Too big to fail«, lautet das Schlagwort, mit dem über die Missachtung von Menschenrechten und demokratischen Standards hinweggesehen wird: Als Stabilitätsanker in der Region müsse man Ägypten unbedingt beistehen, heißt es dann.

»Wenn nicht, wird das nicht nur die Region in eine katastrophale Lage bringen, sondern auch Europa als direkten Nachbarn«, pflichtet Gabriel dieser Linie in Sharm el Sheikh bei. Forderungen nach Konditionierung der Hilfen verlaufen deshalb immer wieder im Sand. Und auch die Aussicht auf lukrative Geschäftsabschlüsse für deutsche Unternehmen wie Siemens verhindert einen Politikwechsel, von dem andere Akteure als die abgehalfterte Militärkaste profitieren könnten.

Es ist eine Lehrstunde in allein an wirtschaftlichen Interessen ausgerichteter Realpolitik, die Gabriel bei seinem Besuch in Sharm el Sheikh bietet. Sozialdemokraten und Gewerkschafter in Ägypten sind erzürnt darüber, wie er Sisi ohne Rücksprache so aufwerten konnte. Und auch das Kalkül, in der Frage der verurteilten Mitarbeiter der Adenauer-Stiftung eine Lösung herbeizuführen, geht nicht auf: Immer wieder führt die ägyptische Außenpolitik die Bundesregierung in den Wochen nach dem Wirtschaftsgipfel an der Nase herum. Erst einen Tag vor Sisis Berlin-Besuch im Juli 2015 übergibt das Außenministerium in Kairo deutschen Diplomaten ein Papier, das die Arbeit ausländischer Stiftungen in Ägypten auf eine neue Grundlage stellen soll. Doch weder im Kanzleramt noch im Auswärtigen Amt wird der Entwurf als ernsthaftes Angebot gewertet. Wie im Januar 2013, als Sisis Vorgänger Mursi ebenfalls mit leeren Händen in Berlin ankam, ist die Bundeskanzlerin in der von ihr zur Chefsache erklärten Stiftungsfrage über den Tisch gezogen worden. Ein Affront mit Ansage – und Ergebnis jener Prinzipienlosigkeit, die sich wie ein roter Faden durch die deutsche Ägypten-Politik seit dem Sturz Mubaraks zieht.

Nur Bundestagspräsident Norbert Lammert zieht Konsequenzen aus dem rücksichtslosen Vorgehen der Militärjunta gegen Menschenrechtsorganisationen, Zivilgesellschaft und Muslimbrüder und sagt ein geplantes Treffen mit Sisi ab: »Statt der seit Langem erwarteten Terminierung von Parlamentswahlen erleben wir seit Monaten eine systematische Verfolgung oppositioneller

Gruppen mit Massenverhaftungen, Verurteilungen zu langjährigen Haftstrafen und einer unfassbaren Anzahl von Todesurteilen, darunter der ehemalige Parlamentspräsident«, schreibt der zweithöchste Repräsentant der Bundesrepublik zur Begründung an den ägyptischen Botschafter in Berlin.[8] Die Politik der ägyptischen Regierung trage weder zur inneren Befriedung des Landes noch zu einer demokratischen Entwicklung bei.

Der peinliche Auftritt des vom Militärchef zum Präsidenten gewandelten Staatsoberhaupts in der Bundeshauptstadt lässt sich da aber nicht mehr rückgängig machen. Negativer Höhepunkt der Staatsvisite ist ein Auftritt Sisis im Kanzleramt: Lautstark brüllen als Journalisten deklarierte Mitreisende seiner Delegation eine ägyptische Fragestellerin nieder, als diese bei der Abschlusspressekonferenz wagt, die Zusammenarbeit der Bundesregierung mit dem Regime in Kairo zu kritisieren und den einstigen Militärchef als »Mörder« zu titulieren.

Schmusekurs mit Sisi

Für den Machthaber vom Nil ist das Ziel des Besuchs jedoch erreicht: Die in Sharm el Sheikh mit dem Siemens-Vorstand Joe Kaeser unterzeichneten Absichtserklärungen zum Bau der Kraftwerke werden in Berlin in Form von Verträgen verbindlich vereinbart. Der Abbau von Arbeitsplätzen an den deutschen Standorten des Konzerns konnte dadurch zunächst verhindert werden, der »größte Einzelauftrag aller Zeiten«, wie es in München stolz heißt, ist in trockenen Tüchern.

Im Schatten von Projekten wie dem Siemens-Deal profitieren auch deutsche Rüstungskonzerne vom Schmusekurs der Bundesregierung mit den Post-Mubarak-Regierungen. 2015 stieg Ägypten zum viertgrößten Rüstungsimporteur weltweit auf, was nicht zuletzt europäischen Rüstungskonzernen nutzt und damit Unternehmen jener Staaten, die ihren Worten nach so sehr an einer demokratischen Transformation des bevölkerungsreichsten arabischen Landes interessiert sind.

Allein 2014 erteilten die EU-Mitgliedsstaaten 290 Genehmigungen für Rüstungsexporte an das Sisi-Regime; Gesamtwert laut der Londoner Campaign Against Arms Trade (CAAT): mehr als 6 Milliarden Euro.[9] An die Spitze der europäischen Exporteure setzte sich in den Jahren nach dem Putsch Frankreich, dessen Rüstungsindustrie allein durch die Lieferung zweier Hubschrauberträger der Mistral-Klasse 950 Millionen Euro einnahm. Mehrere Landungsboote, 16 Hubschrauber, 13 Panzer und 450 Soldaten können auf den Kriegsschiffen transportiert werden. Eigentlich sollte Russland diese erhalten, doch wegen des militärischen Vorgehens in der Ukraine platzte der Deal. Die Schiffe bezahlte trotzdem die Führung in Moskau, doch überließ Präsident Wladimir Putin sie der ägyptischen Marine.

Für die Diversifizierung der ägyptischen Außenpolitik ist das ein wichtiger Schritt: Anders als von seinen EU-Partnern muss Sisi sich bei seinen Treffen mit Putin keine Ermahnungen wegen mangelnder demokratischer Fortschritte anhören. Als der russische Präsident im Februar 2015 Kairo besuchte, brachte er Sisi als Gastgeschenk eine Kalaschnikow mit, das Sturmgewehr AK-47. Beim Treffen der beiden in Sotschi im Sommer zuvor hatte der einstige Militärchef eine Vorführung in russischer Waffentechnik bekommen – seitdem sind die Exporte aus Russland nach Ägypten in die Höhe geschnellt, Dutzende Kampfhubschrauber und Kampfflugzeuge zählen dazu.

Es ist der Lohn für Sisis rücksichtslose Antiterrorpolitik, die keine Unterschiede macht zwischen bewaffneten Gruppierungen und den Muslimbrüdern, die sich auf das demokratische Experiment nach dem Sturz Mubaraks eingelassen hatten, dann aber durch den Putsch um ihren Wahlsieg gebracht wurden. Denn abgesehen von kurzen Lieferstopps ging die Ausfuhr von gepanzerten Fahrzeugen, militärischer Software und Elektronik auch nach der gewaltsamen Niederschlagung der islamistischen Proteste ungehindert weiter. Die Rheinmetall-Sparten MAN Military Vehicles und Defence Electronics, der Überwachungsspezialist Rohde Schwarz, Raytheon und Atlas: All diese deutschen Rüstungsbetriebe können weiter von der laxen Genehmigungspraxis des Wirtschaftsministeriums und der ihm unterstellten Bundesausfuhrbehörde in Eschborn profitieren.

Europa rüstet weiter auf

Dass die früheren Geheimdienstler Sisi und Putin weder in militärischen noch in menschenrechtlichen Fragen Differenzen haben, überrascht nicht. Doch dass die augenzwinkernde Kumpanei der Europäischen Union mit der Militärjunta weitergeht, obwohl sich die EU-Mitgliedsstaaten im August 2013, unmittelbar nach Sisis Staatsstreich, auf eine politische Erklärung einigten, die vorsah, Rüstungsexporte, die zu internen Repression geeignet sind, auszusetzen, ist ein Skandal.

Vor der Kairoer Universität und rund um den Rabaa-al-Adawija-Platz im Norden der Hauptstadt hatten sich damals über Wochen Anhänger Mursis versammelt, um gegen den Putsch zu demonstrieren – ehe die Militärführung den Befehl zur gewaltsamen Auflösung der Protestcamps erteilte. Human Rights Watch hat die Tötung Hunderter Zivilisten als »einen der größten Morde weltweit an Demonstranten an einem einzigen Tag in der jüngeren Vergangenheit« bezeichnet.[10] Zur Aufklärung des Massakers von Rabaa hat die ägyptische Justiz seitdem nicht beigetragen, sondern fortgesetzt, was die gesamte postrevolutionäre Phase kennzeichnet: Für hohe Polizei- und Armeeoffiziere gilt Straflosigkeit; Verurteilungen für an Massakern beteiligte Sicherheitskräfte fanden abgesehen von wenigen Ausnahmen nicht statt.

Die Konsolidierung der autoritären Stützen des Systems unter Sisi geht einher mit einem gefährlichen Trend, den das rüstungskritische Stockholm Institute for Peace Research (SIPRI) in Zahlen gefasst hat und der durch den EU-Exportstopp nicht getrübt wird: Seit der Revolution hat Ägypten seine Militärausgaben massiv gesteigert, rund 12 Milliarden Dollar soll der Umfang der Rüstungsgeschäfte seitdem betragen – befördert durch das Bestreben, die während der Aufstände verloren gegangene Rolle als regionale Führungsmacht zurückzuerlangen. Um 37 Prozent zwischen 2011 und 2015 gingen die Importe laut SIPRI in die Höhe, besonders stark im Jahr der Wirtschaftskonferenz von Sharm el Sheikh.[11] Dass das Sisi-Regime nicht in der Lage ist, die Ausgaben selbst zu erwirtschaften, liegt auf der Hand. Die Hilfszahlungen, die die GCC-Führungsmächte Saudi-Arabien, Kuwait und die VAE seit dem Putsch gegen Mursi leisteten, kommen vielfach den in- wie ausländischen Profiteuren der ägyptischen Aufrüstung zu – und fehlen für Gesundheit, Bildung und Soziales.

Das ist umso bedenklicher, weil die Armee unter Sisi weitaus stärker selbst gegen Kritiker vorgeht als in den Jahrzehnten der Mubarak-Herrschaft. Repressive Funktionen hatten bis zur Revolution 2011 vor allem Polizei und Inlandsgeheimdienste ausgeübt. Das feine Zusammenspiel der Unterdrückung ist nach dem Jahr der Muslimbrüder an der Macht jedoch ausgebaut worden, um künftig stärker gemeinsam gegen abermalige Proteste vorgehen zu können – mit den Streitkräften als treibende Kraft. Allein bis 2015 sollen mehr als 7400 Menschen durch Militärgerichte verurteilt worden sein, berichtet Human Rights Watch. »Sisi hat den Militärstaatsanwälten letztlich freie Hand gelassen, weil er offenbar nicht zufrieden war mit der Verhaftung Zehntausender und den im Schnelldurchlauf durchgezogenen Massenprozessen, die im Namen nationaler Sicherheit gegen gängige Standards verstieß«, kritisiert die Organisation. »Damit hat er der Militärjustiz die mächtige Rolle zurückgegeben, die sie unmittelbar in den Monaten nach dem ägyptischen Aufstand innehatte, als das Land von Generälen regiert wurde.« [12]

Deutsche Wehrtechnik für Kairo

Immer wieder in den ersten Monaten nach dem Sturz Mubaraks war es zu Protesten gegen die Militärjunta der SCAF-Generäle gekommen. Unzähligen Revolutionären der ersten Stunde war klar, dass der Hohe Militärrat die treibende Kraft einer neuen Repressionswelle war, die sich gegen alle richtete, die eine umfassende Umwälzung in Ägypten verlangten – und nicht akzeptieren wollten, dass nur ein Gesicht an der Spitze des alten Regimes ausgetauscht worden war.

So auch im Oktober 2011, als sich Hunderte vor dem Gebäude des staatlichen Rundfunks im Innenstadtbezirk Maspero am Nilufer versammelten. Noch heute lassen sich auf Youtube die Bilder hochladen, die zeigen, wie ein Fahrzeug des ägyptischen Militärs mitten in eine Menge von Menschen hineinrast, die gegen die geschönten Berichte der Staatsmedien protestieren.[13] Zwölf Tote hat die Freiheitsbewegung an diesem Abend zu beklagen, das »Maspero-Massaker« wird zu einem Wendepunkt der ägyptischen Revolution. Bei vielen Aktivisten schwindet danach die Hoffnung, wirkliche Veränderung erreichen zu können. Überdeutlich wird, dass Mubarak zwar gegangen, die Diktatur aber geblieben ist.

Das tödliche Fahrzeug war ein Fahd-Radpanzer, den einst Thyssen Henschel als Modell TH 390 herstellte, ehe Rheinmetall die Produktion übernahm. Damit lag der Düsseldorfer Mischkonzern ganz im Trend: Deutsche Techniker und Forscher waren schon in den 1950er Jahren aktiv am Aufbau der ägyptischen Rüstungsindustrie beteiligt – der am weitesten entwickelten der arabischen Staaten.[14] Auf mehr als tausenddreihundert Stück beziffert Amnesty International die seit den 1980er Jahren mit deutscher Lizenz in Ägypten hergestellten Fahd-Radpanzer.[15] Unter Mubarak, der wie Sisi aus dem Militär an die Staatsspitze gelangt war, galt das Land als verlässlicher Partner, sodass die Bundesregierung der Lizenzproduktion zustimmte. Der Friedensvertrag Kairos mit Israel und die Teilnahme ägyptischer Truppen am Zweiten Golfkrieg 1991 bescherten dem Regime einen Geldsegen, nicht zuletzt im Rüstungssektor. Auch die Unterstützung mit rund 1,5 Milliarden Dollar, die das Pentagon in Washington den ägyptischen Streitkräften jedes Jahr zukommen lässt, begann in dieser Zeit. Zu einem Umdenken in der damals noch schwarz-gelben Bundesregierung führte das »Maspero-Massaker« jedoch nicht: Für 3,5 Millionen Euro genehmigte sie 2012 abermals den Export von Fahd-Komponenten. Allein für 55 Millionen Euro hatte das Bundesausfuhramt im Jahr der arabischen Aufstände Zulieferungen für dessen Produktion in Ägypten erteilt; von 2004 bis 2012 waren es insgesamt rund 131 Millionen.[16] Nicht nur für die Rüstungssparte von Rheinmetall bedeutete das in Zeiten sinkender Ausgaben durch die Bundeswehr eine willkommene Einnahmequelle. Bereits 2014, im Jahr nach der Machtergreifung Sisis, hatte der Bundessicherheitsrat Rüstungsexporte im Wert von 22,7 Millionen Euro nach Ägypten genehmigt, darunter vor allem U-Boot-Technik, im Jahr darauf für 19 Millionen Euro. »Die internationale Konfliktlage veranlasst viele Staaten, wieder mehr für ihre Streitkräfte auszugeben«, stellte der Vorstandsvorsitzende Armin Papperger bei der Bilanzpressekonferenz in Düsseldorf im März 2016 zufrieden fest.[17]

Und das ungeachtet des nach dem Putsch Sisis angemahnten Exportstopps durch die Europäische Union: Demnach sollten keine Militärtechnologie und Militärgüter, die zur Unterdrückung im Innern genutzt werden können, mehr nach Ägypten geliefert werden. Als das Europäische Parlament diese Forderung im Frühjahr 2016 erneuerte, tat die Bundesregierung den Beschluss als »nicht legislative Entschließung« und »politische Willensäußerung« ab, die man aber »sehr ernst« nehme – wenn auch in unverbindlicher Form: »Eine rechtliche Verpflichtung für die Mitgliedstaaten ist daraus nicht abzuleiten.«[18] Diese Haltung ist kennzeichnend für die Politik des Wegschauens, welche die Bundesregierung gegenüber den Machthabern in Kairo pflegt – obwohl der »tiefe Staat« aus Justiz, Polizei, Armee und Geheimdiensten die Schalthebel der Repressionsmaschinerie nie aus den Händen gegeben hat. Exarmeechef Sisi, der von Mubarak einst zum Chef des Militärgeheimdiensts ernannt worden war, steht dafür wie kein zweiter. Zwar mahnt Berlin Verbesserungen im Menschenrechtsbereich immer wieder hinter den Kulissen an. Den Worten aber folgen keine Taten, die wirtschaftliche Zusammenarbeit geht weiter, siehe Siemens, siehe Rheinmetall.

Weniger als ein Jahr nach der Wirtschaftskonferenz von Sharm el Sheikh gab Gabriel die Genehmigung für den Bau eines U-Boots durch ThyssenKrupp Marine Systems (TKMS) bekannt. Das größte Ägypten-Geschäft im Rüstungssektor seit Jahren soll ein Volumen von rund 500 Millionen Euro haben – und durch die Lieferung eines weiteren U-Boots abgerundet werden. Viel Geld, das über Jahre die Existenz der klammen Kieler Werft des Unternehmens sichern wird, sagen Befürworter des Deals. Bei einem Besuch in Kiel betonte auch Gabriel im Januar 2016, dass nicht der Bau von U-Booten, sondern der Export von Kleinwaffen, die in Bürgerkriegen eingesetzt würden, Probleme bereite. Der deutsche U-Boot-Sektor hingegen sei »industriell für uns unglaublich wichtig«, so der Wirtschaftsminister. »Wenn Sie schauen, wie viele Unternehmen bundesweit daran beteiligt sind, ein U-Boot zu bauen, dann wissen Sie, dass dies ein industriepolitisches Projekt von großer Bedeutung ist.«[19]

Kooperation mit den Folterern

Von seinem politischen Ziel freilich, über Rüstungsexporte künftig entlang außen- und sicherheitspolitischer Interessen entscheiden zu lassen und sie nicht von beschäftigungspolitischen Fragen abhängig zu machen, hat Gabriel sich damit wieder ein Stück weit entfernt – zumal die Zusammenarbeit deutscher Behörden mit dem Repressionsapparat längst auf weitere Gebiete ausgedehnt wird. Im Juli 2016 unterzeichneten Vertreter des Bundesinnenministeriums ein Sicherheitsabkommen mit ihren ägyptischen Amtskollegen, das die Kooperation auf eine neue Grundlage stellen soll. Unterstützung in den Bereichen Grenzsicherung, Kampf gegen den Terrorismus und illegale Migration sagte Berlin zu – auch für die Nachfolger der berüchtigten Geheimdienste der Mubarak-Ära, den National Security Service (NSS) und den Auslandsnachrichtendienst General Intelligence Service (GIS). Selbst die in Menschenschmuggel verwickelten Grenzbehörden gelten als Kooperationspartner ebenso wie Polizeieinheiten, die nachweislich an Folter und Misshandlung von Gefangenen beteiligt waren. Ziel sei es, so die Bundesregierung in der Antwort auf eine Kleine Anfrage der Grünen-Bundestagsfraktion, »das Verständnis einer nach demokratischen und rechtsstaatlichen Grundsätzen und Menschenrechten verpflichteten Polizei zu vermitteln«.[20]

Ein hehres Ziel, doch so weit weg von der Realität Ägyptens, dass man es fast nicht glauben mag. Die Brutalität des ägyptischen Polizeiapparats war einer der Auslöser für die Revolution gegen Mubarak gewesen. Seit dem Militärputsch gegen Mursi 2013 ist trotz unzähliger Appelle zur Reform keine Besserung eingetreten. Im Gegenteil: Ein Antiterrorgesetz ermöglicht es den Behörden, flächendeckend gegen unliebsame Personen vorzugehen; auch Journalisten sind davon betroffen. Obwohl das Innenministerium in Berlin zugibt, dass der »umfassende Terrorismusbegriff« der ägyptischen Regierung »unverhältnismäßig« sei und »von den Sicherheitsbehörden als auch der Justiz immer wieder auch im Kontext von Demonstrationen gebraucht« werde, werden keine Konsequenzen aus deren Rolle bei der Niederschlagung der Proteste seit 2011 gezogen.

Gabriel verteidigt diesen Kurs ebenfalls. »Ich finde, Sie haben einen beeindruckenden Präsidenten«, sagte er, als er im April 2016 nach einem Treffen mit Sisi in Kairo vor deutsche und ägyptische Journalisten trat.[21] Und das, obwohl nur drei Monate zuvor der italienische Sozialwissenschaftler Giulio Regeni von ägyptischen Sicherheitskräften verschleppt, gefoltert und ermordet worden war. Der junge Mann hatte zur schwierigen Lage der ägyptischen Gewerkschaften geforscht – ein Thema, das eigentlich jeden Sozialdemokraten berühren müsste. Das Verhältnis der italienischen Regierung zur Führung in Kairo ist seitdem empfindlich abgekühlt: Die Sisi eigentlich wohlgesinnte Regierung in Rom zog ihren Botschafter aus Kairo ab und wartete auch am ersten Jahrestag des Mordes im Januar 2017 weiter auf Aufklärung. Die Europäische Union hingegen zog es vor, den Fall unter den Tisch zu kehren. Auch seitens der Bundesregierung hielt man es nicht für nötig, auf Distanz zu gehen. Zu wichtig scheint es der europäischen Führungsmacht, den Gesprächsfaden nicht abreißen zu lassen, selbst wenn nicht klar ist, worüber eigentlich noch geredet werden soll angesichts all der Menschenrechtsverletzungen.

7 Libyen: Auf der Flucht

Aufgehört hat der Krieg in Misrata nie. Die Kämpfer der libyschen Hafenstadt zählten 2011 zu den wichtigsten Kräften im Aufstand gegen Muammar al-Gaddafi. Und auch gut ein halbes Jahrzehnt nach dem Tod des Diktators spielen sie eine entscheidende Rolle beim Kampf gegen Islamistengruppen wie den libyschen Al-Qaida-Ableger Ansar al-Scharia und den Islamischen Staat. Zeit für Erinnerung an die vermeintlich glorreichen Tage der Revolution bleibt dennoch: Auf der Tripolis-Straße, die von der Überlandroute nach Misrata hineinführt, haben Anti-Gaddafi-Veteranen ein Märtyrermuseum errichtet, um an die Gefallenen im Krieg gegen den Langzeitherrscher zu erinnern. Auf dem Dach thront die riesige Skulptur eines Adlers, die die Befreiungskämpfer in einer der Kasernen des Regimes erbeuteten. Mörsergranaten und Maschinengewehre sind auf dem Bürgersteig vor dem einstöckigen Gebäude drapiert, auch Panzer stehen hier zu Schau. Zwischen dem ausrangierten Kriegsgerät schwingt ein Mädchen auf einer Schaukel fröhlich hin und her.[1]

Die Fassaden der Häuser rund um das Museum sind noch immer von Schusslöchern übersät. Vereinzelt haben zwischen den Ruinen frisch renovierte Läden Platz gefunden. Ein Café bietet Espresso und Cappuccino von Lavazza an, ein türkisches Restaurant Kebab – direkt neben einer Werbetafel für Turkish Airlines. Bilder einer vermeintlichen Normalität, die schwindet, sobald man das Märtyrermuseum betritt: Hunderte Fotos von Männern, die während der Revolution getötet wurden, hängen auf Schautafeln entlang der Wände. Nicht nur den »Märtyrern« aus Misrata, wo bis heute die mächtigsten Milizen des Landes ihren Sitz haben, sondern aus allen Teilen Libyens wird hier gehuldigt: Bengasi, Sirte, Tobruk, Bani Walid und Sintan heißen nur einige der Orte, in denen von März bis Oktober 2011 Tausende für ein Ende der Diktatur zu den Waffen griffen. Der Kampf gegen Gaddafi einte die Libyer, zumindest für ein halbes Jahr.

In einer Glasvitrine liegen die Stiefel, die der Machthaber getragen haben soll, als ihn die Aufständischen gefangen nahmen. Auch Hausschuhe, ein Schwert und ein weißes Gewand Gaddafis sind zwischen den Totentafeln ausgestellt. Und unzählige Waffen, darunter einfache Holzgewehre, welche die Revolutionäre in der Frühphase des Aufstands nutzten, aber auch AK-47-Kalaschnikows aus sowjetischer Produktion sowie Revolver aus der italienischen Kolonialzeit. »Die Waffen sind da, um den Besuchern zu zeigen, wie schlimm der Krieg in Misrata war«, sagt Mohammed Sheneba, der das Museum unmittelbar nach der Befreiung der Stadt vom Regime im Frühjahr 2011 gemeinsam mit seinem Bruder gründete. Fünftausend Fotos von Gefallenen haben die beiden inzwischen aufgehängt, und es werden immer mehr: Denn nicht mehr nur an die Toten während des Aufstands wird inzwischen in den kargen Räumen auf der Tripolis-Straße erinnert, sondern auch an die Opfer aus den Jahren danach.

Ende der Einheit

In unzählige Minireiche ist Libyen zerfallen, seitdem der mit den ersten freien Wahlen 2012 so hoffnungsvoll begonnene politische Prozess immer mehr aus der Bahn geriet. Hunderte Milizen, die sich in wechselnden Allianzen zusammenfinden, bestimmen die Macht, nicht gewählte Politiker. Starke Kommunen und Vertreter der drei historischen Regionen – Kyrenaika im Osten, Tripolitanien im Westen und Fessan im Süden – fechten die Zukunft Libyens aus, wobei

Hardliner auf allen Seiten den Ton angeben, keine auf Ausgleich gepolten Stimmen. Zwei Parlamente und zwei Regierungen stehen sich so trotz Schaffung einer Einheitsregierung unversöhnlich gegenüber: der islamistisch geprägte Nationalkongress in der Hauptstadt und das 2014 nach schweren Kämpfen aus Tripolis ins ostlibysche Tobruk geflohene Repräsentantenhaus. Während es an Willen zur Versöhnung mangelt, herrscht an einem keine Not: Waffen. Viele kleine Kriegsfürsten halten sich in Libyen gegenseitig in Schach. Keiner einzigen Miliz, sei sie noch so stark, gelingt es, den gesamten Staat völlig unter ihre Kontrolle zu bringen.

Immer neue Kämpfe erschüttern das Land auch deshalb, weil sich IS-Angehörige vor allem aus Tunesien, aber auch aus Syrien und dem Irak in Libyen niedergelassen haben. Über 250 Kilometer erstreckte sich bis Ende 2016 der Küstenstreifen um die Hafenstadt Sirte, der von der Terrororganisation kontrolliert wurde. Als der IS wichtige Ölverladestationen angriff, ohne die keine Regierung die finanziell überlebenswichtige Ressource exportieren kann, wurde er von den mächtigen Milizen der Petroleum Facilities Guards zurückgeschlagen. Gleichzeitig rückten Milizen aus Misrata auf Sirte vor. Der Staat als Beute, das ist das Prinzip, das die Milizionäre lenkt, klare ideologische Linien hingegen fehlen: Als Verbände der von General Chalifa al-Haftar kontrollierten Libyschen Nationalarmee im Sommer 2014 eine Offensive gegen islamistische Milizen in Ostlibyen begannen, unterstützten sowohl Revolutionäre aus Sintan wie Offiziere des alten Regimes den einflussreichen Militärführer. Und auch die temporäre Allianz von Geschäftsleuten aus Misrata mit Islamistenmilizen aus Bengasi stützte sich nicht in erster Linie auf religiöse Gemeinsamkeiten, sondern blieb ein taktisches Bündnis.[2] Weil keine Seite stark genug ist, die andere zu besiegen, können die bewaffneten Gruppen ihre Eigenständigkeit bewahren – und eine Einigung auf nationaler Grundlage verhindern.

An einer Kreuzung die Tripolis-Straße von Misrata Richtung Stadtzentrum hinab, steht ein Pick-up mit aufmontiertem Maschinengewehr. Selbst an den Orten, wo gerade nicht gekämpft wird, zählen die aufgerüsteten weißen Toyotas und Nissans fest zum Straßenbild Post-Gaddafi-Libyens. Zweihundertsiebzigtausend Männer sollen paramilitärischen Einheiten angehören, von denen sich viele erst nach dem Sturz und der Tötung des Diktators im Oktober 2011 gebildet haben: Weil der vom Westen während der Revolution unterstützte Übergangsrat Kämpfer bezahlte, wuchs die Zahl der Mitglieder bewaffneter Gruppen rapide an. Das führte dazu, dass der ohnehin schwache Zentralstaat weiter auseinanderfiel – und lokale Gruppen immer mehr an Einfluss gewannen. Der ursprünglich geplante Zusammenschluss der Milizen unter ein einheitliches Kommando scheiterte. Kämpfern aus der kleinen Berggemeinde Sintan gelang es so früh, die Kontrolle über den Flughafen von Tripolis zu erlangen, nicht zentralstaatlichen Kräften.

Erbitterte Rivalen

Auch wenn im Märtyrermuseum Bilder der Gefallenen von Sintan Seite an Seite mit denen Misratas hängen, sind die beiden Gemeinden seit Jahren erbitterte Rivalen, die sich nach der Parlamentswahl im Sommer 2014 in Tripolis heftige Kämpfe lieferten. Es war der Anfang eines Bürgerkriegs, der erst 2015 zum Erliegen kam. Dabei stellt Misrata die größte Miliz des Landes, keine Entscheidung kann gegen die Stimmen der Repräsentanten des geschäftstüchtigen Stadtstaats an der Mittelmeerküste gefällt werden. 200 Kilometer sind es von hier bis in die Hauptstadt, 550 bis Bengasi, der sogenannten »Wiege der Revolution« gegen Gaddafi. Doch aus der Stadt, wo die Revolution 2011 begann, und den Gemeinden noch weiter östlich Richtung ägyptischer Grenze ist inzwischen ein rechtsfreier Raum geworden, in dem die Einheiten Haftars versuchen, ihren Machtanspruch gewaltsam durchzusetzen.

Das ist in Misrata anders: Die Stadt gilt als vorbildhaft für libysche Verhältnisse, im Hafen entstand noch unter der Herrschaft Gaddafis die erste Freihandelszone des Landes. Stolz wirbt sie mit dem Slogan: »Es ist schön, für dein Land zu sterben, aber besser, dafür zu leben.« Die größte Zementfabrik Libyens steht in Misrata und der wichtigste Hersteller von Molkereiprodukten – rare wirtschaftliche Alternativen in einem Land, das zu 90 Prozent am Tropf seiner Erdölproduktion hängt. Aber auch beim Kampf gegen den IS spielen die Kämpfer aus Misrata eine entscheidende Rolle. Die Terrororganisation aus dem libyschen »Ölhalbmond« mit seinen Raffinerien und Verladestationen für Gas und Erdöl zu vertreiben, ist oberstes Ziel der Einheitsregierung, die auch von den Politikern aus Misrata unterstützt wird: Der örtliche Unternehmer Ahmed Maitik ist Stellvertreter von Premierminister Fajis al-Sarradsch, Vorsitzender des Staatsrats ist Abdelrahman Swihl, ebenfalls ein Misrati.

Der Traum Mohammed Shenebas aber, dass sein Märtyrermuseum eines Tages die einzige Erinnerung an den Krieg bleiben würde, liegt eine halbe Dekade nach der Revolution in weiter Ferne. Ein Ende der Unruhen ist nicht in Sicht, und das auch deshalb, weil auf sechs Millionen Einwohner rund zwanzig Millionen Waffen kommen. Viele davon sind weiter in Gebrauch und liegen nicht nur auf dem Bürgersteig zur Schau wie vor Shenebas Museum. Auch der Ausbruch des Kriegs in Mali 2012 hing unmittelbar mit der unkontrollierten Weitergabe von Militärgerät aus Libyen über Niger und Algerien zusammen.

Aufrüstung vor dem Krieg

Geheime Waffenlieferungen aus den Golfstaaten und nach Plünderung der alten Bestände von Gaddafis Armee unter Milizenkontrolle gelangtes Gerät befeuern die Kämpfer weiter. Zwar stammt der Großteil der Vorräte noch aus der Sowjetunion. Doch nachdem Gaddafi 2003 die Beendigung seines Massenvernichtungswaffenprogramms bekannt gab und Entschädigungszahlungen für die Opfer der Flugzeugsprengung über dem schottischen Lockerbie 1988 leistete, lockerten USA, EU und UN schrittweise ihre Sanktionen gegen den Pariastaat. Wegen der Unterstützung von Terrorgruppen hatte Washington bereits 1979 ein Waffenembargo verhängt, Brüssel folgte 1986, der Sicherheitsrat der Vereinten Nationen 1992.

Damit war 2004 Schluss: Auch wenn es eine Weile dauerte, bis die Geschäftsbeziehungen mit dem nordafrikanischen Erdölexporteur wieder in die Gänge kamen, war Libyen insbesondere in den drei Jahren vor der Revolution ein lukrativer Absatzmarkt für die europäische Waffenindustrie. Neben Russland, das allein 2010 Waffengeschäfte im Umfang von 1,5 Milliarden Euro mit dem Regime vereinbarte, profitierte in erster Linie Frankreich von der neuen Partnerschaft. Milan-Panzerabwehrraketen im Wert von 170 Millionen Euro sowie Überwachungs- und Kommunikationstechnik im Wert von 130 Millionen Euro lieferte eine Tochter des damals zweitgrößten europäischen Rüstungskonzerns EADS bereits 2007 an das Gaddafi-Regime. Und danach zogen die Exporte richtig an.

Auch italienische und spanische, belgische und britische Rüstungsschmieden nutzten nun das Ende des Embargos für zahlreiche Exporte. Munition und Sturmgewehre gelangten so ins Land, Streumunition und Elektronik; 2009 lag der Umfang der gesamten Ausfuhr aller EU-Staaten bei 344 Millionen Euro.[3] Und Deutschland genehmigte noch kurz vor der Revolution den Export unter anderem von Gefechtsfeldüberwachungsradaranlagen und Kommunikationsausrüstung im Wert von mehr als 50 Millionen Euro. Die Technologie konnte vom Regime genutzt werden, um die Infrastruktur der Opposition im Internet lahmzulegen – durch Blockade von Facebook, Twitter und anderen sozialen Netzwerken. Auch die Ausfuhr von Fahrzeugen und Flugzeugteilen genehmigte das Bundesausfuhramt in Eschborn. Dass sich während des Aufstands gegen Gaddafi G36-Gewehre von Heckler&Koch in den Händen der Antiregimekämpfer fanden, sorgte zwar für Empörung, aber nicht dafür, dass aufgeklärt wurde, auf welchem Wege die Waffen in das Bürgerkriegsland gelangt waren. Verdeckt rüstete zu Beginn der Revolution vor allem Katar die Rebellen auf, unter anderem mit Milan-Panzerabwehrraketen. Italien lieferte Ausrüstung zu deren Selbstverteidigung – ebenso wie Großbritannien und die Vereinigten Staaten.[4] Ungeachtet des im März 2011 von den Vereinten Nationen und der Europäischen Union verhängten Waffenembargos.

Dieses sollte nach Beginn der Kämpfe zwischen Aufständischen und Regimeeinheiten verhindern, dass Gaddafi weiter Waffen aus dem Ausland beziehen konnte. Auch die Konten des Machthabers wurden gesperrt und Libyen aus dem UN-Menschenrechtsrat in Genf ausgeschlossen. Das Embargo konnte die Aufrüstung der zahlreichen Rebellengruppen jedoch nicht stoppen. Allen voran Katar hatte auf einen militärischen Sieg islamistischer Milizen gesetzt. Gemeinsam mit der Türkei zählte der Golfstaat zu den wichtigsten regionalen Unterstützern der Muslimbruderschaft. In Ägypten und Tunesien, wo islamistische Parteien als Sieger aus den Wahlen hervorgingen, half die Führung in Doha finanziell, in Libyen, wo die brutale Niederschlagung des Aufstands rasch zur Militarisierung des Konflikts führte, durch geheime Waffenlieferungen, unter anderem über die Türkei. Aber auch die Vereinigten Arabischen Emirate unterstützten ihre lokalen Verbündeten, die bald nach dem Sturz Gaddafis in Gegnerschaft zu den von Katar geförderten islamistischen Milizen gerieten.

Krieg der Stellvertreter

Damit begann ein Stellvertreterkrieg, der das Land bis heute entzweit. Wegen der Zersplitterung ist es auch gut ein halbes Jahrzehnt nach Beginn des Aufstands nicht gelungen, die Milizen in die regulären libyschen Streitkräfte einzugliedern. Das Auseinanderbrechen des alten Sicherheitsapparats sorgte außerdem dafür, dass sich der Islamische Staat ausbreiten konnte. Um diesen wirksam zu bekämpfen, forderte die damals international anerkannte Regierung im ostlibyschen al-Baida bereits 2015 eine Aufhebung des Embargos, um Waffen aus Tschechien, Serbien und der Ukraine zu kaufen. Sie wollte acht Kampfhubschrauber, sechs Kampfflugzeuge, vier Bomber, hundertfünfzig Panzer, hundertfünfzig Mannschaftstransporter, zehntausend Granatwerfer, tausend Scharfschützengewehre sowie Munition und Mörsergranaten erwerben, um den IS aus seinen Stellungen in Darna und Sirte zu vertreiben.[5] Die Staatengemeinschaft müsse helfen, Libyens militärische Kapazitäten zu verstärken, argumentierte das von Ägypten und den Vereinigten Arabischen Emiraten unterstützte Kabinett. Ein Verzicht auf Bewaffnung würde nur den Extremisten in die Hände spielen. Doch weil die Vereinten Nationen gerade begonnen hatten, auf dem Verhandlungsweg eine politische Lösung des Konflikts durchzusetzen, verweigerte der Sicherheitsrat die Zustimmung.

2016 hatte die unter internationalem Druck gebildete neue libysche Einheitsregierung mit ihrem Werben für eine Aufhebung des Waffenembargos dann aber Erfolg. Die Regierung unter Premierminister Fajis al-Sarradsch habe darum gebeten, »Waffen und Ausrüstung für den landesweiten Kampf gegen von der UNO als Terrororganisationen eingestufte Gruppierungen und den IS zu erhalten«, hieß es in einer Erklärung, die von einundzwanzig Staaten, darunter den fünf Vetomächten des Sicherheitsrats und Deutschland, sowie vier internationalen Organisationen im Mai 2016 unterzeichnet wurde. »Wir werden diese Bemühungen voll und ganz unterstützen.« Ziel sei eine Stabilisierung des seit Jahren durch Machtkämpfe zerrissenen Landes.

Auch der Ende 2015 zum Sondergesandten der Vereinten Nationen für Libyen ernannte deutsche Spitzendiplomat Martin

Kobler unterstützte diesen Schritt. Und das, obwohl das Land als größter Waffenbasar Nordafrikas gilt. »Es ist wichtig, dass eine künftige libysche Armee für den Kampf gegen den Terrorismus mit modernen Waffen ausgestattet ist«, sagt Kobler bei einem Besuch in Berlin.[6] »Das ist ein legitimes Anliegen.« Für den Wunsch des umstrittenen Oberkommandierenden der Streitkräfte im Osten Libyens, Chalifa al-Haftar, äußert Kobler ebenfalls Verständnis: Nicht geschmuggeltes Gerät, sondern »richtige Waffen« bräuchte der General, um eine weitere Ausbreitung des Islamischen Staats zu verhindern. Entscheidend für eine langfristige Befriedung des Landes sei es, eine eigenständige Armee aufzubauen und diese angemessen zu bewaffnen.

Waffen für die Einheit

Bevor Kobler den Job an der Spitze der UN-Unterstützungsmission für Libyen (UNSMIL) antrat, hatte er im Kongo die größte UN-Friedensoperation weltweit geleitet. Zwanzigtausend Blauhelmsoldaten waren ihm unterstellt, davon dreitausend mit Kampfauftrag. Über ein solch robustes Mandat verfügt UNSMIL nicht. Hinzu kommt, dass die von den UN vermittelte Einheitsregierung unter Premierminister Sarradsch vom international anerkannten Parlament in Tobruk nicht anerkannt wird. Überdies kann sie für die Sicherheit der UN-Mitarbeiter in der Hauptstadt nicht garantieren – Milizen üben dort die Kontrolle aus, nicht das Verteidigungsministerium. Kobler verbringt deshalb die meiste Zeit seiner Arbeit außerhalb Libyens – in Tunis ist die Mehrzahl seiner hundertfünfzig Mitarbeiter stationiert. Auch der mächtige General Haftar weigert sich, die von ihm kommandierten Einheiten der Libyschen Nationalarmee der Einheitsregierung zu unterstellen. Unterstützt wird er darin von Russland, Ägypten und den Vereinigten Arabischen Emiraten, die bereits 2014 Luftangriffe auf IS-Stellungen flogen.

Prinzipiell müsse man von Fall zu Fall unterscheiden, wann militärische Eingriffe von außen nützten und wann nicht, sagt Kobler: Sinn mache eine Intervention zur Zerschlagung des Islamischen Staats aber nur, wenn die internationale Gemeinschaft bereit sei, im Einvernehmen mit den lokalen Kräften für das passende »Anschlussprogramm« zu sorgen. Damit meint Kobler den Aufbau staatlicher Strukturen, die Wiederherstellung von Sicherheit sowie die Versorgung der Bevölkerung. All das aber sei in Libyen nach dem Sturz Gaddafis versäumt worden – aus seiner Sicht der Hauptgrund für die Jahre von Anarchie und Chaos, nicht die Militärintervention der NATO 2011. »Das hat das militärische und politische Vakuum geschaffen, mit dem wir nun zu kämpfen haben.«

Kobler weiß, wovon er spricht. An den gefährlichsten Orten der Welt war er für die Vereinten Nationen im Einsatz, darunter im Jahrzehnt nach 9/11 in Kabul und Bagdad. Zuvor hatte er in den palästinensischen Gebieten das Vertretungsbüro der Bundesregierung aufgebaut, war als einer der ersten Diplomaten vor Ort, als 1994 Jassir Arafat aus dem Exil nach Jericho zurückkehrte. Der Pionierarbeit im Herzen des Nahostkonflikts folgte 1998 der Wechsel ins Büro von Außenminister Joschka Fischer, wo er half, die frisch gewählte rot-grüne Regierung mit ihren pazifistischen Wurzeln durch Kosovo-Krieg und Afghanistan-Einsatz zu manövrieren. Als Fischer und Bundeskanzler Gerhard Schröder im Wahlkampf 2002 dann über Wochen den bevorstehenden amerikanischen Einmarsch im Irak hart kritisierten, arrangierte Kobler Treffen mit dem Leiter der Atomenergiebehörde Mohammed el-Baradei und anderen UN-Funktionären, die sich dem Militärkurs George W. Bushs widersetzten.

Aus seinen Erfahrungen als deutscher Botschafter und Leiter der UN-Mission im Irak nach dem amerikanischen Einmarsch habe er gelernt, dass es nichts bringe, die alten Garden auszugrenzen, sagt Kobler. Verantwortliche für schwere Menschenrechtsverletzungen müssten allerdings zur Rechenschaft gezogen werden. Bis heute leide der Irak aber an der Ausgrenzung der Sunniten, die seit dem Sturz Saddam Husseins von schiitischen Politikern an den Rand gedrängt werden. Ähnlich verfuhr die islamistische Parlamentsmehrheit in Tripolis mit Angehörigen des alten Regimes – ehe der politische Prozess durch das Wiederaufflammen der Kämpfe 2014 ganz zum Erliegen kam. Deshalb fordert Kobler, dass sowohl für frühere Gefolgsleute Gaddafis Platz sein müsse wie für Anhänger General Haftars. Der stößt wegen seines antiislamistischen Kurses jedoch auf große Ablehnung vor allem im Westen des Landes. »Wenn man nationale Wiedervereinigung betreiben will, dann muss die Ostseite die Muslimbrüder aus dem Westen ertragen, und die Muslimbrüder müssen Haftar ertragen«, stellt Kobler klar. Das weitere Beharren auf Partikularinteressen jedenfalls sei kein Weg, der zu einer Lösung führe. Wenn die beiden Seiten zu keinem Kompromiss fänden, würden in Libyen alle als Verlierer dastehen – bis auf den Islamischen Staat.

Der sorgt nicht zuletzt in den Nachbarstaaten Libyens für Beunruhigung. Algerien leidet bis heute an den Folgen des Bürgerkriegs der 1990er Jahre, Tunesien und Ägypten fürchten zu Recht ein Übergreifen des Konflikts in den Grenzregionen. Doch während die Regierungen in Algier und Tunis die Pläne für eine Einheitsregierung unterstützen, setzt das Militärregime Abd al-Fattah al-Sisis in Kairo auf eine bewaffnete Lösung. Mit den Vereinigten Arabischen Emiraten und Russland unterstützt Ägypten Haftar. Das harte Vorgehen gegen die Muslimbruderschaft im eigenen Land dient Kairo als Vorbild – und auch die Herrscher in Abu Dhabi setzen auf strenge Bekämpfung des politischen Islams. Das hat dafür gesorgt, dass Sarradsch auch ein Jahr nach seiner Ernennung im Frühjahr 2016 über keinen breiten Rückhalt in der Bevölkerung verfügte.

Über die Todesroute

So bleiben Vereinte Nationen und Europäische Union die größten Unterstützer der Einheitsregierung. Neben dem Interesse an einer Stabilisierung der Lage im Land selbst gibt es dafür einen wesentlichen Grund: die anhaltende Flucht aus Libyen über das Mittelmeer. Jährlich mehr als hundertachtzigtausend Menschen, vor allem aus Ländern südlich der Sahara, machen sich von den Stränden Nordafrikas auf Richtung Europa – in der Hoffnung auf ein besseres Leben und unter unvorstellbaren Gefahren. Die zentrale Mittelmeerroute, die an den Stränden Ägyptens, aber vor allem Libyens beginnt, ist die tödlichste Fluchtroute der Welt, Tausend sterben dort Jahr für Jahr. Allein 2016 waren es mehr als viertausendzweihundert – ein neuer, trauriger Rekord.[7]

Doch viele bleiben bereits davor auf der Strecke: Die Flucht aus West- und Ostafrika durch die Sahara nach Libyen ist hart, gefährlich und teuer. Und weil in Libyen Schlepper und Milizionäre ebenfalls an dem Geschäft mit der Massenabwanderung verdienen, wird auf Menschenrechte keine Rücksicht genommen. So landen Hunderte über Monate in Haftanstalten, die von Milizen der rivalisierenden Regierungen kontrolliert werden. Oder sie finden sich eingesperrt in Wohnhäusern von Schleppern und Milizenchefs wieder, wie die Menschenrechtsorganisationen Human Rights Watch und Amnesty International berichten – ohne anwaltlichen Beistand, ohne Aussicht auf angemessene gesundheitliche Fürsorge und oft unter Folter.[8] Dennoch halten sich in Libyen wahrscheinlich zweihunderttausend Menschen bereit für eine Flucht Richtung Europa, darunter viele, die eigentlich nur zum Arbeiten gekommen waren. Doch mit dem Bürgerkrieg von 2014 sind auch die Jobaussichten für Hilfskräfte aus Libyens südlichen Anrainerstaaten schlechter geworden – und die gefährliche Flucht nach Europa attraktiver.

Die Zahlen derer aus Eritrea, Somalia, Nigeria, Gambia, die auf der nur 150 Kilometer von der libyschen Küste entfernten italienischen Insel Lampedusa, auf Sizilien oder Malta anlanden, bleiben jedenfalls konstant. Längst hat die zentrale Mittelmeerroute die östliche Mittelmeerroute, die von der Türkei auf die griechischen Ägäis-Inseln führt, wieder überholt, was die Anzahl der ankommenden Flüchtlinge anbelangt. Nur 2015, als mehr als eine Million Menschen von der türkischen Küste auf griechische Inseln übersetzten, um auf der Balkanroute weiter nach Deutschland zu kommen, war das anders. Doch das umstrittene Abkommen der Europäischen Union mit der Türkei hat dazu geführt, dass eine Flucht über die Ägäis nun so gut wie unmöglich geworden ist. Einerseits haben die türkischen Behörden ihre Kontrollen an der Küste verschärft, andererseits patrouillieren inzwischen Schiffe der NATO-Mitgliedsstaaten in den Gewässern des östlichen Mittelmeers, um die irreguläre Flucht auf ein Minimum zu reduzieren. Die NATO-Operation hat dabei vor allem abschreckenden Charakter.

Vorbild Türkei-Deal

Unmittelbar nach der Ernennung von Fajis al-Sarradsch zum Premierminister schlug Bundeskanzlerin Angela Merkel deshalb vor, ein ähnliches Abkommen mit der neuen libyschen Einheitsregierung zu schließen.[9] Und das, obwohl diese weder Rückhalt in der Bevölkerung genießt noch in der Lage ist, das staatliche Machtmonopol gegen die Milizen des Landes durchzusetzen. Nur kleine Abschnitte der Küste rund um Tripolis kontrollieren dem Verteidigungsministerium unterstellte Einheiten oder die Küstenwache, während große Teile der See-, Luft- und Landgrenzen in den Händen rivalisierender Milizen sind. Sarradsch wies den Vorschlag umgehend zurück. »Wir werden nicht akzeptieren, dass die EU Migranten zu uns zurückschickt«, sagte er in einem Interview. »Europa muss Wege finden, sie in ihre Heimatländer zurückzubringen. Sie können nicht bei uns leben«, stellte er klar. »Die Situation der Migranten, die aus dem Süden zu uns kommen, ist völlig anders als jene in der Türkei. Das kann man nicht vergleichen.«[10]

Und Sarradsch wurde noch grundsätzlicher. »Man muss die Lösung in den Ursprungsländern der Migranten suchen«, sagte er. »Sie brauchen politische und wirtschaftliche Stabilität und Entwicklungschancen. Wir brauchen eine gemeinsame Vision mit der EU, um das Problem der Migration zu beenden.« Dazu zähle sicherlich auch die Ausbildung der libyschen Küstenwache, um eine effektivere Grenzkontrolle zu erreichen, wie europäische Staaten sie vorgeschlagen hatten – und die 2016, wenn auch schleppend, anlief. Vorstößen europäischer Regierungen jedoch, die Fluchtabwehr auch unter dem Einsatz militärischer Mittel zu betreiben, erteilte er eine klare Absage: »Die Migration lässt sich ganz bestimmt nicht mit der Bombardierung von Booten lösen, wie das in Europa diskutiert wird.«

Konkret meinte Sarradsch damit die Bestrebungen von EU und NATO, die EU-Marineoperation »Sophia« auch auf die libyschen Küstengewässer auszuweiten, um – so das politische Kalkül – Schleuserboote frühzeitig stoppen zu können. In einer späteren Phase der Operation sollten europäische Beamte die Erlaubnis erhalten, auf dem libyschen Festland gegen Schleppernetzwerke vorgehen. Die Einheitsregierung in Tripolis, die ohnehin im Ruch steht, eine Marionette fremder Mächte zu sein, würde dadurch extrem geschwächt, sagte Sarradsch. »In unserem Kampf gegen den Terrorismus brauchen wir Hilfe aus dem Ausland, aber das hat nichts mit einer Militärintervention zu tun. Wir heißen jede Unterstützung willkommen, aber wir brauchen keine Truppen aus dem Ausland auf libyschem Boden.«

Zwar operieren in Libyen bereits geheime Spezialeinheiten aus Italien, Frankreich, Großbritannien und den Vereinigten Staaten, um die Milizen in ihrem Kampf gegen den IS unterstützen.[11] Doch strategisch weitaus wichtiger für NATO und EU ist zurzeit die Ausweitung ihrer Marineoperationen auf dem Mittelmeer. Denn die

Befürworter einer Militarisierung der EU-Außengrenzen haben durch das Rekordfluchtjahr 2015 einen weiteren Schub erhalten. Nicht zuletzt in den Spitzen der großen Rüstungsfirmen, die angesichts gesunkener nationaler Verteidigungsetats weiter auf der Suche nach neuen Absatzmärkten sind.

Europa verdient mit Sicherheit

Der Ausbau des europäischen Grenzregimes bietet dazu hervorragende Entwicklungsmöglichkeiten: Überwachungstechnik, Aufklärungsdrohnen und Sprengstoffsensoren sind gefragter denn je. Bereits im letzten Jahrzehnt hat sich das Volumen des weltweiten Sicherheitsmarktes verzehnfacht – der Jahresumsatz in den EU-Staaten wird von der Europäischen Kommission mit rund 30 Milliarden Euro angegeben, weltweit sind es über 100 Milliarden.[12] Große Firmen wie der Marktführer Airbus Defence and Space setzen darauf, ihre Expertise im Bereich Grenzsicherung in weitere Schwellenländer zu verkaufen. Einen spektakulären Strategiewechsel schlug das Unternehmen deshalb Anfang 2016 ein: Statt sich wie seit Langem geplant von der Sparte Rüstungselektronik zu trennen, beschloss der Vorstand, das Geschäft mit der Sicherung von Grenzanlagen im Konzern zu behalten.[13] Ein wichtiger Grund für den Beschluss dürfte die Politisierung des Themas Fluchtabwehr im Krisenjahr 2015 gewesen sein.

Viel Geld mit dem Export von Grenzsicherungselektronik macht der Konzern bereits seit Jahren in Saudi-Arabien, wo Radaranlagen und Sensoren zur Bodenüberwachung zum Einsatz kommen – und seit 2011 auch deutsche Drohnentechnik, um Tausende Kilometer Außengrenze vor dem Eindringen von Terroristen zu schützen. Auftragsvolumen: 2 Milliarden Euro. Nach Rumänien und Algerien hat Airbus ebenfalls schon komplexe elektronische Überwachungssysteme geliefert, inklusive Technik für biometrische Einreisekontrollen, Radarsysteme und Kontrollzentren zur Speicherung und Auswertung von Daten. Know-how, das die europäischen Grenzagenturen künftig noch stärker brauchen werden als bislang.

Die Beschlüsse von Europäischer Union und NATO zum Ausbau der Grenzüberwachung im Mittelmeer aus dem Sommer 2016 wirken vor diesem Hintergrund wie ein Arbeitsbeschaffungsprogramm für die großen europäischen Anbieter von Sicherheitstechnik, die sich in Lobbyverbänden wie der European Organisation for Security (EOS) und der Group of Personalities (GoP) zusammengeschlossen haben. Neben Airbus-Vertretern haben darin auch Repräsentanten der französischen Thales, der spanischen Indra und der italienischen Finmeccanica ihren Platz, die mit der Flüchtlingsabwehr aus Libyen bereits gut im Geschäft ist. Und in Deutschland haben sich neben den großen Fünf der Rüstungsindustrie, Airbus Defence and Space, Rheinmetall, ThyssenKrupp Marine Systems, Krauss-Maffei Wegmann und Diehl Defence viele kleinere Unternehmen zum »Ausschuss Sicherheit« im Bundesverband der Deutschen Sicherheits- und Verteidigungsindustrie (BDSV) zusammengeschlossen.

So beschlossen Europäischer Rat, Kommission und Parlament im Juni 2016, die Umwandlung der bisherigen EU-Grenzagentur Frontex zur Europäischen Agentur für die Grenz- und Küstenwache (EBCG). Anders als Frontex soll diese künftig mit einem eigenen Personalstamm von tausendfünfhundert Mitarbeitern ausgestattet sein – und eng mit der Europäischen Agentur für die Sicherheit des Seeverkehrs (EMSA) zusammenarbeiten, die über Langstreckendrohnen verfügt, welche die Verkehrswege über das Mittelmeer verfolgen sollen. Außerdem wird die EBCG Zugriff auf das europäische Erdbeobachtungsprogramm »Copernicus« erlangen – ebenfalls ein Airbus-Projekt, für das der Konzern mit dem illustren Titel »Weltraumdatenautobahn« wirbt.[14] Mehr als eine halbe Milliarde Euro flossen bereits in dessen Entwicklung.

Auch der NATO-Gipfel im Juli 2016 bescherte der europäischen Rüstungsindustrie gute Nachrichten. Die Operation »Active Endeavour«, die nach den Terroranschlägen vom 11. September 2001 im östlichen Mittelmeer eingesetzt gewesen war, werde bei entsprechender Anfrage der EU die Operation »Sophia« vor der libyschen Mittelmeerküste unterstützen, vor allem im Bereich Aufklärung und Überwachung. Um »eine Operation maritimer Sicherheit« handele es sich künftig, heißt es im Abschlusskommuniqué des Gipfels.[15] Davon wird neben den aufgerüsteten EU-Grenz- und Seeschutzagenturen EBCG und EMSA besonders die europäische Sicherheitsindustrie profitieren. Denn die auf Satelliten und Drohnen basierenden Grenzüberwachungssysteme sind aus Sicht der EU die probatesten Mittel zur Überwachung und Abwehr der Flüchtlinge, die sich von Libyen aus auf den Weg nach Europa machen. Ihrem Schutz allerdings dienen diese Programme nicht.

Ausblick: Arabiens dritter Weg

Eigentlich sieht es nach einem Umdenken aus: Einige Monate vor seinem Wechsel von der Spitze des Wirtschaftsministeriums an die des Auswärtigen Amts im Januar 2017 begann Vizekanzler Sigmar Gabriel zu prüfen, inwieweit sich das deutsche System der Rüstungsexportkontrolle reformieren lässt. Dafür leitete der Sozialdemokrat einen Konsultationsprozess ein, in den Vertreter der Kirchen, von Menschenrechtsorganisationen, Wissenschaft, Wirtschaft und Gewerkschaften ihre Vorschläge einbringen durften.[1] Auch Kritik von Linkspartei und Grünen nahm Gabriel damit auf. Diese fordern seit Langem ein Rüstungsexportgesetz, das die Rechte des Parlaments besser berücksichtigt, um mehr Transparenz und Kontrolle der bislang abseits der Öffentlichkeit getroffenen Beschlüsse herzustellen.

Ein berechtigtes Anliegen, schließlich hat die Bevölkerung einen Anspruch darauf zu wissen, weshalb der geheim tagende Bundessicherheitsrat immer neue Ausfuhren ausgerechnet an Drittstaaten genehmigt, die nicht der EU oder der NATO angehören oder diesen zumindest gleichgestellt sind. Zumal Gabriel selbst angekündigt hatte, das zu ändern: Deutsche Kriegswaffen in Milliardenhöhe sollten nicht länger ungebremst in jenen arabischen Staaten landen, die für alles andere als inklusive Herrschaft und Rechtsstaatlichkeit stehen – sondern für Korruption, Marginalisierung großer Bevölkerungsteile und die systematische Verletzung von Menschenrechten.

Von einem Umdenken kann man deshalb zumindest in Ansätzen sprechen, von einem Umlenken leider nicht. Im Gegenteil:

Eine inhaltliche Vorfestlegung auf bestimmte Optionen gebe es nicht, stellte das Wirtschaftsministerium gleich zu Beginn des Konsultationsprozesses im Herbst 2016 klar. Das ist ein schlechtes Zeichen: Eigentlich wollte Gabriel selbst an der Spitze einer Kommission mit dem Titel »Zukunft der Rüstungsexportkontrolle« stehen, um die Genehmigungspraxis für Waffenexporte auf eine neue Grundlage zu stellen. Doch der Druck aus Industrie und Politik war zu groß. Schon heute sei die Ausfuhrpraxis viel zu restriktiv, schimpften Wirtschaftspolitiker aus CDU und CSU, aber auch aus der SPD. Deutschland verliere nicht nur den Anschluss an den Weltmarkt, sollten die Exportbestimmungen weiter verschärft werden, sondern auch seinen Ruf als international verlässlicher Partner.

Die Zahlen freilich sprechen eine andere Sprache: 2016 standen mit Saudi-Arabien, Algerien und den Vereinigten Arabischen Emiraten wieder drei arabische Diktaturen unter den Top Ten der Empfängerländer deutscher Wehrtechnik.[2] Trotz der anhaltenden Ausfuhrrekorde an Drittstaaten warnte auch der Bundesverband der deutschen Industrie (BDI) vor dem Verlust einer leistungs- und wettbewerbsfähigen Verteidigungsbranche und Zehntausender Arbeitsplätze. So stufte Gabriel die Kommission zum zahnlosen Konsultationsprozess herab, mit dem selbst die Vorstände von Airbus Defence and Space, Rheinmetall, Krauss-Maffei Wegmann, ThyssenKrupp Marine Systems und Diehl Defence gut leben können.

Nicht stehen bleiben darf deshalb jedoch die gerade erst wieder aufgenommene Debatte darüber, welche Empfängerländer künftig von deutschen Rüstungs- und Waffenexporten profitieren sollen – und welche nicht. Das gilt insbesondere mit Blick auf den Nahen und Mittleren Osten: Das Wettrüsten zwischen den Regionalmächten Saudi-Arabien und Iran, die sich im Irak, in Syrien und im Jemen verheerende Stellvertreterkriege liefern, droht weiter zu eskalieren. Die Gefahren sind bekannt: In den 1970er Jahren rüsteten Waffenschmieden weltweit den Iran und den Irak hoch – auch deutsche Firmen waren daran beteiligt und verkauften Saddam Hussein Komponenten für Giftgas. An den Folgen des Kriegs von 1980 bis 1988 leiden beide Länder bis heute; im Irak ist seitdem nie wieder Frieden eingekehrt.

Friedhofsruhe statt Fortschritt

Doch die Aufrüstung in der Region geht weiter, erst recht nach dem amerikanischen Einmarsch von 2003 und um so mehr seit Beginn des Kriegs gegen den Islamischen Staat. Und das, obwohl die Profite der globalen Rüstungsindustrie in keinem Verhältnis zu den Kriegsfolgekosten stehen, die die Staatsauflösungsgefechte auf der arabischen Halbinsel mit sich bringen: Millionen Menschen werden so um ihre Chancen auf Bildung und Entwicklung gebracht. Im Zeichen der Terrorbekämpfung gehen Armee, Polizei und Geheimdienste unserer strategischen Verbündeten buchstäblich über Leichen, während in den arabischen Gefängnissen eine neue Generation von Extremisten heranwächst, die sich bereithalten für neue Gewalt. Abermalige Unruhen und Terrorexport nach Europa dürften das Ergebnis dieser verfehlten Politik sein.

Dass Menschenrechtsverletzungen ein zuverlässiger Indikator für aufkommende Konflikte in einem Land sind, gilt bei den Vereinten Nationen inzwischen als gesichert. Und darauf weisen auch die Menschenrechtsbeauftragten der Bundesregierung immer wieder hin. Angesichts anhaltender Repression und Restauration in Ägypten sowie der Hinrichtungswelle in Saudi-Arabien sollte die Bundesregierung endlich Konsequenzen ziehen – und ihre Genehmigungspraxis im Rüstungsbereich sowie die Zusammenarbeit mit den Sicherheitsbehörden dieser Staaten auf den Prüfstand stellen. Denn allzu lange wurde im Umgang mit den autoritären Regimes in Nahost Stagnation mit Stabilität verwechselt.

Dabei haben die arabischen Aufstände von 2011 deutlich gezeigt, dass sich ein Ende von Machtmissbrauch und Unterdrückung nur durch Transparenz sowie mehr Bürgerbeteiligung erreichen lässt. Eine weitere Zusammenarbeit mit den Diktaturen der Region im Sicherheitssektor schafft bestenfalls vorübergehend Friedhofsruhe, nicht aber nachhaltige wirtschaftliche und soziale Stabilität. Zur Unterstützung der Zivilgesellschaft in Ägypten und den anderen arabischen Umbruchstaaten gibt es deshalb keine Alternative. Die verfolgten Aktivisten verdienen unsere Unterstützung, weil sie einen dritten Weg aufgezeigt haben – abseits vom Antiterrorkrieg ihrer autoritären Regierungen und unabhängig vom bewaffneten Vorgehen autoritärer Milizen.

Zwar drohen bei einer restriktiveren Genehmigungspraxis Schadensersatzforderungen durch die Rüstungsindustrie. Diesen sollte die Bundesregierung aber gelassen entgegensehen, schließlich müssen die Unternehmen sich vor Gericht erst einmal durchsetzen. Eine wertegeleitete Politik, die auf Veränderung in den Empfängerländern setzt, darf vor juristischen Auseinandersetzungen nicht zurückschrecken. Sanktionen bei der Verletzung elementarer Grundrechte und die Einbehaltung von Finanzhilfen wären weitere Schritte in die richtige Richtung, um die Regime des arabischen Krisengürtels nicht wie bislang für ihre repressive Regierungspraxis zu belohnen. Das ist die Bundesregierung den Bewohnern der autoritären Staaten schuldig, die in vielen Fällen ihr Leben riskieren für mehr Freiheit und Bürgerbeteiligung – Werte, die Europa angeblich so wichtig sind.

Kein deutscher Sonderweg

Ein angeblich gefährlicher deutscher Sonderweg, wie ihn die Vorstände der Rüstungsindustrie drohend beschwören, ist dafür nicht notwendig. Längst hat das Europäische Parlament den Weg vorgezeichnet, wie eine an Menschenrechten orientierte Rüstungsexportpolitik aussehen könnte: Wegen der »desaströsen humanitären Situation« im Jemen forderte im Februar 2016 eine breite Mehrheit der Abgeordneten in Brüssel, keine Waffen mehr an Saudi-Arabien zu liefern. Destabilisierend sei der Einfluss Riads auf den südlichen Nachbarn – also das genaue Gegenteil dessen, was der neue Bundespräsident Frank-Walter Steinmeier behauptete, wenn er das Königshaus in seiner Zeit als Außenminister als »Stabilitätsanker« in der Region bezeichnete. Das niederländische Parlament verabschiedete kurz danach eine Resolution, die die Regierung in Den Haag anmahnte, das geforderte Embargo umgehend umzusetzen. Schritte, die auch der Bundestag gehen könnte, wenn es die Abgeordneten wirklich ernst meinten mit einer Friedenspolitik für Nahost.

Auch Schwedens Regierung hat Menschenrechte vor Profite gesetzt – und einen großen Rüstungsvertrag mit Saudi-Arabien nicht verlängert, obwohl die wehrtechnische Industrie traditionell eine starke Stellung in dem skandinavischen Land innehat. Außenministerin Margot Wallström begründete den Schritt mit der Menschenrechtslage in dem Königreich: Die Auspeitschung des Bloggers Raif Badawi sei »mittelalterlich«, sagte sie im Februar 2015. Die Regierung in Riad reagierte empört: Um »eklatante Einmischung in die inneren Angelegenheiten« handele es sich bei der Kritik, hieß es seitens des Königshauses. Über Wochen erhielten schwedische Geschäftsleute keine Visa mehr, der saudische Botschafter wurde aus Stockholm abgezogen. Diese Maßnahmen führten zu heftigen Kontroversen über die Aufkündigung des Waffendeals, weil Saudi-Arabien zu den wichtigsten Handelspartnern Schwedens in der Region zählt, doch die Regierung in Stockholm blieb standhaft. Das zeigt, dass sich Hartnäckigkeit auszahlt – und Rüstungskritiker in der Bundesrepublik nicht allein auf europäischer Flur stehen, wenn sie für einen Politikwechsel werben.

Nicht nur im Hinblick auf das nach regionaler Hegemonie strebende Saudi-Arabien übrigens hat das Europäische Parlament

Zeichen gesetzt. Auch gegenüber der einstigen arabischen Führungsmacht Ägypten treten die Brüsseler Abgeordneten in einer Resolution für eine klare Linie ein: Dialog und Zusammenarbeit mit dem Militärregime in Kairo ja, nicht aber im Sicherheitsbereich, wenn Rüstungsgüter zur Repression im Innern verwendet werden können. Aber obwohl bekannt ist, dass die Unterdrückung unter Militärmachthaber Abd al-Fattah al-Sisi inzwischen schlimmer ist als unter Husni Mubarak, exportieren zwölf der achtundzwanzig EU-Staaten 2016 weiter Kleinwaffen sowie Munition, gepanzerte Fahrzeuge, Militärhubschrauber und Überwachungstechnik nach Ägypten – darunter Deutschland.

Hier könnten Berliner Regierungsvertreter deutlichere Signale senden, indem sie nicht nur hinter verschlossenen Türen, sondern öffentlich auf eine Verbesserung der prekären Lage verfolgter Oppositioneller pochen. Gerade als großer Exporteur sollte Deutschland seinen wirtschaftlichen Einfluss zum Wohle der Menschenrechte einsetzen, nicht zur Stärkung des Repressionsapparats.

Konversion zu ziviler Produktion

Die Warnung vor dem Verlust von Arbeitsplätzen in der Rüstungsindustrie ist so alt wie der Streit um die Zukunft der Verteidigungsbranche. Die noch in den 1980er Jahren in Gewerkschaften, Sozialdemokratie und Friedensbewegung leidenschaftlich geführte Debatte um eine Konversion der Rüstungsproduktion sollte dennoch wieder aufgenommen werden, gerade in Zeiten von Vollbeschäftigung. Zumal deren volkswirtschaftlicher Nutzen weitaus geringer ist als von den Repräsentanten der Industrie gerne behauptet: Weniger als zwanzigtausend Beschäftigte sind in Deutschland direkt an der Produktion von Waffensystemen, Waffen und Munition beteiligt, hundertfünfunddreißigtausend Arbeitsplätze laut dem Bundesverband der Deutschen Sicherheits- und Verteidigungsindustrie (BDSV) in der Branche insgesamt vorhanden.[3] Am

Bruttoinlandsprodukt liegt ihr Anteil bei etwa 1 Prozent. Zum Vergleich: Die Automobilbranche mit ihren rund neunhunderttausend Arbeitsplätzen kommt auf 7 Prozent. Der von Gabriel zu Beginn seiner Amtszeit eingeschlagene Kurs, nicht beschäftigungspolitische Gründe für Exportbewilligungen an erste Stelle zu setzen, sondern außen- und sicherheitspolitische, ist deshalb richtig.

Wie bei der Frage eines Rüstungsexportgesetzes, das von Grünen, Linkspartei und Teilen der SPD gefordert wird, reicht Druck aus den Parteien allein aber nicht aus, um eine Verschiebung der Prioritäten zu erreichen. Die Hamburger Initiative gegen Rüstungsexporte etwa fordert ein Verbot der Ausfuhr von Kriegswaffen aus dem Hafen der Hansestadt. Das »Tor zur Welt« wird schließlich nicht nur friedlich genutzt: Flugabwehrpanzer, U-Boote, Gewehre und Hunderte Containerladungen voller Munition im Wert von zuletzt mehr als 350 Millionen Euro werden Jahr für Jahr über die Elbe in die Krisenregionen der Welt verschifft. Reedereien wie Hapag-Lloyd haben auf das gefährliche Geschäft mit dem Tod bereits reagiert und lehnen den Transport von Rüstungsgütern in die arabischen Spannungsgebiete ab. Ein deutliches Zeichen, dass Gewinne auch auf anderen Gebieten gemacht werden können als im Rüstungssektor.

Auswege aus dem Teufelskreis

Nicht nur in Norddeutschland, wo sich rund um die Werften traditionell Rüstungsbetriebe ansiedelten, sondern auch in Thüringen macht ein Bündnis aus Kirchen, Gewerkschaften, Friedensinitiativen und Menschenrechtsaktivisten für ein Umdenken mobil: Ziel des Trägerkreises Rüstungskonversion Jena ist die Einrichtung eines Fonds des Freistaats, aus dessen Mitteln die Umstellung der Rüstungsproduktion auf zivile Fertigung erreicht werden soll – finanziert mit den Steuern rüstungsrelevanter Betriebe und den Beteiligungen des Bundeslandes an diesen Unternehmen.

Dem Export von Rüstungsgütern aus Thüringen soll damit ebenso entgegengewirkt werden wie der kriegsbedingten Migration. Im Blickfeld der Initiative steht vor allem die Jenoptik AG, an der das Land Anteile hält und die unter anderem Krauss-Maffei Wegmann mit Kanonenstabilisierungssystemen für den Leopard-2-Panzer ausstattet. Aber auch in Jagdfliegern, Kampfhubschraubern, Kriegsschiffen und Drohnen wird Optik made in Thüringen verwendet.

Im Landtag von Erfurt wurde bereits über einen Ausstieg aus dem Rüstungsgeschäft debattiert. Dass ein Ausstieg möglich ist, halten Konversionsbefürworter für realistisch, auch wenn sie dafür zwanzig bis dreißig Jahren ansetzen.[4] Diese Zeitspanne dürfte für andere Rüstungsregionen in Deutschland ebenfalls gelten: Bayern, Baden-Württemberg, Hessen und Nordrhein-Westfalen stehen da ganz oben. Kein einfacher Prozess, aber ein machbarer, solange er mit Maßnahmen unterfüttert ist, die den um ihre Arbeitsplätze bangenden Menschen Alternativen bieten. Am Ende winkt als Friedensdividende außerdem eine Produktionsweise, die die Mitarbeiter der Rüstungsbetriebe nicht in moralische Nöte bringt und die in der Summe nachhaltigere Arbeitsplätze schafft. Der Verweis darauf, dass Deutschland sich durch einen solchen Schritt wettbewerbsunfähig mache, ist wohlfeil: Angesichts schrumpfender Bundeswehretats haben viele Rüstungsunternehmen die Umstellung auf zivile Produktion längst eingeleitet.

Eines ist klar: Schnelle Auswege aus dem Teufelskreis von Aufrüstung, Militarisierung und Repression gibt es nicht. Das gilt auf Seiten der Waffenexporteure, und das gilt für die Lage in den Empfängerländern. In einer seiner letzten Reden vor den Vereinten Nationen sagte Barack Obama: »Jede Antiterrorstrategie ist zum Scheitern verurteilt, wenn jungen Menschen keine Alternativen bleiben zu den Vorgaben ihrer Staaten oder den Verlockungen eines extremistischen Untergrunds.«[5]

Damit hatte Obama zweifelsohne recht, auch wenn er selbst alles andere als verheißungsvolle Alternativen gezeigt hat: Die langen Kriege, die George W. Bush mit Hunderttausenden Infanteristen in Afghanistan und im Irak begann, hat Obama durch den exzessiven Einsatz tödlicher Drohnen nicht beendet, sondern nur verändert. Luft- statt Bodenkrieg lautet die neue Doktrin – über dem Irak, über Syrien und dem Jemen. Einen Weg in eine bessere Zukunft weisen diese Kriege nicht. In Afghanistan und im Irak sind Taliban und al-Qaida sowie ihre Nachfolger heute stärker als nach 9/11. Wie Metastasen haben sich vom Jemen bis Libyen Ableger des Islamischen Staats gebildet, die zu bekämpfen Kräfte und Mittel binden, die eigentlich zur Lösung drängender gesellschaftlicher Probleme gebraucht würden. Hier sind nicht Milliardenaufstockungen der Verteidigungsetats gefragt, um die Wende weg von der alles beherrschenden militärischen Logik zu schaffen, sondern »soft powers«. Und an denen mangelt es Deutschland ja eigentlich nicht, sei es in Form von Entwicklungshilfe, sei es bei Instrumenten ziviler Konfliktschlichtung.

Danksagung

Dieses Buch wäre ohne die Denkanstöße, kritischen Anmerkungen und den Rat von Fachleuten, Freunden und Kollegen nicht entstanden. Dafür danke ich Ayman Abdelmeguid, Mohammed Abdel Salam, Fadi Abi Azar, Ali Arafa, Wolfgang Büttner, Martin Gehlen, Martin Glasenapp, Aenne Glienke, Raimund Grafe, Michael Hack, Michael Hehn, Martin Hiebl, Mathias John, John Kantara, Khaled Lazar, Matthias Michel, Fuad Mohammed, Matthias Monroy, Hanan Salah, Martin Schäuble, Michael Schickerling, Markus Schildhauer, Thomas Schmid, Patrick Schneider, Nikolai Schoppmann, Alexander Schudy, Kerstin Seifer, Peter Senft, Mahmud Shakir, Mohammed al-Shirwani, Sebastian Sons, Bernd Spamer, Wolf-Dieter Vogel, Najem Wali, Christoph Weber, Martin Weiß, Christoph Wilcke und Mohammed Xer. Der *F.A.Z.* verdanke ich aufregende Korrespondentenjahre in den arabischen Umbruchstaaten. Ohne die Liebe und die Geduld meiner Frau Anne Françoise und das Lachen und die Fragen meiner Kinder Yara Sophie und Yunis Pascal hätte ich dieses Buch nicht zu Ende geschrieben – ihr seid mein Leben! Für alle Fehler trage allein ich die Verantwortung.

Literaturauswahl

Amnesty International: *Taking Stock. The Arming of Islamic State*, Amnesty International, London 2015.
Atwan, Abdel Bari: *Das Digitale Kalifat. Die geheime Macht des Islamischen Staates*, C. H. Beck, München 2016.
Barr, James: A *Line in the Sand. Britain, France and the Struggle that shaped the Middle East*, Simon & Schuster, London 2011.
Bickel, Markus: *Der vergessene Nahostkonflikt. Syrien, Israel, Libanon, Hizbollah*, Edition Weltkiosk, London 2011.
Buchta, Wilfried: *Terror vor Europas Toren. Der Islamische Staat, Iraks Zerfall und Amerikas Ohnmacht*, Campus, Frankfurt a. M. 2015.
Bundesministerium für Wirtschaft und Energie (BMWI): *Bericht der Bundesregierung über ihre Exportpolitik für konventionelle Rüstungsgüter im Jahre 2015*, BMWI, Berlin 2016.
Bundesregierung: *Weißbuch 2016 zur Sicherheitspolitik und zur Zukunft der Bundeswehr*, Berlin 2016.
Davidson, Christopher M.: *After The Sheikhs. The Coming Collapse of the Gulf Monarchies*, Oxford University Press, New York 2013.
Demmer, Ulrike; Goffart, Daniel: *Kanzlerin der Reserve: Der Aufstieg der Ursula von der Leyen*, Berlin Verlag, Berlin 2015.
Dietl, Wilhelm: *Schattenarmeen. Die Geheimdienste der islamischen Welt*, Herder, Freiburg 2011.
El Difraoui, Asiem: *Ein neues Ägypten. Reise durch ein Land im Aufruhr*, Edition Körber-Stiftung, Hamburg 2013.
Facing Finance; Urgewald: *Die Waffen meiner Bank*, Berlin 2016.

Feinstein, Andrew: *Waffenhandel. Das globale Geschäft mit dem Tod*, Hoffmann und Campe, Hamburg 2012.

Friederichs, Hauke: *Bombengeschäfte. Tod made in Germany*, Residenz, St. Pölten/Salzburg/Wien 2012.

Gemeinsame Konferenz Kirche und Entwicklung (GKKE): *Rüstungsexportbericht 2016 der GKKE*, Berlin/Bonn 2016.

Gerlach, Daniel: *Herrschaft über Syrien. Macht und Manipulation unter Assad*, Edition Körber-Stiftung, Hamburg 2015.

Grässlin, Jürgen: *Schwarzbuch Waffenhandel. Wie Deutschland am Krieg verdient*, Heyne, München 2013.

Grässlin, Jürgen; Harrichs, Daniel; Harrich-Zandberg, Danuta: *Netzwerk des Todes. Die kriminellen Verflechtungen von Waffenindustrie und Behörden*, Heyne, München 2015.

Grebe, Jan; Mutschler, Max M.: *Globaler Militarisierungsindex 2015*, Bonn International Center for Conversion (BICC), Bonn 2016.

Hermann, Rainer: *Endstation Islamischer Staat? Staatsversagen und Religionskrieg in der arabischen Welt*, DTV, München 2015.

Hickmann, Christoph; Sturm, Daniel Friedrich: *Sigmar Gabriel: Patron und Provokateur*, DTV, München 2016.

Institut für Friedensforschung und Sicherheitspolitik an der Universität Hamburg (IFSH); Leibniz-Institut; Hessische Stiftung Friedens- und Konfliktforschung (HSFK); Bonn International Center for Conversion (BICC); Forschungsstätte der Evangelischen Studiengemeinschaft (FEST); Institut für Entwicklung und Frieden (INEF): *Friedensgutachten 2016*, Lit, Berlin 2016.

Lobby Control: *LobbyPlanet Berlin. Der Reiseführer durch den Lobbydschungel*, Lobby Control, Berlin 2015.

Lüders, Michael: *Wer den Wind sät. Was westliche Politik im Orient anrichtet*, C. H. Beck, München 2015.

Lynch, Marc: Die *neuen Kriege in der Arabischen Welt. Wie aus Aufständen Anarchie wurde*, Edition Körber-Stiftung, Hamburg 2016.

Pelda, Kurt: *Gaddafis Vermächtnis. Waffen, Öl und die Gier des Westens*, Orell Füssli, Zürich 2012.

Perthes, Volker: *Das Ende des Nahen Ostens, wie wir ihn kennen*, Suhrkamp, Berlin 2015.

Reuter, Christoph: *Die Schwarze Macht. Der »Islamische Staat« und die Strategen des Terrors*, DVA, München 2015.

Risen, James: *Krieg um jeden Preis. Gier, Machtmissbrauch und das Milliardengeschäft mit dem Kampf gegen den Terror*, Westend, Frankfurt a. M. 2015.

Sons, Sebastian: *Auf Sand gebaut*, Propyläen, Berlin 2016.

Stacher, Joshua: *Adaptable Autocrats. Regime Power in Egypt and Syria*, The American University in Cairo Press 2012.

Steinberg, Guido: *Kalifat des Schreckens. IS und die Bedrohung durch den islamistischen Terror*, Knaur, München 2015.

Steinmeier, Frank-Walter: *Flugschreiber. Notizen aus der Außenpolitik in Krisenzeiten*, Propyläen, Berlin 2016.

Weingarten, Jörg; Wilke, Peter; Wulf, Herbert: *Perspektiven der wehrtechnischen Industrie in Deutschland*, Hans-Böckler-Stiftung, Düsseldorf 2015.

Ziadeh, Radwan: *Power and Policy in Syria. Intelligence Services, Foreign Relations and Democracy in the Modern Middle East*, I.B. Tauris, London/New York 2011.

Anmerkungen

Einleitung: Tödlicher Handel
1 Stockholm International Peace Research Institute (SIPRI):»The SIPRI Top 100 Arms-Producing and Military Services Companies, 2015«, *SIPRI Fact Sheet*, Stockholm, Dezember 2016, siehe: https://www.sipri.org/sites/default/files/The-SIPRI-Top-100-2015.pdf
2 »Trends in World Military Expenditure, 2015«, *SIPRI Fact Sheet*, Stockholm, April 2016, siehe: https://www.sipri.org/sites/default/files/EMBARGO%20FS1604%20Milex%202015.pdf; »2016's $1.57 Trillion Global Defence Spend to Kick off Decade of Growth, IHS Markit Says«, IHS Markit, London, 12. Dezember 2016, siehe: http://news.ihsmarkit.com/press-release/2016s-15-trillion-global-defence-spend-kick-decade-growth-ihs-markit-says.
3 U. S. Department of Defense: »Operation Inherent Resolve«, Washington 2017, siehe: http://www.defense.gov/News/Special-Reports/0814_Inherent-Resolve.
4 Telefoninterview mit Ben Moores, Senior Analyst Aerospace, Defence & Security, *IHS*, London, 15. Juni 2016; siehe auch: »Deutschland ist laut Jane's drittgrößter Exporteur von Rüstungsgütern«, *Spiegel online*, 13. Juni 2016, siehe: http://www.spiegel.de/politik/deutschland/deutschland-ist-laut-jane-s-drittgroesster-exporteur-von-ruestungsguetern-a-1097241.html.
5 »Trends in World Military Expenditure, 2015«, SIPRI Fact Sheet, April 2016.
6 SIPRI: »Military expenditure by region in constant US dollars, 1988–2015«, Stockholm 2016, siehe: https://www.sipri.org/sites/default/files/Milex-world-regional-totals.pdf.
7 Institute for Economics and Peace: *Global Peace Index 2016*, New York 2016, siehe: http://economicsandpeace.org/wp-content/uploads/2016/06/GPI-2016-Report_2.pdf.
8 Freedom House: *Freedom in the World 2016*, Washington 2016, siehe: https://freedomhouse.org/report/freedom-world/freedom-world-2016.

9 Bundesministerium für Wirtschaft und Energie (BMWI): *Bericht der Bundesregierung über ihre Exportpolitik für konventionelle Rüstungsgüter im Jahre 2015*, Berlin 2016, S. 81–85.
10 BMWI: »Entwicklung des Werts der Einzelgenehmigungen von 2005 bis 2015«, Berlin 2016, siehe: : https://www.bmwi.de/Redaktion/DE/Info grafiken/Aussenwirtschaft/ruestungsexportkontrolle2015-infografi ken-01.html.
11 BMWI: »Verteilung des Werts der Einzelgenehmigungen auf Ländergruppen«, siehe: https://www.bmwi.de/Redaktion/DE/Infografiken/Aussen wirtschaft/ruestungsexportkontrolle2015-infografiken-03.html.
12 »Die Merkel-Doktrin«, *Spiegel* 29/2012, S. 20–27.
13 »Sie leisten wirklich Großartiges unter schwierigsten Bedingungen«, *Deutschlandradio*, 22. Mai 2010, siehe: http://www.deutschlandradio. de/sie-leisten-wirklich-grossartiges-unter-schwierigsten.331.de. html?dram:article_id=203276.
14 Bundesregierung: *Weißbuch 2016 zur Sicherheitspolitik und zur Zukunft der Bundeswehr*, Berlin 2016, S. 81.

1 Ausverkauf: Deutsche Waffen für Arabiens Autokraten

1 Rundgang mit Verteidigungsministerin Ursula von der Leyen über das ILA-Gelände am 3. Juni 2016, Schönefeld. Wenn hier nicht anders vermerkt, war der Autor bei den in diesem Buch beschriebenen Szenen selbst dabei.
2 BMWI: »Vorläufige Zahlen für 2016: Rüstungsexportgenehmigungen sinken um eine Milliarde Euro. Bundesregierung setzt auf restriktive und verantwortungsvolle Rüstungsexportpolitik«, 20. Januar 2017, siehe: http://www.bmwi.de/DE/Presse/pressemitteilungen,did=799450. html.
3 BMWI: *Bericht der Bundesregierung über ihre Exportpolitik für konventionelle Rüstungsgüter im Jahre 2015*, Berlin 2016, S. 18.
4 SIPRI: »The SIPRI Top 100 Arms-Producing and Military Services Companies, 2015«, *SIPRI Fact Sheet*, Stockholm, Dezember 2016, siehe: https://www.sipri.org/sites/default/files/The-SIPRI-Top-100-2015.pdf.
5 BMWI: »Kommerzielle Kriegswaffenausfuhren in Drittländer von 2005 bis 2015«, Berlin 2016, siehe: https://www.bmwi.de/Redaktion/DE/In fografiken/Aussenwirtschaft/ruestungsexportkontrolle2015-infografi ken-06.html.
6 BMWI: Bericht der Bundesregierung über ihre Exportpolitik für konventionelle Rüstungsgüter im ersten Halbjahr 2016, Berlin 2016, siehe: http://www.bmwi.de/Redaktion/DE/Publikationen/Aussenwirtschaft/ ruestungsexport-zwischenbericht-2016.html.
7 BMWI: Bericht der Bundesregierung über ihre Exportpolitik für konventionelle Rüstungsgüter 2015, Berlin 2016, siehe: http://www.bmwi.de/

Redaktion/DE/Publikationen/Aussenwirtschaft/ruestungsexportbericht-2015.pdf?__blob=publicationFile&v=14
8 BMWI: *Bericht der Bundesregierung über ihre Exportpolitik für konventionelle Rüstungsgüter im Jahre 2015*, Berlin 2016, S. 81–85; siehe auch: Bundesministerium für Wirtschaft und Energie: »Vorläufige Zahlen für 2016: Rüstungsexportgenehmigungen sinken um eine Milliarde Euro. Bundesregierung setzt auf restriktive und verantwortungsvolle Rüstungsexportpolitik«, 20. Januar 2017.
9 Hans Böckler Stiftung: *Perspektiven der wehrtechnischen Industrie in Deutschland*, Düsseldorf 2015, siehe: http://www.boeckler.de/pdf/p_study_hbs_309.pdf, S. 59.
10 Diehl Gruppe: »*Diehl, Unternehmen, Kennzahlen*«, Nürnberg 2017, siehe: http://www.diehl.com/de/diehl-gruppe/unternehmen/kennzahlen.html.
11 Diehl Gruppe: »*Diehl Defence Representative Office Abu Dhabi* «, Nürnberg 2017, siehe: http://www.diehl.com/de/diehl-gruppe/unternehmen/standorte/details/CDB/Company/show/diehl-defence-representative-office.html.
12 SIPRI: »Military expenditure by region in constant US dollars«, *1988–2015*, Stockholm 2016, siehe: https://www.sipri.org/sites/default/files/Milex-world-regional-totals.pdf.
13 Bundesministerium der Verteidigung: »10,2 Milliarden Euro mehr für die Bundeswehr«, Berlin, 23. März 2016, siehe: https://www.bmvg.de/portal/a/bmvg/!ut/p/c4/NYuxDsIwDET_yE5gALE16oLEgMpQypa2UWTUJJXrlIWPJxm4k95wT4cvLI12J2-FUrQLPnGY6DJ-YAy7h3fKXFYIFGkTx5QD9vUzO5hSdFIpLgoVeraSGNbEslSTmYsBmnFQujVKq3_0tzmb2-N-PJzaq-lwDaH5AXTFTzw!.
14 »Waffengeschäfte, Hochkonjunktur einer gefährlichen Branche«, *Le Monde Diplomatique*, Mai 2016, S. 18.
15 Hintergrundgespräch, Berlin, 3. Juni 2016.
16 Facing Finance/Urgewald: *Die Waffen meiner Bank*, Berlin, 2016, S. 13.
17 Brief von Sigmar Gabriel an den Vorsitzenden des Ausschusses für Wirtschaft und Energie des Deutschen Bundestages, Berlin, 30. November 2016.
18 »Containerriese gibt Gewinnwarnung aus und besiegelt Fusion«, Handelsblatt, 18. Juli 2016, siehe: http://www.handelsblatt.com/unternehmen/handel-konsumgueter/hapag-lloyd-und-uasc-containerriese-gibt-gewinnwarnung-aus-und-besiegelt-fusion/13889596.html.

2 Jemen: Krieg gegen die Kinder
1 Dieses und alle folgenden Zitate aus der Bundestagsdebatte vom 8. Juli 2016 sind nachzulesen unter: http://dipbt.bundestag.de/doc/btp/18/18184.pdf.

2 Bundesministerium für Wirtschaft und Energie: *Bericht der Bundesregierung über ihre Exportpolitik für konventionelle Rüstungsgüter im Jahre 2015*, Berlin 2016, S. 18.
3 »Politische Grundsätze der Bundesregierung für den Export von Kriegswaffen und sonstigen Rüstungsgütern«, 19. Januar 2000, siehe: https://www.bmwi.de/BMWi/Redaktion/PDF/A/aussenwirtschaftsrecht-grundsaetze.
4 Human Rights Watch (HRW): »Dispatches: Yemen's Children Victims of Shocking Violations«, New York, 3. Juni 2016, siehe: https://www.hrw.org/news/2016/06/03/dispatches-yemens-children-victims-shocking-violations.
5 Vereinte Nationen (UN): »Children paying ›heaviest price‹ of Yemen conflict, UNICEF warns amid reports of escalating violence«, New York, 9. August 2016, siehe: www.un.org/apps/news/story.asp?NewsID=54651#.V6x7qzVwDGg.
6 »Schwarze Liste: Ban knickt vor Saudis ein«, *Frankfurter Rundschau*, 10. Juni 2016, siehe: http://www.fr-online.de/politik/schwarze-liste-ban-knickt-vor-saudis-ein,1472596,34347766.html.
7 Auswärtiges Amt: *Politische Grundsätze der Bundesregierung für den Export von Kriegswaffen und sonstigen Rüstungsgütern*, Berlin, 19. Januar 2000, siehe: http://www.auswaertiges-amt.de/cae/servlet/contentblob/366862/publicationFile/3681/PolGrdsaetzeExpKontrolle.pdf .
8 »›Ausmaß deutscher Waffenexporte ist eine Schande‹«, *stern.de*, 29. Januar 2014, siehe: http://www.stern.de/politik/deutschland/sigmar-gabriel-im-stern-interview-ausmass-deutscher-waffenexporte--ist-eine-schande--3138460.html.
9 »Saudi-Arabien pocht auf Einhaltung von Rüstungsverträgen«, *Spiegel online*, 28. September 2016, siehe: http://www.spiegel.de/politik/ausland/saudi-arabien-pocht-auf-einhaltung-von-ruestungsvertraegen-mit-deutschland-a-1114203.html.
10 Volker Perthes: *Das Ende des Nahen Ostens, wie wir ihn kennen*, Berlin, 2015, S. 59–62.
11 »Yemen conflict: Saudi-led coalition targeting civilians, UN says«, *BBC*, 27. Januar 2016, siehe: http://www.bbc.com/news/world-middle-east-35423282.
12 UN: »Children and Armed Conflict«, Report of the Secretary General, New York, 20. April 2016, siehe: http://www.un.org/ga/search/view_doc.asp?symbol=s/2016/360&referer=/english/&Lang=E, S. 27–28.
13 »EU-Parlament fordert Embargo gegen Riad«, *Spiegel online*, 25. Februar 2016, siehe: http://www.spiegel.de/politik/ausland/saudi-arabien-eu-parlament-fordert-waffenembargo-a-1079290.html.

14 »Fragwürdige Ehrenämter: Die Rüstungslobby im Bundestag«, *Lobby Control*, Berlin, 14. August 2014, siehe: https://www.lobbycontrol.de/2014/08/fragwuerdige-ehrenaemter-die-ruestungslobby-im-bundestag.
15 »Steinmeier verteidigt Export von Patrouillenbooten an Saudi-Arabien«, *Reuters*, 25. Mai 2016, siehe: http://de.reuters.com/article/deutschland-saudi-arabien-r-stung-idDEKCN0YG24N.
16 »Deutsche Waffenexporte in Saudi-Arabien außer Kontrolle«, *Spiegel online*, 12. Juni 2015, siehe: http://www.spiegel.de/politik/deutschland/g36-deutsche-waffenexporte-in-saudi-arabien-ausser-kontrolle-a-1038450.html.
17 Omid Nouripour: »Deutsche Gewehre im Jemen: Bankrotterklärung der Exportkontrolle«, Berlin, 12. Juni 2015, siehe: http://www.nouripour.de/index.php?option=com_content&view=article&id=1511:deutsche-gewehre-im-jemen-qbankrotterklaerung-der-exportkontrolleq&catid=-1:frieden-a-sicherheit&Itemid=9.
18 »Rede von Bundesminister Gabriel zu den Grundsätzen deutscher Rüstungsexportpolitik«, *Deutsche Gesellschaft für Auswärtige Politik*, Berlin, 8. Oktober 2014, siehe: http://www.bmwi.de/DE/Presse/reden,did=661856.html.
19 »US Approves $785 million bomb sale to UAE ally against Islamic State«, *Reuters*, 19. Juli 2016, siehe: http://www.reuters.com/article/us-mideast-crisis-emirates-bombs-idUSKCN0ZZ2U1.
20 »Saudi Losses in Yemen War Exposed by US Tank Deal«, *Defenseone*, 9. August 2016, siehe: http://www.defenseone.combusiness/2016/08/us-tank-deal-exposes-saudi-losses-yemen-war/130623.
21 »Die widersprüchliche EU-Rüstungsexportpolitik«, *Bayerischer Rundfunk*, 8. März 2016, siehe: http://www.br.de/fernsehen/das-erste/sendungen/report-muenchen/videos-und-manuskripte/ruestungsexporte-saudi-arabien100.html.
22 BMWI: »Schriftliche Fragen an die Bundesregierung im Monat Juni 2016, Fragen Nr. 24 und 25«, Berlin, 13. Juni 2016.
23 »Rheinmetall profitiert vom Rüstungsboom«, *Deutsche Presse-Agentur*, 4. August 2016, siehe: http://rtlnext.rtl.de/cms/rheinmetall-profitiert-vom-ruestungsboom-3029931.html.
24 »Keine europäische Armee in den nächsten 20 Jahren«, *Rheinische Post*, 25. Juli 2016, siehe: http://www.rp-online.de/wirtschaft/unternehmen/rheinmetall-chef-armin-papperger-keine-europaeische-armee-in-den-naechsten-20-jahren-aid-1.5263293.
25 »Rüstungslobby ging ein und aus«, *stern.de*, 14. April 2014, siehe: http://www.stern.de/politik/deutschland/schwarz-gelbe-vorgaengerregierung-ruestungslobby-ging-ein-und-aus--3703126.html.

26 »Wechsel von Dirk Niebel zu Rheinmetall völlig inakzeptabel«, Lobby Control, Berlin, 1. Juli 2014, siehe: https://www.lobbycontrol.de/wp-content/uploads/140701_PM-Niebel.pdf.
27 »Rheinmetall liefert ABC-Spürfüchse nach Kuwait«, Pressebox, 1. Juli 2015, siehe: https://www.pressebox.de/pressemitteilung/rheinmetall-ag/Rheinmetall-liefert-ABC-Spuerfuechse-nach-Kuwait/boxid/745332
28 Rheinmetall Defence, »Rheinmetall Denel Munition (Pty) Ltd«, 2016, siehe: http://www.rheinmetall-defence.com/de/rheinmetall_defence/company/divisions_and_subsidiaries/rheinmetall_denel_munition/index.php.
29 »Rheinmetall baut Munition in Südafrika«, n-tv, 15. April 2016, siehe: http://www.n-tv.de/wirtschaft/Rheinmetall-baut-Munition-in-Saudi-Arabien-article17480801.html.
30 Gemeinsame Konferenz Kirche und Entwicklung (GKKE): »Anhaltendes Desaster in der Rüstungsexportpolitik erfordert Revision der gesetzlichen Grundlagen«, 6. Juli 2016, siehe: http://www3.gkke.org/fileadmin/files/downloads-allgemein/16_07_06__PM_REB.pdf.
31 »The U.A.E. Approach to Counterinsurgency in Yemen«, *War on the Rocks*, 23. Mai 2016, siehe: http://warontherocks.com/2016/05/the-u-a-e-approach-to-counterinsurgency-in-yemen.
32 Interview mit Omid Nouripour, Berlin, 7. Juli 2016.

3 Saudi-Arabien: Säbel und Sturmgewehre
1 Öffentliche Hinrichtung in Riad, 5. September 2014; siehe auch: »Die Schwerter des Islams«, http://www.faz.net/aktuell/politik/ausland/naher-osten/hinrichtungen-in-saudi-arabien-die-schwerter-des-islams-13167453.html.
2 Amnesty International Global Report 2015: *Death Sentences and Executions 2015*, S. 60.
3 HRW: »Saudi Arabia«, New York 2016, siehe: https://www.hrw.org/middle-east/n-africa/saudi-arabia; siehe auch: »Saudische Henker richten 153 Menschen hin«, *Bild online*, 2. Januar 2017, siehe: http://www.bild.de/politik/ausland/saudi-arabien/mehr-als-150-hinrichtungen-49566938.bild.html.
4 »Wir wollen einen moderaten und toleranten Islam«, *Tagesspiegel*, 31. Mai 2016, siehe: http://www.tagesspiegel.de/politik/saudi-arabiens-neuer-botschafter-im-interview-wir-wollen-einen-moderaten-und-toleranten-islam/13662394.html.
5 »»Bitte sprechen Sie den König nicht an!«, *Spiegel online*, 4. Februar 2016, siehe: http://www.spiegel.de/politik/ausland/frank-walter-steinmeier-in-saudi-arabien-die-demokratie-show-a-1075559.html.
6 Interview mit Wenzel Michalski, Berlin, 12. Juli 2016.

7 »Wir wollen einen moderaten und toleranten Islam«, *Tagesspiegel*, 31. Mai 2016.
8 SIPRI: »Trends in World Military Expenditure«, 2015, SIPRI Fact Sheet, April 2016, siehe:https://www.sipri.org/sites/default/files/EMBARGO%20FS1604%20Milex%202015.pdf.
9 Bonn International Center for Conversion (BICC): »Länderinformation Saudi-Arabien«, Bonn, Juni, 2016, siehe: http://ruestungsexport.info/uploads/pdf/countries/201607/saudi-arabien.pdf.
10 BMWI: »Vorläufige Zahlen für 2016: Rüstungsexportgenehmigungen sinken um eine Milliarde Euro. Bundesregierung setzt auf restriktive und verantwortungsvolle Rüstungsexportpolitik«, 20. Januar 2017, siehe: http://www.bmwi.de/DE/Presse/pressemitteilungen,did=799450.html.
11 SIPRI: »Trends in International Arms Transfers«, 2015, *SIPRI Fact Sheet*, Februar 2016, S. 8.
12 BICC: »Globaler Militarisierungsindex 2015«, Bonn, 2016, S. 6.
13 Brief von Sigmar Gabriel an den Vorsitzenden des Ausschusses für Wirtschaft und Energie des Deutschen Bundestags, Berlin, 30. November 2016.
14 BICC »Länderinformation Saudi-Arabien«, Bonn, Juni 2016, S. 10.
15 Interview mit Agnieszka Brugger, Berlin, 7. Juli; siehe auch: »Ein heikles Geschäft«, *sueddeutsche.de*, 6. Juli 2016, unter: http://www.sueddeutsche.de/politik/waffenexporte-ein-heikles-geschaeft-1.3066393.
16 Wir wollen einen moderaten und toleranten Islam«, *Tagesspiegel*, 31. Mai 2016.
17 »Saudi-Arabien pocht auf Einhaltung von Rüstungsverträgen«, *Spiegel online*, 28. September 2016, siehe: http://www.spiegel.de/politik/ausland/saudi-arabien-pocht -auf-einhaltung-vonruestungsvertraegen-mit-deutschland-a-1114203.html.
18 »Bundesregierung gibt Lücke bei Waffenexport-Kontrolle zu, *Spiegel online*, 12. Juni 2015, « siehe: http://www.spiegel.de/politik/deutschland/g36-deutsche-waffenexporte-in-saudi-arabien-ausser-kontrolle-a-1038450.html.
19 »Saudi-Arabien pocht auf Einhaltung von Rüstungsverträgen«, *Spiegel online*, 28. September 2016.
20 Verwaltungsgericht Frankfurt am Main: »Neuer Präsident beim Verwaltungsgericht Frankfurt am Main«, Frankfurt, 1. Februar 2013, siehe: https://justizministerium.hessen.de/presse/pressemitteilung/neuer-praesident-beim-verwaltungsgericht-frankfurt-am-main.
21 Mündliche Verhandlung vor dem Frankfurter Verwaltungsgericht am 23. Juni 2016.
22 Military Industries Cooperation (MIC): »Weapon Factories«, Riad 2017, siehe: https://mic.gov.sa/Eng/Factories/Pages/weapons-factory.aspx.

23 BMWI: Bericht der Bundesregierung über ihre Exportpolitik für konventionelle Rüstungsgüter im Jahre 2015, Berlin 2016, S. 34.
24 »Heckler & Koch will Frankreich mit Sturmgewehren ausrüsten«, welt.de, 17. November 2015, siehe: https://www.welt.de/wirtschaft/article1489 30034/Heckler-Koch-will-Frankreich-mit-Sturmgewehr-ausruesten.html.
25 »BND warnt vor Saudi-Arabien«, Spiegel online, 2. Dezember 2015, siehe: http://www.spiegel.de/politik/ausland/bundesnachrichtendienst-warnt-vor-interventionspolitik-saudi-arabiens-a-1065643.html.
26 Interview mit Rolf Mützenich, Berlin, 1. Juni 2016; siehe auch: »Rüstungsunternehmen will Export gerichtlich erzwingen«, Berliner Zeitung, 22. Mai 2016, siehe: http://www.berliner-zeitung.de/24099718; siehe auch: Rolf Mützenich: »Schurke oder Partner?«, Frankfurter Rundschau, 14. Februar 2016, siehe: http://www.fr-online.de/gastbeitraege/saudi-arabien-schurke-oder-partner-,29976308,33784500.html.

4 Syrien: Assad statt al-Qaida

1 Interview mit Frank-Walter Steinmeier, Berlin, 24. März; siehe auch: Markus Bickel: Der vergessene Nahostkonflikt, London 2011, S. 211.
2 Interview mit Mazen Darwish, Berlin, 13. Juli 2016.
3 »Audio Reveals What John Kerry Told Syrians Behind Closed Doors«, New York Times, 30. September 2016, siehe: http://www.nytimes.com/interactive/2016/09/30/world/middleeast/john-kerry-syria-audio.html?_r=0.
4 Interview mit Volker Perthes, Berlin, 1. November 2016.
5 Volker Perthes: »Welche Unterstützung für die Protestbewegung?«, Qantara.de, 10. Oktober 2011, siehe: http://de.qantara.de/content/auftand-gegen-das-assad-regime-syrien-welche-unterstutzung-fur-die-protestbewegung.
6 »Making a Killing: The 1.2 Billion Euro Arms Pipeline to Middle East«, Balkan Investigative Reporting Network (BIRN), 27. Juli 2011, siehe: http://www.balkaninsight.com/en/article/making-a-killing-the-1-2-billion-euros-arms-pipeline-to-middle-east-07-26-2016.
7 »Saudis Step Up Help for Rebels in Syria With Croatian Arms«, New York Times, 25. Februar 2013, siehe: http://www.nytimes.com/2013/02/26/world/middleeast/in-shift-saudis-are-said-to-arm-rebels-in-syria.html.
8 »Gemeinsamer Standpunkt 2008/944/GASP des Rates vom 8. Dezember 2008 betreffend gemeinsame Regeln für die Kontrolle der Ausfuhr von Militärtechnologie und Militärgütern«, Auswärtiges Amt, 13. Dezember 2008, siehe: http://www.auswaertiges-amt.de/cae/servlet/contentblob/573166/publicationFile/151349/GemeinsamerStandpunktEU.pdf.

9 »The Arms Trade Treaty«, United Nations, siehe: https://unoda-web.s3-accelerate.amazonaws.com/wp-content/uploads/2013/06/English7.pdf.
10 »Biden continues to apologize; first Turkey, now UAE«, *McClatchy*, 5. Oktober 2014, siehe: http://www.mcclatchydc.com/news/nation-world/world/article24774259.html.
11 HRW: »France: Exclude Russian Arms Dealer From Paris Show«, *New York*, 16. Oktober 2016, siehe: https://www.hrw.org/news/201610/15/france-exclude-russian-arms-dealer-paris-show.

5 Irak: Milizen an der Macht

1 Amnesty International (AI): »Taking Stock: The Arming of Islamic State«, Amnesty International, Dezember 2015, S. 27 , siehe: https://www.amnesty.org/en/documents/mde14/2812/2015/en/.
2 AI: »Taking Stock: The Arming of Islamic State«, London, S. 25.
3 Angela Merkel: »Unterstützung für Kurden im Irak«, 5. September 2014, siehe: https://www.bundesregierung.de/Content/DE/Artikel/2014/09/2014-09-01-irak-regierungserklaerung.html
4 »Bundeswehr bald näher an der Front im Einsatz«, *Zeit online*, 23. September 2016, siehe: http://www.zeit.de/politik/deutschland/2016-09/nordirak-bundeswehr-trainingsmission-front-ursula-von-der-leyen.
5 Bundeswehr: »Weitere Lieferung: Material für Peschmerga«, Berlin, 5. September 2016, siehe: http://www.einsatz.bundeswehr.de/portal/a/einsatzbw/!ut/p/c4/LYvBCoMwEET_KGtCQdqbkkN77cXaS1nNIktjIulaQfrxTcAZGJh5DDwhO-CXJxSOAT08oB_5Mmxq2By9iMMHZc8V37KS98dEshN05exIjTGQlBQKwjmnhBKTWmISX8iaUiaKHfSVtq2uT9Uh_Wvs9dwZUxt7a--wzHPzB08BwXA!.
6 Transparency International: »Government Defence Anti-Corruption Index Iraq«, Berlin, 2016, siehe: http://government.defenceindex.org/countries/iraq.
7 SIPRI: »Trends in International Arms Transfers, 2015«, *SIPRI Fact Sheet*, Stockholm, Februar 2016, S. 8.
8 SIPRI: »Military expenditure by country, in constant (2014) US$ m., 2006–2015«, Stockholm, 2016, siehe: https://www.sipri.org/sites/default/files/Milex-constant-USD.pdf.
9 AI: »Taking Stock: The Arming of Islamic State«, London, Dezember 2015, S. 13.
10 »Bundeswehr-Waffen auf dem Schwarzmarkt im Nordirak«, *Norddeutscher Rundfunk*, 21. Januar 2016, siehe: http://www.ndr.de/der_ndr/presse/mitteilungen/Bundeswehr-Waffen-auf-dem-Schwarzmarkt-im-Nordirak-,pressemeldungndr16758.html.

11 Max M. Mutschler, Simone Wisotzi: »Waffen für den Krieg oder Waffen für den Frieden? Die ambivalente Rolle von Klein- und Leichtwaffen in Gewaltkonflikten«, in *Friedensgutachten 2016*, Berlin, 2016, S. 145.
12 »Rede von Bundeskanzlerin Angela Merkel anlässlich der Tagung des zivilen und militärischen Spitzenpersonals der Bundeswehr in der Akademie der Bundeswehr für Information und Kommunikation«, Strausberg, 22. Oktober 2012, siehe: https://www.bundesregierung.de/ContentAr chiv/DE/Archiv17/Reden/2012/10/2012-10-22rede-merkel-bundes wehr.html.
13 »Köhler: Mehr Respekt für deutsche Soldaten in Afghanistan«, *Deutschlandradio*, 22. Mai 2010, siehe: http://www.deutschlandradiokultur.de/ koehler-mehr-respekt-fuer-deutsche-soldaten-in-afghanistan.1008. de.html?dram:article_id=163260.
14 Besuch in Kirkuk, 16. Juni 2014.
15 »Die neue Lunte im Irak«, *Deutschlandradio Kultur*, 24. Februar 2016, siehe: http://www.deutschlandradiokultur.de/schiiten-gegen-kurden-die-neue-lunte-im-irak.979.de.html?dram:article_id=346556.
16 HRW: »How Retaking Mosul Could Spell Disaster for Civilians«, New York, 14. Oktober 2016, siehe: https://www.hrw.org/news/2016/10/ 14/how-retaking-mosul-could-spell-disaster-civilians.
17 »As ISIS Loosens Grip, U.S. and Iraq Prepare for Grinding Insurgency«, *New York Times*, 25. Juli 2016, siehe: http://www.nytimes.com/2016/ 07/26/world/middleeast/isis%2Diraq%2Dinsurgency.html.
18 AI: »Iraq: Banished and dispossessed: Forced displacement and deliberate destruction in northern Iraq«, London, 20. Januar 2016, siehe: https://www.amnesty.org/en/documents/mde14/3229/2016/en.
19 Interview mit Joe Stork, Stellvertretender Direktor der Abteilung Mittlerer Osten und Nordafrika von Human Rights Watch, Berlin, 16. November 2016.
20 Interview mit Cemil Bayık, Kandil, 21. August 2014.
21 Markus Bickel: »Jetzt will auch die PKK Waffen aus Deutschland«, *Frankfurter Allgemeine Zeitung*, 23. August 2014, S. 1.
22 »Merkel schließt Waffenlieferung an PKK aus«, *Spiegel online*, 24. August 2016, siehe: http://www.spiegel.de/politik/deutschland/waffen-fuer-pkk-merkel-schliesst-waffenlieferung-aus-a-987817.html.

6 Ägypten: Kumpanei mit der Junta
1 »Egypt – Events of 2015«, Human Rights Watch, siehe: www.hrw.org/ world-report/2016/country-chapters/egypt.
2 Ägyptische Regierung vergibt Milliardenauftrag an Siemens«, Handelsblatt, 14. März, siehe: http://www.handelsblatt.com/unternehmen/in

dustrie/investorenkonferenz-aegyptische-regierung-vergibt-milliarden auftrag-an-siemens/11504216.html.
3 Stephan Roll: »Ägyptens Außenpolitik nach dem Putsch«, Stiftung Wissenschaft und Politik, August 2016, S. 15.
4 Interview mit Sigmar Gabriel, 14. März 2015, Sharm el Sheikh.
5 »Suezkanal erfüllt die Hoffnungen nicht«, *n-tv.de*, 6. August 2016, unter: http://www.n-tv.de/wirtschaft/Suezkanal-erfuellt-die-Hoffnungen-nicht-article18348191.html.
6 »The Engagement of Arab Gulf States in Egypt and Tunisia since 2011«, *DGAPanalyse* Nr. 9, Oktober 2015, S. 34.
7 Stephan Roll: »Ägyptens Außenpolitik nach dem Putsch«, Stiftung Wissenschaft und Politik, August 2016, S. 6.
8 »Al-Sissis Besuch könnte zum diplomatischen Desaster werden«, *Zeit online*, 20. Mai 2015, unter: http://www.zeit.de/politik/ausland/2015-05/aegypten-sissi-lammert-kairo-besuch.
9 Campaign Against Arms Trade (CAAT): »Egypt«, London, 11. November 2015, siehe: https://www.caat.org.uk/resources/countries/egypt.
10 HRW: »Egypt: Rab'a Killings Likely Crimes against Humanity«, New York, 12. August 2014, siehe: https://www.hrw.org/news/2014/08/12/egypt-raba-killings-likely-crimes-against-humanity.
11 SIPRI: »Trends in International Arms Transfers, 2015«, *SIPRI Fact Sheet*, Stockholm, Februar 2016.
12 »Egypt: 7,400 Civilians Tried In Military Courts«, Human Rights Watch, 13. April 2016, siehe: https://www.hrw.org/news/2016/04/13/egypt-7400-civilians-tried-military-courts.
13 »APC crushing Protesters at Maspero on 9 October 2011«, siehe: https://www.youtube.com/watch?v=8qToDwfXjs0.
14 BICC, »Länderportrait Ägypten«, Bonn, Juni 2016, siehe: http://ruestungsexport.info/uploads/pdf/countries/201607/aegypten.pdf.
15 Interview mit Mathias John, Sprecher für Wirtschaft, Rüstung und Menschenrechte von Amnesty International, 21. September 2016, Berlin.
16 »Regierung muss zweifelhaften Panzer-Deal mit Kairo einräumen«, *Spiegel online*, 27 Mai 2015, siehe: http://www.spiegel.de/politik/deutschland/ruestungsexporte-rheinmetall-panzer-ueberrollten-demonstranten-in-kairo-a-902052.html.
17 Rheinmetall: : »Rheinmetall-Umsatz erstmals über fünf Milliarden Euro – Ausblick 2016: Umsatzwachstum und weitere Ergebnisverbesserung«, Düsseldorf, 17. März 2016, siehe: http://www.rheinmetall.com/de/rheinmetall_ag/press/news/latest_news/details_7680.php.
18 »Antwort der Bundesregierung«, Drucksache 18/8598, Berlin, 31. Mai 2016, S. 6.
19 »Gabriel genehmigt neues U-Boot-Geschäft mit Ägypten«, *dpa*, 12. Februar 2016, siehe: http://www.general-anzeiger-bonn.de/news/politik/

Gabriel-genehmigt-neues-U-Boot-Gesch%C3%A4ft-mit-%C3%84gypten-article1561750.html.
20 »Antwort der Bundesregierung«, Drucksache 18/8598, Berlin, 31. Mai 2016.
21 »Sie haben einen beeindruckenden Präsidenten«, welt.de, 18. April 2016, siehe: https://www.welt.de/politik/deutschland/article154455915/Sie-haben-einen-beeindruckenden-Praesidenten.html.

7 Libyen: Auf der Flucht

1 Besuch in Misrata, 4. April 2014.
2 Wolfram Lacher: »War Libyens Zerfall vorhersehbar?«, *Aus Politik und Zeitgeschichte (APuZ)*, Maghreb, 33–34/2016, 15. August 2016.
3 »Wie Europa Libyen mit Waffen versorgte«, *Spiegel online*, 23. Februar 2011, siehe: http://www.spiegel.de/wirtschaft/unternehmen/ruestungsexporte-wie-europa-libyen-mit-waffen-versorgte-a-747366.html.
4 BICC: »Libyen. Informationsdienst Sicherheit, Rüstung und Entwicklung in Empfängerländern deutscher Rüstungsexporte«, Bonn, Juni 2016, siehe: http://ruestungsexport.info/uploads/pdf/countries/201607/libyen.pdf.
5 BICC: »Libyen. Informationsdienst Sicherheit, Rüstung und Entwicklung in Empfängerländern deutscher Rüstungsexporte«, Bonn, Juni 2016.
6 Interview mit Martin Kobler, Berlin, 22. Februar 2016.
7 International Organization for Migration (IOM): »Migration Flows – Europe«, Genf 2017, siehe: http://migration.iom.int/europe.
8 HRW: »The Endless Wait. Long-Term Arbitrary Detentions and Torture in Western Libya«, 2. Dezember 2015, siehe: https://www.hrw.org/report/2015/12/02/endless-wait/long-term-arbitrary-detentions-and-torture-western-libya; AI: »Scapegoats of Fear. Rights of Refugees, Asylum-Seekers and Migrants Abused in Libya«, siehe: http://www.amnestyusa.org/sites/default/files/mde190072013en.pdf.
9 Wolfram Lacher: »Libyen ist kein Partner für die europäische Flüchtlingspolitik«, Stiftung Wissenschaft und Politik, 3. Mai 2016, siehe: www.swp-berlin.org/publikationen/kurz-gesagt/libyen-ist-kein-partner-fuer-die-europaeische-fluechtlingspolitik.html.
10 »Wir nehmen von der EU keine Migranten zurück«, *welt.de*, 5. Juni 2016, siehe: https://www.welt.de/politik/ausland/article155978205/Wir-nehmen-von-der-EU-keine-Migranten-zurueck.html.
11 »Three French special forces soldiers die in Libya«, *The Guardian*, 20. Juli 2016, siehe: https://www.theguardian.com/world/2016/jul/20/three-french-special-forces-soldiers-die-in-libya-helicopter-crash; »British special forces destroyed Islamic State trucks in Libya, say local troops«, *The Telegraph* 26. Mai 2016, siehe: http://www.telegraph.co.uk/news/2016/05/26/british-special-forces-destroyed-islamic-state-trucks-in-li

bya-s; »British special forces fighting in Libya ›are ambushed by ISIS suicide bombers who may have killed Italian troops‹«, *Mail online*, 1. Mai 2015, siehe: http://www.dailymail.co.uk/news/article-3567590/British-special-forces-fighting-Libya-ambushed-ISIS-suicide-bombers-killed-Italian-troops.html#ixzz4QvIkQZMy.

12 Ralf Homann: »Hightech für die Außengrenze, *ARD*, 25. Mai 2016, siehe: http://www.ard.de/download/3186818/index.pdf.

13 »Airbus will künftig die Grenzen Europas sichern«, *faz.net*, 17. Februar 2016, siehe: http://www.faz.net/aktuell/wirtschaft/unternehmen/airbus-wittert-grenzsicherungs-geschaeft-in-fluechtlingskrise-14073951.html.

14 Thomas Schmid: *Die Zentrale Mittelmeerroute*, Heinrich-Böll-Stiftung 2016, S. 15; siehe: https://www.boell.de/sites/default/files/2016-08-schmid_zentrale_mittelmeerroute.pdf.

15 NATO: »Warsaw Summit Communiqué«, Warschau, 9. Juli 2016, siehe: http://www.nato.int/cps/en/natohq/official_texts_133169.htm?selectedLocale=en.

Ausblick: Arabiens dritter Weg

1 Siehe: http://www.bmwi.de/Redaktion/DE/Dossier/ruestungsexportkontrolle.html.

2 BMWI: »Vorläufige Zahlen für 2016: Rüstungsexportgenehmigungen sinken um eine Milliarde Euro. Bundesregierung setzt auf restriktive und verantwortungsvolle Rüstungsexportpolitik«, Berlin, 20. Januar 2017.

3 »Gemeinsame Stellungnahme des Bundesverbandes der Deutschen Industrie e. V. (BDI) und des Bundesverbandes der Deutschen Sicherheits- und Verteidigungsindustrie e.V. (BDSV) für die vom Bundesministerium für Wirtschaft und Energie einberufene Kommission zur ›Zukunft der Rüstungskontrolle‹«, BDI/BDSV, Berlin, 26. Oktober 2016, S. 4, siehe: http://bmwi.de/BMWi/Redaktion/PDF/J-L/konsultationsprozess-zukunft-der-ruestungsexportkontrolle-stellungnahme-bdi-bdsv,property=pdf,bereich=bmwi2012,sprache=de,rwb=true.pdf.

4 Hans Böckler Stiftung: »Perspektiven der wehrtechnischen Industrie in Deutschland«, Düsseldorf, 2015, S. 199–204.

5 Barack Obama: »Remarks by President Obama in Address to the United Nations General Assembly«, New York, 24. September 2014, siehe: https://www.whitehouse.gov/the-press-office/2014/09/24/remarks-president-obama-address-united-nations-general-assembly.

Personenverzeichnis

Haider al-Abadi 129, 131, 138 f.
John Abizaid 124
Georg Wilhelm Adamowitsch 31
Ilse Aigner 152
Jan van Aken 44, 47 f., 57, 60 f.
Kofi Annan 108
Jassir Arafat 180
Rainer Arnold 49
Baschar al-Assad 18 f., 94–98, 100–102, 104–108, 110 f., 113, 116–119
Hafez al-Assad 98
Ahmed al-Asiri 45, 78 f.
Awwad Saleh al-Awwad 71, 77
Raif Badawi 72, 193
Abu Bakr al-Baghdadi 9, 66, 68, 74, 117, 122, 127, 147
Mohammed el-Baradei 180
Masud Barzani 16, 121, 126 f., 130, 133, 136, 141 f.
Cemil Bayık 142
Zine el-Abidine Ben Ali 154
Joe Biden 111
Pietro Borgo 60
Uwe Brüggemann 81, 85
Agnieszka Brugger 76
George W. Bush 9, 32, 89, 180, 197
Bill Clinton 102
Hillary Clinton 100
Mazen Darwish 97–102, 104, 118
Thomas Diehl 27
Abu Mohammed al-Dschaulani 117
Adel al-Dschubeir 77
Alexander Eichener 81–85
Recep Tayyip Erdoğan 111, 113–115, 126 f., 130
Joschka Fischer 47, 51, 88, 180
Robert Ford 110
Muammar al-Gaddafi 33, 35, 171 f., 174–177, 180 f.
Anwar Gargash 111
Sigmar Gabriel 14, 19, 28, 41 f., 44, 47–49, 52–54, 56 f., 76–78, 81 f., 86, 91, 94, 145, 151 f., 156–158, 160, 167 f., 189 f., 195

François Georges-Picot 122 f., 141
Rainald Gerster 79, 84 f.
Bernhard Gerwert 30
Claus Günther 27, 30 f.
Hansjörg Haber 146
Chalifa al-Haftar 36, 149, 173 f., 179, 181
Rafiq al-Hariri 107
Turan Hassan 136 f.
Andreas Heeschen 83
Wolfgang Hellmich 49
Saddam Hussein 33, 104, 125, 127, 136–141, 181, 191
Abdelmalik al-Huthi 54
Anatoly Isaikin 112
Abed Rabbo Mansur Hadi 45, 55, 61
Joe Kaeser 151 f., 161
Johannes Kahrs 49
Ali Khamenei 138
Radovan Karadžić 102
John Kerry 103, 150
Ban Ki-moon 43
Martin Kobler 149, 179–181
Helmut Kohl 78
Horst Köhler 15, 134
Murat Kurnaz 89, 96
Osama bin Laden 67 f.
Norbert Lammert 41, 44, 160
Sergej Lawrow 100, 103
Ursula von der Leyen 21, 25, 27, 30, 33, 39, 48, 76, 130
Ibrahim Mahlab 145

Thomas de Maizière 59
Ahmed Maitik 175
Nuri al-Maliki 139
Mohab Mamish 158
Angela Merkel 14 f., 21, 33, 38, 41 f., 47, 53, 75 f., 80, 84, 128 f., 133–135, 142 f., 152, 156, 160, 183
Wenzel Michalski 73
Slobodan Milošević 100, 102
Staffan de Mistura 103, 105
Federica Mogherini 46, 150
Abdullah al-Muallimi 43
Husni Mubarak 33, 145 f., 150, 153–155, 157, 160–162, 164 f., 167 f., 194
Rolf Mützenich 91
Mohammed Mursi 19, 145–147, 150, 152 f., 155 f., 159 f., 163 f., 168
Gamal Abdel Nasser 159
Dirk Niebel 59
Nimr al-Nimr 72, 76
Fahkri Abdel Nour 145, 151
Omid Nouripour 50–53, 61–63
Barack Obama 9, 36, 66, 71, 102–104, 111, 126, 153–155, 196 f.
Abdullah Öcalan 121, 126, 142
Mohammad Reza Pahlavi 86
Armin Papperger 31, 58 f., 166
Volker Perthes 103–107
Joachim Pfeiffer 48, 51 f., 58, 62

Wladimir Putin 88, 96, 104, 162 f.
Mohammed bin Rashid Al Maktum 35, 150
Giulio Regeni 168 f.
Abdul Rahman 135 f.
Philipp Rösler 59, 81
Norbert Röttgen 90
Claudia Roth 47, 51
Salman Rushdie 99
Ali Abdullah Salih 45 f., 55, 61
Nicolas Sarkozy 107
Fajis al-Sarradsch 175, 178 f., 181, 183 f.
Abdullah bin Abd al-Aziz Al Saud 61, 90, 154
Mohammed bin Salman Al Saud 60 f., 90 f.
Muqrin bin Abd al-Aziz Al Saud 150, 158
Salman bin Abd al-Aziz Al Saud 19, 36, 54, 61, 72, 90 f.
Helmut Schmidt 78, 86 f.
Gerhard Schröder 47, 88 f., 93 f., 96, 180
Ahmed Shafiq 155
Abd al-Aziz al-Sheikh 65
Mohammed Sheneba 172, 175
Abd al-Fattah al-Sisi 19, 146, 148–150, 152 f., 155, 157–169, 181, 194
Ossama bin Abdul Majed Shobokshi 71
Qassem Soleimani 138
Frank-Walter Steinmeier 14, 17, 33, 38, 48, 50–52, 63, 72 f., 76 f., 80, 84, 86–91, 93–97, 107, 156, 193
Joe Stork 140
Abdelrahman Swihl 175
Mark Sykes 122 f., 141
Dschalal Talabani 133
Hamad Bin Jassim bin Jabor Al Thani 37
Tamim bin Hamad Al Thani 45
Donald Trump 9, 94
Margot Wallström 193
Guido Westerwelle 75
Heidemarie Wieczorek-Zeul 105
Nasser al-Wuhayshi 62
Mohammed bin Zayed 36
Razan Zeitouneh 101 f.
Jacob Zuma 60

Naher Osten und Nordafrika

© Kämmer-Kartographie, Berlin; Dr. Hans-Joachim Kämmer

-Region) 1 : 38 Mio., 2017.03.01